El

"*Anden en amor* es la perfecta introducción a lo que significa no solo celebrar como episcopal, sino también a lo que es vivir la vida cristiana como episcopal. En secciones informativas fáciles de digerir, los autores recorren *El Libro de Oración Común*, el lugar de la Biblia, las prácticas de fe, y la estructura de la Iglesia Episcopal, conectándolas a la vida diaria. Este libro debería ser un elemento básico para las clases de recién llegados, foros de adultos, y cualquiera que busque aprender más sobre cómo vivir la vida de manera episcopal."

Derek Olsen
Estudioso de la Biblia –Autor de Inwardly Digest: The Prayer Book as Guide to a Spiritual Life [Asimilar internamente: El Libro de Oración como guía para una vida espiritual]

"Scott Gunn y Melody Wilson Shobe han escrito otro atractivo recurso para los recién llegados, los miembros de años y todos los demás episcopales. Léelo si quieres conocer la relación entre nuestra oración, nuestras creencias y nuestra vida diaria. Léelo si quieres ser enraizada o enraizado nuevamente en el especial acercamiento del anglicanismo al camino de Jesús. Léelo."

Stephanie Spellers
Canóniga del Obispo Presidente para evangelismo, reconciliación y mayordomía de la creación
Autora de The Episcopal Way [El camino episcopal]

"La guía más completa y comprensible de la fe y práctica episcopal. Un libro perfecto para los recién llegados, los miembros de años y cualquier persona en el medio."

Adam Trambley
Rector de la Iglesia Episcopal San Juan
Sharon, Pennsylvania

"Scott Gunn y Melody Wilson Shobe han producido un libro rico, completo y accesible sobre las creencias y prácticas de la Iglesia Episcopal. Los profesionales de la educación, el clero y la gente laica de todo el espectro litúrgico y teológico verán que es un libro útil para presentar los principios básicos de nuestra vida común de fe, tanto a los recién llegados como a los episcopales de sexta generación."

Steven J. Pankey
Rector de la Iglesia Episcopal de Cristo
Bowling Green, Kentucky

"Melody Wilson Shobe y Scott Gunn han brindado una oportunidad perfecta para que las personas en cada etapa de su viaje se detengan y mediten sobre la manera en que su tradición de fe moldea sus vidas … Al excavar las profundidades de nuestra tradición, los autores han dejado al descubierto una realidad del anglicanismo: nuestras tradiciones sacramentales son comunitarias y compartidas, pero también son profundamente personales e íntimas. *Anden en amor* nos recuerda que no somos meramente espectadores pasivos sentados en las bancas de la Iglesia. Somos parte del Cuerpo de Cristo y estamos formados por el trabajo que hacemos juntos. Es digno, justo y saludable recordar los dones de nuestra oración compartida en común."

Bill Campbell
Director Ejecutivo de Forma

"Ya sea que hayas vivido con las oraciones de *El Libro de Oración Común* por décadas o que apenas estés empezando a descubrir la riqueza de la fe episcopal, *Anden en amor* te da la bienvenida para que conozcas la historia del cristianismo en la Iglesia Episcopal y te inspires para compartirla."

Laurie Brock
Rectora de San Miguel Arcángel Lexington, Kentucky
Autora de Where God Hides Holiness
[Donde Dios esconde la santidad]

Anden en amor

Creencias y prácticas episcopales

Las citas de las Escrituras son de *Dios habla hoy*®, Tercera edición
© Sociedades Bíblicas Unidas, 1966, 1970, 1979, 1983, 1994
Usado con permiso. Todos los derechos reservados.

Los fragmentos de los Salmos provienen del Salterio de *El Libro de Oración Común*, a menos que se indique lo contrario.

Traducido para Forward Movement por Luis Enrique Hernández Rivas. Corregido por el Rvdo. John J. Lynch.

© 2018 Forward Movement
Todos los derechos reservados.

ISBN: 978-0-88028-469-1

Impreso en EE.UU. / Printed in USA

Anden en amor

Creencias y prácticas episcopales

Scott Gunn
Melody Wilson Shobe

FORWARD MOVEMENT
Cincinnati, Ohio

Índice

Introducción xi

La forma anglicana del cristianismo............................ 1

Capítulo 1 No solo con nuestros labios,
 sino también con nuestras vidas
 Creencias y prácticas............................3

Los sacramentos y los ritos sacramentales 19

Capítulo 2 La nueva vida de gracia
 Creencias bautismales 21

Capítulo 3 El pacto que han hecho
 Prácticas bautismales 29

Capítulo 4 Un sacramento maravilloso
 Creencias eucarísticas.........................45

Capítulo 5 Muéstrate a nosotros en la fracción del pan
 Prácticas eucarísticas..........................55

Capítulo 6 Crecemos en gracia a través de los años
 Confirmación y matrimonio..........................73

Capítulo 7 Tanto en mente como en cuerpo
 Confesión y sanación 87

Capítulo 8 Para el beneficio de tu Santa Iglesia
 Ordenación...................................... 103

Marcando el paso del tiempo 109

Capítulo 9   Acepta las oraciones de tu pueblo
El oficio diario y la oración diaria.............. 111

Capítulo 10   Todos los tiempos son buenos para ti
*El calendario de la iglesia
y el año litúrgico*............................ 129

Capítulo 11   Caminando por la vía de la cruz
Semana Santa y Pascua............................ 143

Capítulo 12   Jesucristo es la Resurrección y la Vida
El servicio de entierro.................... 159

Creencias básicas 173

Capítulo 13   Congregados en unidad
Los credos...................................... 175

Capítulo 14   Para nuestra enseñanza
La Biblia.. 189

Capítulo 15   Continuamente dedicados a buenas obras
Salvación y gracia........................ 207

Capítulo 16   Acepta y cumple nuestras peticiones
Oración.. 219

La iglesia 233

Capítulo 17   Ese maravilloso y sagrado misterio
La iglesia...................................... 235

Capítulo 18   Defiende a tu iglesia
Estructura y gobierno.................... 247

Capítulo 19   Una gran nube de testigos
La Comunión de los Santos........................ 259

Capítulo 20	El trabajo que nos has encomendado *Vocación* 271

Una vida trinitaria 285

Capítulo 21	El uso agradecido de tu abundante creación *Dios Padre y el cuidado de la creación*........ 287
Capítulo 22	Maravillosamente restaurados *Dios Hijo y la encarnación* 299
Capítulo 23	Fortalecidos para tu servicio *Dios Espíritu Santo y los dones espirituales* 307

Qué sigue ahora 319

Capítulo 24	Según tu voluntad *Cómo encontrar prácticas espirituales* 321
Capítulo 25	El testimonio que de él damos *Conozcamos nuestra historia* 315
Capítulo 26	Proclamar a todos los pueblos *Contemos nuestra historia* 343

Epílogo 351

Recursos.. 353

Agradecimientos.. 355

Los autores 357

Forward Movement... 359

Introducción

Anden en amor, como también Cristo nos amó, y se entregó a sí mismo por nosotros, ofrenda y sacrificio a Dios.

— *El Libro de Oración Común*, p. 299

Todos los domingos en las iglesias episcopales de todo el mundo nos reunimos para la Santa Eucaristía. Todos oramos usando *El Libro de Oración Común*, así que escuchamos y usamos muchas de las mismas escrituras una y otra vez. Uno de los versículos que escuchamos a menudo semana tras semana es: "Anden en amor, como también Cristo nos amó, y se entregó a sí mismo por nosotros, ofrenda y sacrificio a Dios".

Este versículo se usa en el ofertorio, que ocurre cuando se recogen las ofrendas del pueblo, y es una forma de dirigir a las personas hacia el sacramento de la Eucaristía que estamos a punto de recibir. Se nos anima a hacer conexiones entre nuestras oraciones dominicales y nuestras vidas diarias. Se nos alienta a ser generosos en nuestras ofrendas ya que Dios ha sido generoso con nosotros.

Si bien hay nueve opciones en los versículos para el ofertorio, la opción más popular es aquella en cuyo honor se nombra este libro. Las palabras provienen del quinto capítulo de Efesios, la bella carta de Pablo sobre cómo la vida y el amor sacrificial de Cristo están destinados a moldearnos y formarnos a todos. Aunque hay algunas diferencias entre el lenguaje que aparece en los ofertorios de *El Libro de Oración Común* en español y la versión *Dios habla hoy* de la Biblia, ambas versiones expresan un significado muy similar.

¿Por qué esta oración de ofertorio es la más popular?

No podemos decirlo con certeza, pero tal vez sean las primeras tres palabras. Anden. En. Amor. Estas palabras expresan acción, tal como la vida cristiana es acción y movimiento. Enfatizan el amor. La frase muestra una imagen clara, una visión de cómo debemos amar y movernos. Pero tal vez haya algo más. El resto de la oración es todavía más interesante. Amar "como Cristo nos amó y se entregó a sí mismo por nosotros" es entregarse totalmente. Este tipo de amor va más allá de lo agradable. Es absorbente. Amar como Cristo, como la vida misma de Jesús, es "una ofrenda y sacrificio a Dios".

Un amor como el de Cristo no se enfoca en nosotros sino en Dios y nuestro prójimo. Es un amor increíblemente generoso. De hecho, este tipo de amor solo es posible por la gracia de Dios. Nunca lograremos amar de esta manera por nuestra cuenta. Y aquí es donde nuestras liturgias entran en juego. Ver el pan y el vino convertirse en el Cuerpo y la Sangre de Cristo es contemplar la gracia de Dios; es ver una transformación radical. Participar en los sacramentos nos ayuda a ver la gracia de Dios actuando en el mundo que nos rodea. El ver la acción de la gracia de Dios nos entrena para abrir nuestros corazones y nuestros ojos a la acción de Dios en los sacramentos.

> **Versículos sugeridos para el ofertorio**
>
> Sacrifica a Dios alabanza, y paga tus votos al Altísimo. *Salmo 50:14*
>
> Rindan al Señor la gloria debida a su Nombre; traigan ofrendas, y entren en sus atrios. *Salmo 96:8*
>
> Anden en amor, como también Cristo nos amó, y se entregó a sí mismo por nosotros, ofrenda y sacrificio a Dios. *Efesios 5:2*
>
> Hermanos, les ruego por las misericordias de Dios, que presenten sus cuerpos en sacrificio vivo, santo, agradable a Dios, que es su culto racional. *Romanos 12:1*
>
> Si traes tu ofrenda al altar, y allí te acuerdas de que tu hermano tiene algo contra ti, deja allí tu ofrenda delante del altar, y anda, reconcíliate primero con tu hermano, y entonces ven y presenta tu ofrenda. *San Mateo 5:23, 24*
>
> Ofrezcamos siempre a Dios, por medio de Cristo, sacrificio de alabanza, es decir, fruto de labios que confiesan su Nombre. Y de hacer bien y de la ayuda mutua no se olviden; porque de tales sacrificios se agrada Dios. *Hebreos 13:15, 16*
>
> Señor, digno eres de recibir la gloria y la honra y el poder; porque tú creaste todas las cosas, y por tu voluntad existen y fueron creadas. *Apocalipsis 4:11*
>
> Tuya es, oh Señor, la magnificencia y el poder, la gloria, la victoria y el honor; porque todas las cosas que están en los cielos y en la tierra son tuyas. Tuyo, oh Señor, es el reino, y tú eres excelso sobre todos. *1 Crónicas 29:11*
>
> Presentemos al Señor con alegría las ofrendas y oblaciones de nuestra vida y de nuestro trabajo.
>
> Puedes encontrar estos pasajes en *El Libro de Oración Común*, páginas 299-300.

Para los episcopales (o sea, para los cristianos anglicanos) la oración, la creencia y la vida misma están inextricablemente relacionadas. La creencia correcta ayuda a nuestra oración y a nuestras vidas. La oración diaria moldea nuestra creencia y guía nuestras existencias. Una vida de sacrificio y amor alimenta nuestro tiempo de oración y transforma nuestra fe de pasiva a activa.

Este libro atañe el andar en amor. Para los cristianos, este viaje comienza en la fuente bautismal, se nutre de las riquezas de la iglesia, y se vive en el mundo más allá de los muros de las iglesias. Esta idea se sugiere en la portada del libro: Se ve el interior de una iglesia, pero en lugar de la pared trasera, la iglesia se abre místicamente a un hermoso sendero a través de un bosque. Nuestras iglesias nos invitan a seguir a Jesús en el mundo. Y, por supuesto, nuestra fe nos invita a traer nuestro mundo a la iglesia.

Esperamos que en este libro encuentres no solo una visión general de las creencias y prácticas de la Iglesia Episcopal, sino también la base para una vida guiada y nutrida por la iglesia y el Evangelio de Jesucristo.

La fe cristiana

Algunos lectores de este libro serán nuevos en la fe cristiana. Otros serán veteranos, pero pueden preguntarse sobre los autores y sobre lo que creen. Si deseas una visión más completa de los principios básicos de la fe cristiana, también hemos escrito un manual disponible en inglés: *Faithful Questions: Exploring the Way with Jesus* [*Preguntas de fe: Explorando el camino de Jesús*] (Forward Movement, 2015). Pero por ahora, ofrecemos un resumen muy básico de la fe para que puedas ver nuestra perspectiva, o tal vez empezar a bosquejarla, si eres nuevo en la fe.

Naturalmente aceptamos la enseñanza de los antiguos credos de la iglesia (ver Capítulo 13). Ya que ambos somos sacerdotes, también nos hemos comprometido a enseñar la doctrina de la iglesia como se establece en *El Libro de Oración Común*. De acuerdo con nuestros votos de ordenación tomamos la Biblia muy en serio, y creemos que esta contiene todas las cosas necesarias para la salvación. Quizás sea útil para nosotros compartir nuestra fe como una historia, no nuestra historia, sino la historia de las Escrituras.

Al principio, antes que existiera nada, existía el amor de Dios. Dios hizo todo, incluyendo este planeta en el que vivimos, creando luz y oscuridad, tierra y mar, animales y plantas, y finalmente creando al ser humano. Dios nos dio nuestra libertad, la capacidad de elegir lo correcto o incorrecto (incluso la opción de preguntarnos si queremos seguir a Dios) y derrochamos nuestro don. Elegimos alejarnos de Dios, prefiriendo el egoísmo y el miedo.

Dios envió profetas para recordarnos su camino. De vez en cuando, escuchamos a los profetas, y recordamos quiénes somos y cómo debemos vivir. Sin embargo, siempre terminamos rechazando a los profetas y su mensaje, volviendo siempre al egoísmo y al miedo.

Finalmente, el propio Hijo de Dios fue enviado al mundo. Jesucristo nació como cualquier otro ser humano, pequeño y vulnerable, en el medio de la nada en una región remota del Imperio Romano. El nacimiento más importante de la historia podría parecer común e insignificante. Aprendemos mucho sobre el Dios que adoramos cuando vemos que Dios eligió entrar en nuestro mundo no con poder y fuerza, sino con vulnerabilidad.

Jesucristo fue el Amor Perfecto encarnado. Él nos mostró quién es Dios y cómo debemos amar. El amor de Jesús es expansivo: amaba especialmente a los que es difícil amar y a las personas al margen de la sociedad. El amor de Jesús es honesto: siempre dijo la verdad. El amor de Jesús invita: quería atraer a las personas a su forma de vida y amor.

Entonces como ahora, los poderes del mundo temían y odiaban el Amor Perfecto. Este tipo de amor es una amenaza a los imperios y a todas las personas poderosas. El amor de Cristo se preocupa por las personas, pero no le importa el poder, la fuerza o el prestigio. Las autoridades en tiempos de Jesús trataron de extinguir al Amor Perfecto matando a Jesús. Lo mataron en una cruz.

Jesús murió. Pero al tercer día, tal como Dios lo había prometido, Jesús fue levantado a una vida nueva. Jesús no estaba más o menos muerto y luego más o menos resucitado a una vida nueva. No fue así. Nosotros creemos que Jesús estaba muerto de verdad, y Dios Padre lo resucitó por completo a una vida nueva. Celebramos esta vida nueva en la Pascua, pero celebramos algo más que el poder de algo que parece imposible: celebramos que, al levantar a Jesús a una vida nueva, el amor de Dios es más fuerte que la muerte, más fuerte que el miedo y más fuerte que cualquier cosa que nos pueda suceder en esta vida terrenal.

Jesús pronto regresó a morar con su Padre en el cielo, pero antes de irse, prometió que enviaría al Espíritu Santo para que permaneciera con la iglesia y guiara la gente a la verdad completa. Cincuenta días después de esa primera Pascua, cuando los discípulos se reunieron para celebrar su fiesta de Pentecostés, el Espíritu Santo descendió sobre la iglesia en toda su diversidad de naciones y pueblos. En ese acto, Dios nos mostró a todos que la iglesia es para todas las personas de todas las culturas.

El Nuevo Testamento presenta varias cartas y documentos de la época de la iglesia primitiva. En estas cartas, San Pablo y otros les escriben a comunidades cristianas incipientes que intentan descubrir qué significa seguir a Jesús. Aquí es donde estamos en la historia. Al igual que aquellos primeros cristianos, estamos tratando de descubrir cómo seguir a Jesús a nuestra manera, incluso con nuestras imperfecciones.

Afortunadamente, tenemos el Espíritu Santo, la presencia permanente de Dios, que nos puede llevar a toda la verdad.

No se espera que ser cristiano sea fácil, y nadie que lea los evangelios podría pensar lo contrario. El camino de Jesús puede ser una fuente de profunda alegría, ya que se nos ofrece una manera de vivir como Dios espera: solo por amor. Ser un seguidor o seguidora de Jesús significa que "tomaremos nuestra cruz" y lo seguiremos, que a veces escogeremos el camino difícil, pero no es fácil vencer nuestros miedos intrínsecos y nuestro egoísmo. Ser un seguidor de Jesús significa que proclamaremos a Jesucristo a todas las personas, enseñándoles sus mandamientos.

La mayor parte de este libro es una exploración de lo que significa ser un cristiano episcopal o anglicano. Creemos que no hay una sola forma de ser cristiano, pero estamos completamente enamorados de la forma anglicana de seguir a Jesús. Leerás más en los próximos capítulos, pero en resumen podemos decir que el cristianismo anglicano es una forma de seguir a Jesús que está arraigada en la Biblia y los sacramentos de la iglesia, unidos por formas comunes de oración. Explicaremos esto en los capítulos que siguen.

Descripción de este libro

Después de compartir lo que vemos como la definición anglicana o episcopal de la oración (Capítulo 1), repasamos los sacramentos de la iglesia (Capítulos 2-8). Pasamos un poco más de tiempo en el bautismo y la eucaristía, ya que son los sacramentos principales. Luego vemos cómo la iglesia vive los ciclos del tiempo, incluidos los ciclos diarios (Capítulo 9) y los ciclos anuales (Capítulo 10). Exploramos muy de cerca la Semana Santa, la semana más importante del año para un cristiano (Capítulo 11). También describimos el final de nuestra peregrinación terrenal: los funerales y el entierro (Capítulo 12).

Debido a que nuestra fe no se trata solo de liturgia sino también de creencias, exploramos algunas enseñanzas básicas. Discutimos los credos antiguos (Capítulo 13) y cómo leemos la Biblia (Capítulo 14). La idea de salvación o redención solo tiene sentido si hablamos de pecado y gracia, que se exploran en el Capítulo 15. Esta sección concluye con un capítulo sobre la oración (Capítulo 16).

La iglesia en sí es una parte importante de nuestra fe, por lo que dedicamos tiempo a explorar la comunidad de personas que siguen a Jesús. El Capítulo 17 es una descripción general de la iglesia y el Capítulo 18 explora cómo nos organizamos los episcopales. El Capítulo 19 nos recuerda que la iglesia no es solo los santos vivientes, sino también aquellos que nos han precedido, aquellas beatas y beatos que viven con Dios como santas y santos. Y el Capítulo 20 explora cómo todos estamos llamados a seguir a Jesús de manera particular.

Los siguientes tres capítulos analizan cómo podemos cuidar la creación de Dios (Capítulo 21), las implicaciones de que Dios se haya hecho humano en Jesucristo (Capítulo 22) y cómo nutrimos los dones espirituales que Dios nos ha dado (Capítulo 23). Finalmente, terminamos con un mensaje de aliento para continuar como seguidores y seguidoras de Jesús. Compartimos prácticas espirituales, como la oración diaria o el servicio a los demás (Capítulo 24). Por último, esperamos que aprendas cómo la historia de Dios es tu historia y cómo puedes compartir esa historia con un mundo necesitado (Capítulos 25 y 26).

Cómo usar este libro

Te recomendamos que tengas a mano una copia de *El Libro de Oración Común* mientras leas *Anden en amor*. Usa la versión de 1979 de *El Libro de Oración Común* de la Iglesia Episcopal; puedes encontrar una copia gratuita en formato PDF en línea o comprar una copia en tu librería favorita. Tal vez tu sacerdote te preste o te de una copia. Hay numerosas citas de ese libro, incluyendo colectas (u oraciones) que encabezan cada capítulo. Te invitamos a buscar las citas en *El Libro de Oración Común* para establecer conexiones tangibles entre las creencias y las prácticas. Cada vez que veas un número entre paréntesis, ese es un número de página en *El Libro de Oración Común*.

Puedes leer *Anden en amor* por tu propia cuenta. Tal vez algo en uno de los capítulos te dé curiosidad, por lo que hemos proporcionado algunas sugerencias para lectura o exploración adicional.

Un club de lectura podría hacer un uso productivo de *Anden en amor*, usando las preguntas para la reflexión que aquí se ofrecen, para iniciar conversaciones interesantes. Tu grupo tendrá una conversación rica. La editorial de este libro, Forward Movement, también ofrece un curso descargable gratuito sobre creencias y prácticas episcopales, *Practiquemos nuestra fe*. Financiado en parte por una generosa donación del Fondo Constable de la Iglesia Episcopal, el plan de estudios está disponible en inglés y español. Este curso, *Practiquemos nuestra fe*, es parte de un conjunto de cursos que abarca tres años; los otros son *Santas y Santos: Una celebración* y *Exploremos la Biblia*. Para obtener más información sobre estas ofertas, favor de visitar www.VivirElDiscipulado.org y www.VenAdelante.org.

Sobre este libro

Mucho de lo que leerás aquí lo aprendimos mientras nosotros dos (Melody y Scott) trabajábamos juntos como párrocos en Rhode Island. Como puedes ver, pasamos mucho tiempo y usamos mucha energía pensando en la liturgia, el libro de oración y la Biblia. Fuimos testigos de los frutos de ese trabajo cuando observamos vidas transformadas por Jesucristo y personas que se vieron atraídas a un compromiso más profundo de seguir a Jesús en su vida diaria.

Notarás que cuando contamos historias, usamos el pronombre "yo". Algunas veces ese "yo" se refiere a Melody y a veces a Scott. No te preocupes demasiado por eso; disfruta las historias que contamos.

Esperamos que este libro te sea útil. Más que eso, esperamos que te enamores de Jesús un poco más a través de una vida profunda y permanente de oración y creencias enriquecidas.

Scott Gunn
Cincinnati, Ohio

Melody Wilson Shobe
Dallas, Texas

Fiesta de la Epifanía de Nuestro Señor Jesucristo, 2018

La forma anglicana del cristianismo

Capítulo 1

No solo con nuestros labios, sino también con nuestras vidas
Creencias y prácticas

Como sacerdote, tener una oración favorita es tal vez similar a tener una hija o hijo favorito: ¿Cómo podrías elegir uno? Hay cosas muy bellas en tantas oraciones diferentes; cada una tiene cualidades únicas. Cuando la gente me pregunta cuáles son mis oraciones favoritas, generalmente digo algo poético sobre la maravillosa diversidad de *El Libro de Oración Común*, que contiene miles de opciones para orar en casi todas las circunstancias y situaciones. A veces enumero mis oraciones favoritas del día, pero animo a la gente a explorar la riqueza del libro de oración por sí mismos. También les recuerdo a las personas que no estamos limitados a las formas de *El Libro de Oración Común*: La oración es "la respuesta a Dios, por pensamiento y obra, con o sin palabras" (748). Podemos orar usando oraciones estructuradas, usando nuestras propias palabras o incluso sin usar palabras. ¡Las opciones son, literalmente, ilimitadas!

Pero déjame decirte un secreto: La verdad es que sí tengo una oración favorita. Si solo pudiera rezar una oración por el resto de mi vida, sería la Acción de Gracias en General de la Oración matutina:

> Dios omnipotente, Padre de toda misericordia, nosotros, indignos siervos tuyos, humildemente te damos gracias por todo tu amor y benignidad a nosotros y a todos los seres humanos. Te bendecimos por nuestra creación, preservación y todas las bendiciones de esta vida; pero sobre todo por tu amor inmensurable en la redención del mundo por nuestro Señor Jesucristo; por los medios de gracia, y la esperanza de gloria. Y te suplicamos nos hagas conscientes de tus bondades de tal manera que, con un corazón verdaderamente agradecido, proclamemos tus alabanzas, no solo con nuestros labios, sino también con nuestras vidas, entregándonos a tu servicio y caminando en tu presencia, en santidad y justicia, todos los días de nuestra vida; por Jesucristo nuestro Señor, a quien, contigo y el Espíritu Santo, sea todo honor y gloria, por los siglos de los siglos. *Amén.*
>
> —*El Libro de Oración Común*, p. 65

Esta oración es mi favorita por una serie de razones. Una es la nostalgia. Crecí en una iglesia que rezaba la Oración Matutina regularmente. A fuerza de pura repetición, la Acción de Gracias en General fue una de las primeras oraciones que memoricé en la niñez, junto con el Padrenuestro y el Credo de los Apóstoles. Amo esta oración con la devoción de un niño, de la misma manera en que me gusta comer macarrones con queso. Tiene significado para mí porque es parte de mi historia, parte de lo que soy.

También es mi oración favorita porque me gustan los libros, y estoy enamorada de la poesía y el lenguaje de esta oración. Recuerdo llegar a casa de la iglesia un día en cuarto grado y buscar las palabras "inmensurable" y "benignidad" en el diccionario. Me encantaba cómo sonaban en mi lengua y estaba encantada de saber lo que significaban. Cuando era niña, decir palabras tan grandes, bellas y misteriosas me parecía sagrado; era un recordatorio de que amo y sigo a un Dios que es grande, hermoso y misterioso. Esas palabras hermosas y misteriosas, tan diferentes de nuestra habla cotidiana, continúan conectándome hoy con la santidad de Dios.

Finalmente, y quizás de modo más importante, esta oración de acción de gracias es mi favorita porque dice: "... proclamemos tus alabanzas, no solo con nuestros labios, sino también con nuestras vidas ..." Como si la poesía de la oración no fuera suficientemente, este concepto realmente impresiona: no solo con nuestros labios, sino también con nuestras vidas. Estamos llamados a ofrecer alabanza a Dios, no solo por lo que decimos, sino también por lo que hacemos. Dios no quiere meros halagos: Dios quiere una vida de servicio. Existe una conexión íntima e inquebrantable entre las palabras que decimos cuando oramos y las cosas que hacemos en nuestra vida cotidiana.

Lex orandi, lex credendi

Esta línea de mi oración favorita describe un principio fundamental de la Iglesia Episcopal: *lex orandi, lex credendi*. Esta frase en latín se traduce como "la ley de la oración es la ley de la creencia". O, dicho de otra manera, "eres lo que rezas". En la Iglesia Episcopal, la oración, la creencia y la acción están íntimamente ligadas.

Cuanto más oramos, más profundamente se convierte esa oración en parte de nosotros. Las oraciones que rezamos nos dan forma, ya que tanto el acto de orar como el contenido de las oraciones impactan cómo pensamos sobre nosotros mismos y el mundo. Más que dar forma a nuestras creencias, nuestras oraciones moldean nuestras acciones, impulsándonos a vivir en nuestras vidas diarias las cosas que hemos dicho con nuestros labios. Nuestras oraciones exigen que nos formulemos algunas preguntas difíciles: ¿Qué tiene que ver lo que decimos el domingo con cómo pensamos el jueves? ¿A qué nos llaman nuestras oraciones y creencias el lunes y el martes y el resto de los días? Al orar, nuestras oraciones nos dan forma; así, con el tiempo, y con el auxilio de Dios, nos convertimos en las mismas cosas por las cuales oramos. De esta manera *El Libro de Oración Común* es la fuente no solo de las oraciones que la Iglesia Episcopal usa regularmente, sino también del contenido de nuestras creencias y las pautas de cómo practicamos nuestra fe.

El Libro de Oración Común

La Iglesia Episcopal se define por la forma en que adoramos y que se guía por *El Libro de Oración Común*. Y la forma en que oramos es lo que une a la Comunión Anglicana, una comunión mundial que incluye a la Iglesia Episcopal. Nuestro estilo de oración es a la vez antiguo y moderno, aprovechando la tradición que la iglesia retuvo a través de los siglos y respondiendo a las necesidades y preocupaciones de los fieles cristianos en este tiempo.

> La Comunión Anglicana es la tercera comunión más grande del mundo, después de la Iglesia Católica Romana y la Iglesia Ortodoxa. Está compuesta por 85 millones de personas en 165 países. Para aprender más sobre la Comunión Anglicana, visita www.anglicancommunion.org.

El Libro de Oración Común fue publicado por primera vez en 1549 bajo la dirección de Tomás Cranmer, Arzobispo de Canterbury. El libro fue el resultado de una idea extraordinaria: las oraciones que decimos en la celebración deben ser compartidas, es decir, deben estar disponibles para todas las personas en su lengua materna. Antes de la publicación de *El Libro de Oración Común*, los libros de liturgia estaban reservados principalmente para el clero (obispos, sacerdotes y diáconos) y aquellos en la vida monástica (monjes y monjas). Estos libros también estaban en gran parte escritos en latín, un idioma hablado solo por la clase educada. Tras la Reforma, Cranmer y otros creían que la oración, como las Escrituras, debían estar disponibles para todas las personas, tanto clérigos como laicos, y que las personas debían poder leer y comprender las oraciones de la iglesia en su propio idioma.

De esta profunda convicción surgió *El Libro de Oración Común*. Algunas de las oraciones de *El Libro de Oración Común* fueron escritas por el mismo Cranmer. Con la sensibilidad de un poeta, creó un lenguaje que le da voz a los anhelos más profundos de los corazones humanos y que nos pone en conversación con Dios. Pero para muchas otras oraciones, Cranmer se basó en siglos de tradición, traduciendo laboriosamente oraciones al inglés que se habían transmitido de generación en generación, tomando incluso de las primeras celebraciones de la eucaristía y creando una conexión viva con nuestros antepasados. El primer *Libro de Oración Común* fue antiguo y moderno, aferrándose a patrones de oración que tenían cientos de años, pero usando el lenguaje de su tiempo.

Al escribir ese primer *Libro de Oración Común*, Cranmer también buscó una vía media, o sea, un camino intermedio entre las sensibilidades católica y protestante. Por aquel entonces la iglesia aún estaba siendo sacudida por las olas de la Reforma Protestante. En respuesta a las críticas en contra de la Iglesia Católica Romana, muchos estaban dispuestos a tirar el grano con la paja, cambiando radicalmente su práctica de oración para deshacer toda conexión con las prácticas de la Iglesia Católica Romana.

Oraciones antiguas

El Libro de Oración Común de 1549 incluyó algunas colectas maravillosas compuestas para esa primera edición, y todavía usamos algunas de estas oraciones hoy.

Dios todopoderoso, has edificado tu Iglesia sobre el fundamento de los apóstoles y profetas siendo Jesucristo mismo la piedra angular: Concédenos que estemos unidos en espíritu por su enseñanza, de tal modo que lleguemos a ser un templo santo aceptable a ti; por Jesucristo nuestro Señor, que vive y reina contigo y el Espíritu Santo, un solo Dios, por los siglos de los siglos. Amén. (p. 148)

Bendito Señor, tú que inspiraste las Sagradas Escrituras para nuestra enseñanza: Concede que de tal manera las oigamos, las leamos, las consideremos, las aprendamos e interiormente las asimilemos, que podamos abrazar y siempre mantener la esperanza bendita de la vida eterna, que nos has dado en nuestro Salvador Jesucristo; que vive y reina contigo y el Espíritu Santo, un solo Dios, por los siglos de los siglos. Amén. (p. 152)

Tomás Cranmer y su equipo también hicieron uso de algunas oraciones antiguas que tradujeron para usarlas en el libro de 1549.

Suscita tu poder, oh Señor, y con gran potencia ven a nosotros; ya que estamos impedidos penosamente por nuestros pecados, haz que tu abundante gracia y misericordia nos ayuden y libren prontamente; por Jesucristo nuestro Señor, a quien contigo y el Espíritu Santo, sea el honor y la gloria, ahora y por siempre. Amén (p. 126. Esta oración está basada en un libro litúrgico del siglo octavo llamado El Sacramentario gelasiano).

Dios todopoderoso y eterno, tú no aborreces nada de lo que has creado, y perdonas los pecados de todos los penitentes: Crea y forma en nosotros, corazones nuevos y contritos, para que, lamentando debidamente nuestros pecados y reconociendo nuestra miseria, obtengamos de ti, Dios de toda misericordia, perfecta remisión y perdón; mediante Jesucristo nuestro Señor, que vive y reina contigo y el Espíritu Santo, un solo Dios, por los siglos de los siglos. Amén. (p. 132, también del Sacramentario gelasiano)

Si deseas obtener más información sobre el origen de las diferentes oraciones de *El Libro de Oración Común*, lee *Commentary on the American Prayer Book* [Comentario sobre el Libro de Oración estadounidense] escrito por Marion J. Hatchett.

Cranmer y otros buscaron un término medio, una liturgia que conservara algunos aspectos del pensamiento y la práctica católica pero que incluyera además lo mejor de la teología protestante. Encontrar la vía media fue difícil y enfureció a los extremistas de ambos lados. Finalmente, este conflicto llevó a la reina católica romana María de Inglaterra a ejecutar a Cranmer por herejía. Pero el legado de la vía media sigue siendo un principio fundamental en nuestro *Libro de Oración Común* y en la creencia y práctica episcopal/anglicana.

Con los años, *El Libro de Oración Común* ha sido editado y revisado varias veces; cada versión equilibra lo antiguo con lo moderno y busca un camino intermedio entre los extremos. La Iglesia de Inglaterra todavía usa *El Libro de Oración Común* de 1662, que guarda un gran parecido con la edición original de 1549. La Iglesia Episcopal en los Estados Unidos de América adoptó su primer *Libro de Oración Común* en 1789; ese *Libro de Oración Común* estuvo compuesto con elementos tanto de *El Libro de Oración Común* original como de *El Libro de Oración Común* de la Iglesia Episcopal Escocesa. *El Libro de Oración Común* actualmente autorizado para uso oficial en la Iglesia Episcopal fue revisado por última vez en 1979. La primera traducción al español se hizo entre 1612 y 1623; desde entonces se han hecho varias traducciones en España, México y Estados Unidos. La traducción española actual, basada en el libro de 1979, se publicó en 1981. Se espera que todas las congregaciones de la Iglesia Episcopal adoren siguiendo *El Libro de Oración Común* más reciente.

Orando como una sola comunidad

Cuando nos reunimos todas las semanas y oramos con *El Libro de Oración Común*, estamos orando, en un sentido profundo, como una sola comunidad. Nuestra liturgia (o sea, las palabras y acciones de la adoración) no se fija en nuestras individualidades o nuestros gustos, y ni siquiera

> La liturgia es un término comúnmente mal entendido; hay personas que dicen que significa "la obra del pueblo", lo que sugiere que la meta es la participación de todos en la celebración. Si bien es importante que cada persona participe a su manera en la celebración eucarística, de esto no es de lo que se trata la liturgia. Una mejor traducción de la palabra griega es obra pública. Ya en la Grecia antigua la gente ofrecía una liturgia si, por ejemplo, se donaba dinero para un edificio público. La liturgia era una ofrenda para el bien de todas las personas, para el público. De esta manera, nuestras liturgias están destinadas a ser obras públicas, es decir, ofrendas para el bien de todo el mundo.

en la forma en que le gusta orar a la persona que esté celebrando la misa. En cambio, mantenemos una tradición de adoración que se extiende a lo largo del tiempo; su forma y estructura provienen de una tradición de oración que se ha transmitido de generación en generación.

Nuestras oraciones nos conectan no solo a través del tiempo sino también a través del espacio con todos los demás miembros de la Comunión Anglicana, un cuerpo mundial vinculado por una historia y adoración compartidas. Si bien las congregaciones anglicanas en todo el mundo tienen diferentes creencias y prácticas, las iglesias de la Comunión Anglicana están todas conectadas, de alguna manera, a la Iglesia de Inglaterra, y cada una tiene un libro de oración que ha sido influido y ha heredado elementos de *El Libro de Oración Común*. Si visitas una iglesia anglicana en cualquier parte del mundo, tendrás una noción básica de lo que está sucediendo. Incluso si no pudieras entender una palabra del idioma que se está hablando, el orden del servicio y las acciones de adoración serán muy familiares.

Todos los presbíteros y las presbíteras episcopales hacen un voto en su ordenación al sacerdocio de ser fieles a la doctrina, la disciplina y el culto de la Iglesia Episcopal. En el bautismo y nuevamente en la confirmación, cada episcopal promete "continuar en la enseñanza y la comunión de los apóstoles, en la fracción del pan y en las oraciones". Fíjate que esta promesa no dice "en la oración" sino "en las oraciones". En el bautismo y la confirmación nos comprometemos a algo más que una noción general de la oración: prometemos orar "de esta manera" y "en esta comunidad". *El Libro de Oración Común* contiene las oraciones a las que prometemos ser fieles: esas oraciones nos marcan como cristianos y como episcopales.

Amplitud y oportunidad

Ahora bien, alguien puede escuchar acerca de estas promesas de oración y pensar que *El Libro de Oración Común* es un chaleco o camisa de fuerza que limita y restringe la forma en que interactuamos con Dios. Nada podría estar más lejos de

> *El Libro de Oración Común* de la Iglesia Episcopal no es un documento eterno y estancado; ha sido revisado (a veces, sustancialmente) en varias ocasiones desde la primera versión estadounidense de 1789. Pero el libro de oración tampoco se debe tomar a la ligera o estar sujeto a caprichos y modas pasajeras. Creemos que somos moldeados por lo que oramos, de manera que la forma y el contenido de estas oraciones es muy importante. Por esa razón, la revisión de *El Libro de Oración Común* es un proceso largo.
>
> Cualquier revisión de *El Libro de Oración Común*, ya sea por cambiar unas pocas palabras o hacer cambios significativos, requiere aprobación por voto mayoritario en ambas cámaras (la de diputados y la de obispos), en dos reuniones sucesivas de la Convención General, que se reúne cada tres años. Esto significa que lleva un mínimo de seis años revisar el libro de oración, y cualquier revisión requiere el aporte y el apoyo mayoritario de todas las órdenes de ministerio: obispos y obispas, presbíteros y presbíteras, diáconos y diáconas, y gente laica.

la realidad. Uno de los mayores dones de *El Libro de Oración Común* es su amplitud. *El Libro de Oración Común* ofrece una gran oportunidad para la creatividad y la diversidad.

❖ El libro de oración incluye una increíble variedad de liturgias, incluyendo la Santa Eucaristía y el Santo Bautismo, el matrimonio y el entierro, la confirmación y la ordenación. Pero también hay opciones, guías para la adoración, para la oración diaria, incluidas las Devociones Diarias y el Oficio Diario, que es una rutina ordenada de oración en diferentes momentos del día. Además, el libro de oración ofrece oraciones para aquellos que están enfermos y para dar gracias antes de las comidas, para los que son víctima de la adicción, y plegarias por las escuelas y universidades, por la lluvia y por los viajeros, y por muchos otros eventos más.

❖ Algunas liturgias ofrecen formas de oración para Rito I y Rito II, esencialmente dos estilos de oración que adoptan los mismos principios. Esto puede parecer confuso, pero en realidad es una parte hermosa de nuestra herencia anglicana, y es otra forma en que nos aferramos a lo antiguo a la vez que también respondemos al mundo que nos rodea. El Rito I usa un lenguaje más tradicional y castizo (por ejemplo, en español usa la forma "vosotros" en vez de "ustedes"). Este lenguaje más antiguo y tradicional hace eco de los primeros libros de oración. Es un lenguaje de belleza, poesía y misterio. El Rito II es más contemporáneo, cambia "vosotros" por "ustedes" y traduce algunas de las palabras y conceptos más complejos para que sean más fáciles de entender, sin dejar de aferrarse a la belleza y la tradición. De esta manera, nuestro *Libro de Oración Común* es antiguo y moderno, y nuestras oraciones se benefician de una mayor riqueza porque tenemos muchas opciones.

- Incluso dentro del lenguaje de los ritos, hay una gran variedad. En la Santa Eucaristía Rito II, por ejemplo, hay cuatro opciones diferentes para las plegarias eucarísticas: A, B, C y D. Cada plegaria eucarística utiliza diferentes frases e imágenes para atraernos al misterio de la Santa Eucaristía. Por ejemplo, la Plegaria Eucarística D está conectada con algunas de las oraciones eucarísticas más antiguas, enraizándonos en la tradición antigua. La Plegaria Eucarística C habla sobre el espacio exterior, recordándonos nuestro contexto moderno. Las diferentes plegarias enfatizan diferentes aspectos de nuestra comprensión de Dios, para ayudarnos a tener una mejor idea de lo que sucede cuando nos reunimos a celebrar la Santa Comunión.

- Además de las diferentes liturgias, *El Libro de Oración Común* también está atento a los diferentes tiempos litúrgicos del año de la iglesia. Las liturgias ofrecen varias opciones para invocaciones iniciales, oraciones y responsorios que reflejan los diferentes momentos del año de la iglesia. Desde el Adviento hasta la Cuaresma, la Epifanía y la Pascua, los diferentes tiempos les dan a nuestras oraciones un contexto y un matiz particular.

- Si bien *El Libro de Oración Común* indica ciertas cosas que se deben hacer, también hay mucho que no está escrito. Esto permite una gran variedad de práctica: las vestimentas que se usan, las decoraciones en el altar, los colores de los tiempos litúrgicos, los himnos y la música instrumental de nuestra adoración.

- *El Libro de Oración Común* también incluye liturgias con más libertad para la celebración de la Santa Eucaristía (323), el matrimonio (357) y el entierro (409). Este enfoque deja espacio para la flexibilidad y la adaptación pero se mantiene dentro de los parámetros y la sabiduría de nuestra fe. Estos ritos "requieren una cuidadosa preparación por parte del sacerdote y otros participantes" (323) e incluyen ciertas oraciones o pautas a seguir. Sin embargo, estos ritos permiten que las congregaciones respondan a sus necesidades pastorales específicas al mismo tiempo que se mantienen unidas por medio de la oración en común.

❖ Las acciones tales como persignarnos, las procesiones dentro y fuera de la iglesia, si usamos incienso o no, y muchas otras cosas son decisiones que toman las comunidades por sí mismas.

De acuerdo con *El Libro de Oración Común*, la adoración ofrece unidad en medio de la diversidad, lo que permite que las congregaciones individuales tengan variedad y constancia. Muchos aspectos de la oración y el culto son los mismos en todas las iglesias episcopales, sin importar dónde se encuentren; otros componentes difieren de una comunidad a otra.

Orando con nuestros cuerpos

La oración es un deporte de cuerpo entero. La oración no es solo una cuestión de la mente o la boca; es una cuestión de todo el cuerpo. Está destinada a hacer participar cada parte de nosotros mismos. Vivimos esa realidad en la adoración mediante las diferentes acciones que hacemos cuando oramos. *El Libro de Oración Común* a veces nos pide que nos sentemos, a veces que nos paremos, a veces que nos arrodillemos. Algunas veces se nos pide que hablemos, a veces que permanezcamos en silencio, otras que cantemos. Algunas personas también incluyen acciones: persignarse en ciertos momentos, inclinar la cabeza ante el nombre de Jesús y hacer una genuflexión (poner una rodilla en tierra como reverencia) ante el altar. ¡Las diferentes acciones pueden hacer que parezca que no estamos orando sino haciendo ejercicios de aerobismo! La verdad es que estas diferentes acciones y posturas de oración nos ayudan a participar completamente en la adoración. Son formas de hacer realidad el concepto de que alabamos a Dios "no solo con nuestros labios, sino también con nuestras vidas".

Al comprometer activamente nuestros cuerpos en la oración, reconocemos que la oración exige más que nuestras palabras. Proclamamos en nuestras acciones que Dios nos quiere completamente, y que le estamos ofreciendo a Dios todo lo que somos.

Nuestras acciones y movimientos son solo parte de nuestras oraciones; la adoración involucra a todos los sentidos. En la adoración vemos la luz y la oscuridad cuando las velas parpadean, vemos la variedad de colores en las vestimentas cada vez que estas cambian, los paños y manteles con sus diseños y colores, y los vitrales. Escuchamos la música cantada o tocada y palabras dichas o cantadas. Experimentamos el silencio que cuenta su propia historia. Olemos la cera de las velas encendidas, el perfume sagrado del incienso, el hermoso aroma del óleo (aceite) de la unción. Saboreamos el pan y el vino. Y tocamos la superficie lisa de los barandales del altar, las páginas finas de los libros de oración y los himnarios, y las manos de extraños y de nuestros vecinos. Nuestra adoración compromete la totalidad de nuestro ser: nuestros cuerpos y almas, nuestras bocas y nuestros movimientos. Y se aplica a todos nuestros sentidos: vista, oído, gusto, tacto y olfato. Nuestra oración es una acción que toma cuerpo.

Este principio se extiende más allá de nuestra celebración. Alabar a Dios "no solo con nuestros labios, sino también con nuestras vidas" significa que nuestras oraciones deben moldear la forma en que vivimos, no solo durante una hora los domingos, sino cada hora de cada día, de cada semana, durante toda nuestra vida. No solo hacemos participar nuestros cuerpos en la adoración los domingos poniéndonos de rodillas o estando de pie, oliendo y probando. Involucramos nuestros cuerpos en la adoración todos los días, al vivir en nuestras vidas lo que nuestros labios profesan en la oración. Alabar a Dios implica más que las oraciones que decimos o las cosas en las que creemos; incluye la forma en que practicamos nuestra fe diariamente.

Aquello por lo que oramos es increíblemente importante, porque da forma y refleja lo que creemos. Y lo que creemos es consecuentemente muy importante, porque da forma y refleja la forma en que vivimos. La oración nos cambia de manera profunda y significativa.

Como sacerdote, he tenido el precioso don de orar con la gente a medida que envejece y cuando se está muriendo. Muchas veces he orado con alguien que padece demencia o Alzheimer o una persona que no responde, que no parece estar al tanto de lo que está sucediendo o que no puede responder de ninguna manera. Sin embargo, cuando comienzo a orar el Padrenuestro, la mayoría de las veces esa persona que no responde, que muchas veces ni habla, comienza a orar conmigo. A veces las palabras son solo un susurro o difíciles de entender. Quizás va repitiendo lentamente lo que yo digo o solo pueda decir algunas frases. Pero incluso si la persona ha olvidado casi todo lo demás, muchas veces recuerda el Padrenuestro. Las oraciones que oramos a menudo y repetidamente se vuelven una parte tan íntima de nosotros que las recordamos a nivel visceral e instintivo.

La oración cambia nuestros cerebros y nuestro comportamiento. Lo que decimos y hacemos el domingo informa y determina cómo actuamos y pensamos el jueves, el lunes, y el resto de los días. Cuando pasamos nuestro tiempo en oración enfocados en la gratitud, nos convertimos en personas más agradecidas. Cuando oramos por la paz, comenzamos a actuar más pacíficamente. Nuestras oraciones se convierten en una parte profunda y significativa de nosotros; son palabras que se aprenden verdaderamente de memoria; se vuelven parte de nosotros mismos y nos moldean.

Para la reflexión

- ¿Cuál es tu oración favorita y por qué?
- ¿Algunos fragmentos de oraciones te vienen a la mente durante tu vida diaria? ¿Cuáles son y cuándo piensas en ellas?
- ¿Qué significa para ti la promesa bautismal de "continuar en la enseñanza y la comunión de los apóstoles, en la fracción del pan y en las oraciones"? ¿Cómo has cumplido esa promesa en tu vida? ¿Cómo podrías hacerlo mejor?
- ¿Cuáles son algunos de los dones de la oración común y estructurada como la de *El Libro de Oración Común*? ¿Cuáles son algunas de las dificultades con este tipo de oración?

Los sacramentos y los ritos sacramentales

Capítulo 2

La nueva vida de gracia

Creencias bautismales

Padre celestial, te damos gracias porque por medio del agua y del Espíritu Santo has concedido a estos tus siervos el perdón de los pecados y les has levantado a la nueva vida de gracia. Susténtales, oh Señor, en tu Santo Espíritu. Dales un corazón para escudriñar y discernir, valor para decidir y perseverar, espíritu para conocerte y amarte, y el don del gozo y admiración ante todas tus obras. *Amén.*

—*El Libro de Oración Común*, p. 228

La oración, nuestra conversación con Dios, tanto oral como silenciosa, es una forma importante de experimentar a Dios en nuestras vidas. Pero no es la única forma. En la Iglesia Episcopal, los sacramentos tienen mucha importancia. En los sacramentos experimentamos la gracia, que nuestro libro de oración define como "el favor de Dios para con nosotros, que no hemos ganado ni merecido. Por medio de la gracia Dios perdona nuestros pecados, ilumina nuestras mentes, aviva nuestros corazones y fortalece nuestras voluntades"(750). Si bien la gracia de Dios se presenta de manera infinita, incluso fuera de la iglesia, sabemos que los sacramentos son "seguros y eficaces" medios de gracia.

La definición clásica de los sacramentos dice que son "signos externos y visibles de una gracia interna y espiritual". En otras palabras, los sacramentos son una manifestación externa de algo que ocurre internamente. O sea, son signos terrenales de una actividad celestial. Por ejemplo, cuando bautizamos a alguien, el signo externo es el agua, pero, en el interior, la persona cambia.

Es importante enfatizar que los sacramentos no son la única forma de recibir la gracia; la gracia del amor y la bendición de Dios llegan a nuestras vidas diariamente. Al mismo tiempo, sin embargo, cuando participamos en los sacramentos, podemos estar seguros de recibir la gracia de Dios. Además, los sacramentos no son meros símbolos. En la Santa Eucaristía, el pan y el vino no son simples recordatorios de la última comida de Jesús con sus amigos, sino que se convierten en el Cuerpo y la Sangre de Jesús. Podemos estar seguros de que Cristo está verdaderamente presente en la eucaristía, y que al recibir la Santa Comunión recibimos la gracia de Dios.

Los anglicanos no siempre están de acuerdo sobre el número de sacramentos que existen. Durante el período de la Reforma en los años 1500 y 1600, nuestros antepasados se centraron en dos sacramentos: el bautismo y la eucaristía. Más tarde, especialmente en el siglo XIX, los anglicanos comenzaron a hablar de siete sacramentos. Hoy, a menudo dividimos los sacramentos en dos categorías. Los sacramentos dominicales (enseñados por Jesús) son el bautismo y la eucaristía. Y los cinco sacramentos eclesiales (enseñados por la iglesia) son la confirmación, la sanación (unción), la reconciliación (confesión), el matrimonio y la ordenación. Nuestro *Libro de Oración Común* no es siempre congruente, pero generalmente llama a los dos primeros "sacramentos" y los últimos cinco "ritos sacramentales". Sin embargo, en términos de nuestra teología, los siete son claramente sacramentales: son signos externos y visibles de una gracia interna y espiritual.

Santo Bautismo

El bautismo es el primer sacramento. Es el primero que Jesús enseñó. A veces podemos pensar en el bautismo como el sacramento del nacimiento, porque el bautismo a menudo se lleva a cabo con los bebés. Pero debemos considerar el bautismo en un contexto más amplio, como el sacramento del comienzo para todos los nuevos cristianos. Incluso los adultos comienzan su nueva vida y su viaje como discípulos de Jesucristo en su bautismo.

Jesús no inventó el bautismo. Tomó una práctica existente y la redefinió por completo. En el mundo antiguo, como es el caso hoy en día, muchas religiones hacían uso de baños rituales. En el tiempo de Jesús, muchos judíos entendían que el bautismo era una purificación, una manera de lavar los pecados. Algunas sectas incluso decían que el bautismo era parte de los rituales de entrada; el bautismo era requerido para ser miembro.

En el Nuevo Testamento, el famoso practicante del bautismo judío fue Juan el Bautista (¡de ahí su nombre!). Juan pasó sus días llamando a las personas a transformarse y a estar preparadas para el Mesías que vendría pronto. Él habló de su propia práctica del bautismo, diciendo: "Yo los bautizo con agua para arrepentimiento" (Mateo 3: 11a). Pero Juan añadió una enseñanza importante: "El que es más poderoso que yo viene detrás de mí; No soy digno de llevar sus sandalias. Él los bautizará con el Espíritu Santo y fuego" (Mateo 3: 11b).

Jesús adoptó la idea de un ritual de limpieza o purificación requerido para ingresar a una comunidad. Y tal como lo había prometido Juan, el bautismo de Jesús añadió nuevas dimensiones, comenzando con su bautismo de Juan en el río Jordán.

> Entonces Jesús vino de Galilea a Juan en el Jordán, para ser bautizado por él. Juan lo habría evitado, diciendo:

"Necesito que te bautice, ¿y vienes a mí?" Pero Jesús le respondió: "Deja que así sea ahora; porque es apropiado para nosotros de esta manera cumplir toda justicia". Luego consintió. Y cuando Jesús fue bautizado, justo cuando subía del agua, de repente se le abrieron los cielos y vio al Espíritu de Dios que descendía como una paloma y se posaba sobre él. Y una voz del cielo dijo: "Este es mi Hijo, el Amado, en quien tengo complacencia" (Mateo 3: 13-17).

En su propio bautismo, Jesús fue bendecido por la presencia de Dios para que todos lo vieran. Esto introdujo dramáticamente la venida del Espíritu Santo en el bautismo, y Jesús continuó enseñando esta como la forma de comenzar una nueva vida de fe. Desde ese momento en el río Jordán, Jesús y sus seguidores continuaron, hasta el día de hoy, un bautismo que es por agua y por el Espíritu Santo.

Poco después de la muerte, resurrección y ascensión de Jesús al cielo, los primeros cristianos comenzaron a enseñar el bautismo como parte esencial de la vida cristiana. San Pablo enseña:

> ¿No saben ustedes que, al quedar unidos a Cristo Jesús en el bautismo, quedamos unidos a su muerte? Pues por el bautismo fuimos sepultados con Cristo, y morimos para ser

> En la mayoría de las iglesias episcopales de hoy, nuestra práctica del bautismo simboliza la experiencia derramando o rociando agua sobre la cabeza de la persona en lugar de una inmersión total. Lo que es importante es que usemos agua y que hagamos el bautismo en el nombre del Dios Uno y Trino: Padre, Hijo y Espíritu Santo. Ya sea que usemos unas gotas de agua o sumerjamos a alguien en una piscina, ya sea que el bautismo se lleve a cabo en una fuente adornada (una especie de cuenco que contiene el agua para el bautismo) o un río al aire libre, el resultado es el mismo: somos hechos nuevos en Cristo.

resucitados y vivir una vida nueva, así como Cristo fue resucitado por el glorioso poder del Padre (Romanos 6:3-4).

San Pablo transmite dos ideas importantes. Primero, el bautismo es la manera de entrar en la iglesia, el Cuerpo de Cristo Jesús. Segundo, en el bautismo morimos a nuestro viejo yo y despertamos a una nueva vida en Cristo. Este aspecto del bautismo es quizás más claro cuando la persona que se bautiza se sumerge bajo el agua y luego se levanta. Ya sea un bebé o un adulto, ¡hay algo audaz en ver a alguien ahogado simbólicamente y resucitado a una nueva vida!

Unión con Cristo

Hoy, cuando hablamos sobre el bautismo, seguimos entendiéndolo como un complejo de acciones interrelacionadas. Nuestro libro de oración dice que el bautismo es "unión con Cristo en su muerte y resurrección, el nacimiento en la familia de Dios, la Iglesia, el perdón de pecados y la nueva vida en el Espíritu Santo" (751). Veamos cada una de estas acciones:

- ❖ **Unión con Cristo en su muerte y resurrección.** Esto es exactamente de lo que habla San Pablo en Romanos. Estamos místicamente unidos a Cristo cuando somos bautizados. El viejo yo pecaminoso muere. Una persona nueva resucita a la vida, y recibimos la promesa de que nosotros también seremos resucitados en el último día, en la resurrección de los muertos.

- ❖ **Nacimiento en la familia de Dios, la iglesia.** El bautismo es la entrada a la iglesia, a la comunidad de aquellos que se han comprometido a seguir a Jesús. Pero es más que un requisito de membresía; en el bautismo, somos adoptados en la familia de Dios.

- ❖ **Perdón de los pecados.** Para entender esto, tenemos que retroceder toda la historia hasta la creación. La iglesia entiende que los seres humanos fueron hechos a imagen de Dios, y que los seres humanos fueron hechos completamente buenos. Entonces, nos dieron libertad, y tomamos malas decisiones que resultaron en la caída de la humanidad; esta es la idea de que estamos arruinados por el pecado. Hemos desperdiciado la bondad y la libertad que Dios nos dio. Abandonados a nuestros propios esfuerzos, continuaremos en este estilo de vida pecaminoso y caído. Por medio del bautismo, se nos limpia de esta maldición del pecado. Somos hechos limpios y nuevos en el bautismo.

- ❖ **Nueva vida en el Espíritu Santo.** Cuando Jesús dejaba a sus amigos, les prometió que Dios el Padre enviaría al Espíritu Santo para que morase junto con los seguidores de Jesús, la iglesia. ¡Todo el Libro de los Hechos es la historia del pueblo de Cristo que vive con la presencia del Espíritu Santo, y también es nuestra historia!

Aunque no todos los cristianos entienden la complejidad del bautismo exactamente de la misma manera, el bautismo es el único sacramento que casi todos los cristianos reconocen como universal. Cuando una persona bautizada quiere unirse a una iglesia episcopal, todo lo que se requiere es un registro de su bautismo. Mientras el bautismo incluya agua y se haga en nombre del Padre, del Hijo y del Espíritu Santo, se considera válido. Lo mismo es cierto para los episcopales que decidan unirse a otra denominación o iglesia. Casi todas las iglesias del mundo reconocerán el bautismo de otras.

Algunos cristianos reservan el bautismo como un sacramento solo para adultos. Estos cristianos generalmente creen que el bautismo requiere comprensión. Los episcopales tienen una visión diferente del sacramento; creemos que la gracia

> Los candidatos para el bautismo siempre son acompañados por presentadores, ya sean candidatos adultos, niños o bebés. Llamamos coloquialmente a los presentadores "padrinos". Los padrinos ayudan a los candidatos o a sus padres a prepararse para el bautismo con la intención de "apoyarlos mediante la oración y el ejemplo en su vida cristiana". Ser padrino no es solo un honor, sino un gran compromiso a una vida de tutoría y apoyo cristianos.
>
> Los padrinos responden en nombre de los bebés que no pueden hablar por sí mismos en la liturgia bautismal y muestran su rol de guías en los bautismos de niños mayores y adultos presentando los candidatos al sacerdote.

de Dios está presente en el sacramento, incluso cuando no entendemos cómo o qué está sucediendo. Por lo tanto, bautizamos a personas de todas las edades, incluidos los bebés, creyendo que la gracia de Dios está segura y eficazmente presente. Es entonces la responsabilidad de los padres y padrinos criar al niño en la fe, ayudándolo a crecer en las promesas hechas en su nombre.

La mayoría de las veces, los bautismos son realizados por clérigos en iglesias, en la comunidad que representa el Cuerpo de Cristo. Pero de todos los sacramentos, el bautismo es el único que puede realizar cualquier persona, en cualquier lugar, en caso de una emergencia. Si hablas con enfermeras, especialmente en los lugares donde nacen bebés, es posible que escuches historias de bautismos de emergencia a favor de infantes con enfermedades mortales. En estas situaciones, todo lo que se requiere es agua y unas simples palabras: "Yo te bautizo en el nombre del Padre, y del Hijo, y del Espíritu Santo". Una sola gota de agua hace que una persona reciba todos los beneficios del bautismo.

A veces los bebés que han recibido el bautismo de emergencia se recuperan, y la familia más tarde quiere una celebración pública en la iglesia. Tenemos una manera de celebrar estos bautismos sin repetir el bautismo, porque el bautismo es permanente e indeleble, pero se le permite a la congregación dar la bienvenida a un niño a la iglesia.

Para la reflexión

* ¿Cómo has experimentado la gracia interior y espiritual a través de uno de los sacramentos?

* El libro de oración menciona cuatro aspectos del bautismo: "Unión con Cristo en su muerte y resurrección, el nacimiento en la familia de Dios, la iglesia, el perdón de pecados y la nueva vida en el Espíritu Santo". ¿Cuál es la importancia de cada uno de estos aspectos?

* Nuestras Escrituras y liturgias establecen una fuerte conexión entre el bautismo y la muerte. ¿Cuáles son algunas de las cosas a las que morimos en nuestro bautismo, y cómo es que nuestra relación con la muerte cambia con el bautismo?

* A través de las aguas del bautismo, somos elevados a la vida nueva de gracia. ¿Cuáles son algunas de las cualidades o características de esta vida nueva?

Capítulo 3

El pacto que han hecho
Prácticas bautismales

Padre celestial, que en el bautismo de Jesús en el Río Jordán, le proclamaste tu Hijo amado y le ungiste con el Espíritu Santo: Concede que todos los que son bautizados en su Nombre, guarden el pacto que han hecho, y valerosamente le confiesen como Señor y Salvador; quien contigo y el Espíritu Santo vive y reina, un solo Dios, en gloria eterna. *Amén.*
—*El Libro de Oración Común*, p. 129

Cada viaje comienza en alguna parte, y el viaje de cada cristiana y cristiano en la iglesia comienza con el Santo Bautismo. Si bien es posible que Dios esté obrando en nuestras vidas antes de que nos bauticemos, es este sacramento el que nos une con Cristo y su iglesia. Otra forma de ver el Santo Bautismo es como la puerta de entrada a todos los demás sacramentos. El Santo Bautismo generalmente se celebra los domingos por la mañana, para que toda la comunidad de la iglesia pueda unirse en esta gran ocasión. Gran parte del servicio es similar a cualquier otro servicio dominical, pero hay algunas diferencias. En este capítulo, exploraremos algunas de las características exclusivas del servicio del Santo Bautismo, y luego hablaremos sobre algunas de las "cosas" que usamos durante el bautismo. Al leer este capítulo, te alentamos a que sigas el servicio del Santo Bautismo que comienza en la página 219 de *El Libro de Oración Común*.

Después de las palabras habituales al comienzo del servicio dominical, se dice o canta un conjunto especial de respuestas para el bautismo.

>*Celebrante* Hay un solo Cuerpo y un solo Espíritu;
>
>*Pueblo* Hay un esperanza en el llamado que
>   Dios nos hace;
>
>*Celebrante* Un solo Señor, una sola Fe, un solo Bautismo;
>
>*Pueblo* Un solo Dios y Padre de todos.

Estas palabras provienen del cuarto capítulo de la Carta de San Pablo a los Efesios. Pablo escribió a los efesios para enseñar acerca de la unidad de toda la iglesia y de todas las personas en Cristo. En el bautismo, todas nuestras distinciones (sexo, nacionalidad, raza, etc.) se vuelven menos importantes que nuestra unidad en Cristo. Al colocar estas palabras al comienzo del servicio, se nos recuerda que los recién bautizados pronto serán miembros plenos del cuerpo de Cristo, la iglesia.

Las lecturas y el sermón continúan como en un servicio dominical regular. La próxima diferencia del servicio habitual llega después del sermón. El sacerdote invita a la candidata o el candidato (o candidatos) para que se presenten al bautismo.

Si el candidato al bautismo es un bebé, los padrinos y los padres responden a las preguntas en nombre del candidato. De lo contrario, los niños mayores y los adultos responden

> En los primeros siglos de la iglesia, el bautismo estaba reservado a los obispos, y los sacerdotes locales no realizaban bautismos. Los obispos eran los oficiantes principales porque el bautismo es un signo de entrada a la Iglesia universal, en lugar de simplemente ingresar a la comunidad de la iglesia local. Parte del rol del obispo es ser un símbolo de la unidad de la iglesia universal; cada obispo ordenado en la Iglesia Episcopal ha sido ordenado por la imposición de manos de otros obispos que pueden trazar sus ordenaciones hasta los primeros apóstoles (esto se llama sucesión apostólica). Entonces el obispo nos conecta con toda la iglesia del mundo y con la iglesia a lo largo del tiempo, desde los primeros apóstoles, a través de nuestra historia y hasta nuestros días.
>
> A medida que la iglesia creció y se expandió, se hizo impráctico que todos los bautismos esperaran hasta la visita del obispo, y se les dio a los sacerdotes locales la autoridad de bautizar a los nuevos creyentes. Mantenemos la presencia del obispo en el bautismo usando el óleo del crisma, que siempre es consagrado por un obispo, como una señal de la conexión del bautismo con la iglesia en general.
>
> En la actualidad, los bautismos son realizados con mayor frecuencia por sacerdotes, a menos que haya un obispo o una obispa presente, o por un diácono u otra persona en determinadas circunstancias.

por sí mismos. Los sacerdotes y los padres tendrán un poco de miedo cuando le pregunten al niño: "¿Deseas ser bautizado?". Aunque los niños pequeños pueden ser impredecibles, ¡tenemos que hacer la pregunta! Solo podemos proceder si la respuesta es sí, porque los cristianos han enseñado por mucho tiempo que el bautismo no debe ofrecerse de manera coercitiva (obligatoria), sino solo a los que lo desean.

Luego, si el candidato es un bebé o un niño, el celebrante pregunta a los padres y padrinos dos preguntas. "¿Serás responsable de cuidar que este niño que ahora presentas crezca en la fe y vida cristiana?" Y "¿Ayudarás a este niño, por medio de tus oraciones y testimonio, a crecer hasta alcanzar la madurez de la plenitud de Cristo?". A ambas preguntas, la respuesta es: "Así lo haré, con el auxilio de Dios". No lograremos ninguna meta si no confiamos en la ayuda de Dios.

La primera pregunta se debe a que estamos bautizando bebés que no pueden responder por sí mismos. Hacemos esto porque otros hacen promesas en su nombre. Los padrinos y los padres se comprometen de por vida de criar al niño en la fe cristiana. Esta es una razón por la cual es importante que los padres y padrinos sean cristianos activos, seguidores de Jesús. Sin eso, hay pocas esperanzas de que se mantenga esta promesa a Dios, hecha frente a una congregación.

La segunda pregunta resalta algo crítico. Criar al niño en la fe no es solo conocimiento y hechos; implica transformación. La promesa es ayudar a este niño "a crecer hasta alcanzar la madurez de la plenitud de Cristo", lo que también es un buen recordatorio de que nunca terminamos del todo. Ninguno de nosotros llegará a ser exactamente como Cristo. Pero podemos tratar de ser cada vez más como él, ofreciendo un amor perfecto. Es importante notar que nos comprometemos a mostrarle al niño (y a otros) cómo ser como Cristo a través de "oraciones y testimonios". Es decir, enseñamos y otros aprenden a través de nuestras oraciones y nuestras acciones. Debemos vivir nuestras vidas de una manera que muestre a otros quién es Cristo y cómo ser como él, y debemos ser personas de oración. Estas son las promesas que estamos haciendo. Son una tarea difícil, por eso decimos: "Así lo haré, con el auxilio de Dios".

En el bautismo, nos reorientamos hacia Cristo. Reorientarse hacia una cosa significa alejarse de otra. Entonces, los candidatos, padres y padrinos renuncian a Satanás:

Pregunta	¿Renuncias a Satanás y a todas las fuerzas espirituales del mal que se rebelan contra Dios?
Respuesta	Las renuncio.
Pregunta	¿Renuncias a los poderes malignos de este mundo que corrompen y destruyen a las criaturas de Dios?
Respuesta	Los renuncio
Pregunta	¿Renuncias a todos los deseos pecaminosos que te apartan del amor de Dios?
Respuesta	Los renuncio.

No está de moda en estos días hablar sobre Satanás y el poder del mal, pero es esencial que lo hagamos. Mira la portada de cualquier periódico o las notificaciones de las redes sociales, o ten conversaciones honestas con la gente sobre sus conflictos más profundas. Los poderes del mal son reales. Nosotros los cristianos no deberíamos tenerles miedo porque sabemos que en la Pascua, Jesús derrotó por completo al peor mal que se pueda imaginar. Deberíamos estar seguros de que podemos vencer al mal, por lo que no deberíamos tener miedo de mirarlo a la cara. En el servicio del bautismo, conscientemente reconocemos la realidad del mal y nos alejamos activamente de él.

Pregunta	¿Te entregas a Jesucristo y le aceptas como tu Salvador?
Respuesta	Sí, me entrego y le acepto
Pregunta	¿Confías enteramente en su gracia y amor?
Respuesta	Sí, confío.
Pregunta	¿Prometes seguirle y obedecerle como tu Señor?
Respuesta	Sí, lo prometo.

Así como nos alejamos de Satanás y del poder del mal, nos volvemos hacia Jesucristo y el poder del amor. Estas son grandes promesas. ¡Poner nuestra "confianza total" en su "gracia y amor" es más fácil dicho que hecho! Confiar en el amor y la gracia de Cristo es saber que somos amados sin importar lo que hagamos, que Jesús está con nosotros en todo lo que enfrentamos. Aceptarlo como nuestro Salvador es saber que nuestra salvación no estará en el poder, el dinero, el prestigio, la familia o los amigos, sino solo en Jesucristo. "Seguir y obedecer" reconoce que no tenemos las respuestas, pero que encontramos nuestra dirección, nuestra brújula, nuestra esperanza en nuestro Señor Jesucristo. Comprender y abrazar por completo la profundidad y la naturaleza radical de estas promesas toma toda una vida.

El celebrante dirige la siguiente pregunta a toda la congregación. A cada persona en la congregación se le pregunta: "¿Ustedes, que presencia estos votos, harán todo lo que está en su poder para apoyar a estas personas en su vida en Cristo?". La respuesta debería ser: "Lo haremos". Esta pregunta es breve pero importante. Nosotros, que somos la iglesia, prometemos apoyar a los bautizados. Prometemos ayudarlos a crecer hasta la estatura completa de Cristo. No hay reservas ni excepciones. No decimos que los ayudaremos solo cuando es conveniente o cuando nos apetece. De hecho, prometemos apoyar a estas personas durante toda su vida, haciendo todo lo que esté en nuestro poder. *Todo lo que podamos.* ¡El servicio del bautismo está lleno de grandes promesas!

Pacto bautismal

Luego nos unimos en la renovación de nuestro Pacto Bautismal. Este conjunto de ocho preguntas y respuestas afirma nuestra fe en Dios Padre, Dios Hijo y Dios Espíritu

Santo, y luego nos compromete a una vida de fe y disciplina cristiana.

Primero, se nos pide que reiteremos nuestra fe en Dios como tres personas: Padre, Hijo y Espíritu Santo. Declaramos nuestra fe usando el Credo de los Apóstoles, que se ha asociado con el bautismo desde la iglesia primitiva. En los primeros siglos de la iglesia, cuando los cristianos a menudo eran perseguidos, las personas no bautizadas solo podían estar en la liturgia hasta antes de recitar los credos. Durante ese período, la primera vez que las personas podían escuchar o recitar los credos era en el momento del bautismo. El Credo de Nicea se usa normalmente para las celebraciones dominicales de la Santa Eucaristía; el Credo de los Apóstoles es más antiguo y está asociado con el bautismo.

Celebrante ¿Crees en Dios Padre?

Pueblo Creo en Dios Padre todopoderoso, creador
del cielo y de la tierra.

Celebrante ¿Crees en Jesucristo, el Hijo de Dios?

Pueblo Creo en Jesucristo, su único Hijo,
nuestro Señor.
Fue concebido por obra y gracia del
Espíritu Santo
y nació de la Virgen María.
Padeció bajo el poder de Poncio Pilato.
Fue crucificado, muerto y sepultado.
Descendió a los infiernos.
Al tercer día resucitó de entre los muertos.
Subió a los cielos,
y está sentado a la diestra de Dios Padre.
Desde allí ha de venir a juzgar a
vivos y muertos.

Celebrante ¿Crees en Dios el Espíritu Santo?

Pueblo Creo en el Espíritu Santo,
la santa Iglesia católica,
la comunión de los santos,
el perdón de los pecados,
la resurrección de los muertos,
y la vida eterna.

El Credo de los Apóstoles resume algunas de las enseñanzas básicas de nuestra fe. Profesamos que Dios Padre ha creado todo. Profesamos que Dios Hijo nació, fue crucificado, resucitó a una nueva vida y volverá como juez. Profesamos fe en Dios Espíritu Santo, en la comunión de los santos y en la gracia de que los pecados son perdonados. Profesamos nuestra confianza en la promesa de Dios de la vida eterna y nuestro compromiso con la iglesia católica. La palabra católico aquí (y en todas nuestras liturgias en el libro de oración) significa universal, la única iglesia mundial de Jesucristo.

Promesas bautismales

Después de rezar el Credo de los Apóstoles, se nos hacen cinco preguntas con sus respectivas respuestas. Estas son llamadas las promesas bautismales. En estas promesas, hacemos compromisos extraordinarios tan difíciles de cumplir que nunca conseguiremos vivirlos completamente, especialmente si intentamos hacerlo solos. Nuestra esperanza de cumplir estas promesas solo es posible a través de un Dios que trabaja en nosotros. Es por eso que respondemos: "Así lo haré, con el auxilio de Dios".

Prometemos continuar en la enseñanza y comunión de los apóstoles, en la fracción del pan y en las oraciones.

Estamos diciendo que participaremos en el culto cristiano, asistiremos a clases para aprender sobre nuestra fe, nos uniremos a la celebración de la Santa Eucaristía y oraremos diariamente, como comunidad y como individuos. Para vivir esta promesa, debemos poner la adoración con una comunidad cristiana como una de nuestras primeras prioridades, no una actividad que hacemos cuando sintamos que queremos ir. Esta promesa bautismal proviene del Libro de los Hechos, cuando los primeros cristianos encontraban una gran alegría al comprometerse a seguir a Jesús en comunidad. Nosotros también experimentaremos una gran alegría cuando priorizamos a nuestra comunidad de seguidores de Cristo.

Prometemos perseverar en resistir al mal, y cuando caigamos en pecado, arrepentirnos y volver al Señor. Estamos diciendo que nos alejaremos activamente de aquellas cosas que sabemos que son malvadas, incluso si fueran atractivas. Y estamos prometiendo hacer lo que sea necesario para reconciliarnos con Dios y con los demás cuando pequemos (no "si pecamos", sino cuando lo hagamos). Nuestro mundo está lleno de cosas que nos alejan de Dios (dinero, poder, deseos egoístas). En esta promesa, reconocemos estas cosas y decimos que las resistiremos. También admitimos que vamos a equivocarnos y prometemos que lo intentaremos de nuevo. Nuestra fe nos da tantas oportunidades para empezar de nuevo como las que necesitemos. Lo que prometemos aquí es hacer nuestro mejor esfuerzo.

Prometemos proclamar por medio de la palabra y el ejemplo las Buenas Nuevas de Dios en Cristo. Estamos diciendo que compartiremos nuestra fe, compartiremos el evangelio, compartiremos el mensaje de Jesús con todos y cada uno. Lo proclamaremos con palabras y con el ejemplo de nuestras vidas, no solo uno u otro. Esta promesa puede ser difícil para los episcopales: estamos llamados a hablar sobre nuestra fe con otras personas ... ¡tal vez incluso a extraños! Veremos el tema importante de la evangelización en los capítulos 25 y 26.

Prometemos buscar y servir a Cristo en todas las personas, amando a nuestro prójimo como a nosotros mismos. Estamos diciendo que buscaremos a Jesús en todas las personas que conozcamos, incluso cuando sea difícil para nosotros encontrarlo. Serviremos a otros, lo deseemos o no, como si fueran el mismo Cristo. Esto es muy fácil de decir y muy difícil de hacer. El amor cristiano no es lo mismo que ser amable, y no tiene nada que ver con la conveniencia. Estamos prometiendo que hablaremos la verdad con amor cuando los demás necesiten escucharla, que ayudaremos a los extraños de la misma manera que ayudamos a la familia, y que siempre haremos espacio para las necesidades de los demás.

Prometemos luchar por la justicia y la paz entre todos los pueblos, y respetar la dignidad de todo ser humano. Estamos diciendo que trabajaremos por la justicia y la paz. Y haremos nuestro mejor esfuerzo por respetar a cada ser humano, nos parezcamos a ellos o no, estemos de acuerdo con ellos o no, sea que creamos que se lo merecen o no. Piensa en las personas que son más difíciles de amar para ti: terroristas u otras personas que te desean algún mal, gente muy rica, gente muy pobre, liberales, gente ruidosa, conservadores, introvertidos o cualquier otra persona. Los cristianos estamos llamados a respetar y tratar con dignidad a cada persona en este planeta como un ser hermoso que lleva la imagen de Dios.

Después de recordarnos a nosotros mismos lo desafiante que es la vida cristiana a la que nosotros, y aquellos que se están bautizando, nos hemos comprometido, oramos. Estas hermosas oraciones invitan a Dios a ser conocido por los recién bautizados y gradualmente abrir nuestras vidas y corazones a la presencia de Dios.

El agua

¡Finalmente! Llegamos al agua, el símbolo principal del bautismo, el signo exterior y visible. El bautismo casi siempre ocurre en una fuente, que puede ser una fuente de piedra esculpida con una base elegante, una base de madera con un recipiente de bronce, una mesa sencilla con un tazón de cristal o incluso una piscina construida dentro del templo en la que la gente puede meterse, o cualquier otra cosa. Los bautismos pueden incluso ocurrir al aire libre, en un arroyo o un lago.

El celebrante bendice el agua con una oración que merece nuestra atención: habla del propósito sagrado del agua desde el comienzo de la creación y durante toda la historia de la salvación. La oración recuerda el propósito fundamental del bautismo, y termina alabando a Dios.

> Te damos gracias, Padre todopoderoso, por el don del agua. Sobre ella, el Espíritu Santo se movía en el principio de la creación. A través de ella, sacaste a los hijos de Israel de la esclavitud en Egipto a la tierra prometida. En ella, tu Hijo Jesús recibió el bautismo de Juan y fue ungido por el Espíritu Santo como el Mesías, el Cristo, que habría de sacarnos, por su muerte y resurrección, de la esclavitud del pecado a la vida eterna.
>
> Te damos gracias, Padre, por el agua del Bautismo. En ella, somos sepultados con Cristo en su muerte. Por ella, participamos de su resurrección. Mediante ella, nacemos de nuevo por el Espíritu Santo. Por tanto, en gozosa

obediencia a tu Hijo, traemos a su comunión a los que, por fe, se acercan a él, bautizándolos en el Nombre del Padre, y del Hijo y del Espíritu Santo.

Ahora, santifica esta agua, te suplicamos, por el poder de tu Espíritu Santo, para que cuantos aquí son lavados del pecado, y nacidos de nuevo, permanezcan para siempre en la vida resucitada de Jesucristo nuestro Salvador. A él, a ti y al Espíritu Santo, sea todo honor y gloria, ahora y por siempre. *Amén.* (226-227)

Luego los candidatos son presentados por nombre al ministro que los bautizará. Los candidatos son bautizados, primero diciendo su nombre, y luego con la misma frase que los cristianos han usado durante cientos de años: "N., yo te bautizo en el Nombre del Padre, y del Hijo, y del Espíritu Santo". Nunca cambiamos estas palabras, porque el bautismo en el nombre del Padre, del Hijo y del Espíritu Santo es universalmente reconocido. Si no usamos esas palabras, algunos cristianos dirían que el bautismo no es válido.

Esto es importante, porque las dos cosas invariables sobre el bautismo son el agua y estas palabras. Podemos usar cualquier tipo de agua; no necesitamos una fuente elegante o agua especial. Mi profesor de liturgia dijo una vez que, en una emergencia, ¡podríamos incluso usar nuestra propia saliva! Pero imprescindiblemente necesitamos agua y decir las palabras: "N., yo te bautizo en el Nombre del Padre, y del Hijo, y del Espíritu Santo".

Hace varios años presidí un bautizo en el Ecuador, donde la mayoría de la congregación hablaba español o quechua, un idioma de los pueblos indígenas de Ecuador. Hablé español la mayor parte del servicio, pero cuando llegamos al bautismo, quería usar el quechua, el idioma nativo del niño que se bautizaba. Practiqué por horas. Pero cuando llegó el momento, silenciosamente dije las palabras nuevamente en inglés. ¡Estaba preocupado de haberlas dicho mal y quería asegurarme de que el bautismo del niño fuera válido!

Después del bautismo en sí, cuando se vierte agua sobre la cabeza, rezamos una oración por los recién bautizados. Entonces el celebrante unge a los recién bautizados con óleo (aceite). Este óleo, llamado crisma, ha sido bendecido por un obispo o una obispa y, a través de esta bendición, es un símbolo de conexión con la iglesia universal. El ministro coloca el óleo en la frente de la persona bautizada y hace la señal de la cruz, diciendo: "N., quedas sellado por el Espíritu Santo en el Bautismo y marcado como propiedad de Cristo para siempre. *Amén*."

Después de la unción (o, a veces, del bautismo en sí, dependiendo de la opción que uno elija), el celebrante ofrece una oración hermosa que resume la nueva vida llena de gracia de la persona bautizada.

> Padre celestial, te damos gracias porque por medio del agua y del Espíritu Santo has concedido a estos tus siervos el perdón de los pecados y les has levantado a la nueva vida de gracia. Susténtales, oh Señor, en tu Santo Espíritu. Dales un corazón para escudriñar y discernir, valor para decidir y perseverar, espíritu para conocerte y amarte, y el don del gozo y admiración ante todas tus obras. *Amén.* (228)

Después de la unción, toda la congregación les da la bienvenida a los recién bautizados, usando estas palabras: "Nosotros te recibimos en la familia de Dios. Confiesa la fe de Cristo crucificado, proclama su resurrección y participa con nosotros en su sacerdocio eterno" (229). Una vez que somos bautizados, hemos sido consagrados a Cristo para siempre. Nada de lo que hagamos o digamos puede quitarnos el manto espiritual de Cristo que hemos recibido en el bautismo. Después de la unción, toda la congregación les da la bienvenida a los recién bautizados. Entonces compartimos la Paz de Cristo. Por primera vez, la persona recién bautizada comparte este signo de paz como miembro del cuerpo de Cristo, la iglesia.

El resto del servicio se desarrolla como un servicio regular de la Santa Eucaristía, aunque es una ocasión muy especial. Por primera vez, la persona recién bautizada, independientemente de su edad, recibe la Santa Comunión. Incluso los bebés que son bautizados pueden comulgar con una pequeña gota de vino. Solía decirles a los padres que, si estaban dispuestos, este era un buen momento para despertar a sus bebés dormidos y permitirles participar de la comunión. Como parte del cuerpo de Cristo, estos bebés, junto con todos nosotros, se nutren de la presencia de Cristo en los sacramentos. Cuando las personas son bautizadas y reciben la Santa Eucaristía en el mismo servicio, se hace patente la conexión inquebrantable entre estos dos grandes sacramentos.

Por medio del bautismo entramos a ser parte de la familia de Cristo. El banquete sagrado, la Santa Eucaristía, es lo que hacemos juntos como familia.

Para la reflexión

* Lee Mateo 3: 13-17, y luego piensa en nuestra práctica de bautismo de hoy. ¿Qué tienen de similar el bautismo de Jesús y los que celebramos hoy? ¿Qué es diferente?

* Algunas personas son bautizadas cuando bebés y otras cuando adultos. ¿Cuáles son algunos de los dones que tienen cada una de estas experiencias del Santo Bautismo?

* Pensando en tu vida y acciones, ¿qué significa renunciar a Satanás, los poderes del mal y los deseos pecaminosos? ¿Qué significa reorientarte hacia Jesucristo y poner toda tu confianza en su gracia?

* ¿Cuál de las promesas bautismales te es más difícil vivir en tu práctica de la fe cristiana?

* ¿Cuál es tu momento favorito en la liturgia bautismal y por qué?

Capítulo 4

Un sacramento maravilloso
Creencias eucarísticas

Dios y Padre nuestro, cuyo Hijo nuestro Señor Jesucristo nos dejó en un Sacramento maravilloso el memorial de su pasión: Concede que de tal modo veneremos los sagrados misterios de su Cuerpo y Sangre, que podamos discernir constantemente en nosotros el fruto de su redención; quien vive y reina contigo y el Espíritu Santo, un solo Dios, por los siglos de los siglos. *Amén.*

—*El Libro de Oración Común*, p. 170

La Santa Eucaristía es el sacramento que los episcopales experimentan más a menudo. En casi todas las congregaciones la Santa Eucaristía se celebra todos los domingos. Pero, ¿sabemos lo que estamos haciendo? ¿Es posible que tomemos este sacramento por sentado y se vuelva una rutina más? La autora Annie Dillard una vez sugirió que deberíamos usar cascos protectores cuando celebremos la Santa Eucaristía por lo grande que es el poder que estamos desatando en este sacramento. Como no siempre tomamos en serio la eucaristía, Dillard se pregunta provocativamente si existe la posibilidad

> La palabra eucaristía proviene de una palabra griega que significa acción de gracias. En este sacramento, damos gracias a Dios, ofreciendo a Dios nuestros dones por lo que Dios nos ha dado. La pieza central del servicio eucarístico se llama Gran Plegaria Eucarística, que puede traducirse como Gran Acción de Gracias.

de que Dios nos castigue algún día por descuidar nuestra adoración y el poder que desata.

No creo que Dios vaya a castigarnos, y tampoco creo que sea necesario usar cascos protectores. Aun así, el mensaje de Dillard está bien claro. En la Santa Eucaristía, estamos convocando la presencia de la Palabra hecha carne entre nosotros, el Cristo que estuvo presente en el momento de la creación. Nosotros los episcopales creemos que Jesucristo está verdaderamente presente en el pan y el vino. Eso no es algo que se diga así de corrido o se repita sin pensar.

En el principio

Para contemplar este poder y este misterio, retrocedamos y comencemos desde el principio. Junto con el Santo Bautismo, la Santa Eucaristía es uno de los dos grandes sacramentos instituidos por el mismo Jesús. La mayoría de nosotros conoce bien la historia de la primera eucaristía, la última comida que Jesús comió con sus amigos, los discípulos. Podemos encontrarla en los cuatro evangelios; esta es la versión de Mateo:

> Mientras comían, Jesús tomó en sus manos el pan y, habiendo dado gracias a Dios, lo partió y se lo dio a los discípulos, diciendo: "Tomen y coman, esto es mi cuerpo". Luego tomó en sus manos una copa y, habiendo dado gracias a Dios, se la pasó a ellos, diciendo: "Beban todos

ustedes de esta copa, porque esto es mi sangre, con la que se confirma la alianza, sangre que es derramada en favor de muchos para perdón de sus pecados" (Mateo 26:26-28).

Desde los primeros días de la iglesia, este ritual sagrado fue el componente central de las reuniones cristianas. Solo dos décadas después de la muerte y resurrección de Jesús, San Pablo escribió a la iglesia en Corinto:

> Porque yo recibí esta tradición dejada por el Señor, y que yo a mi vez les transmití: Que la misma noche que el Señor Jesús fue traicionado, tomó en sus manos pan y, después de dar gracias a Dios, lo partió y dijo: «Esto es mi cuerpo, que muere en favor de ustedes. Hagan esto en memoria de mí.» Así también, después de la cena, tomó en sus manos la copa y dijo: «Esta copa es la nueva alianza confirmada con mi sangre. Cada vez que beban, háganlo en memoria de mí.» De manera que, hasta que venga el Señor, ustedes proclaman su muerte cada vez que comen de este pan y beben de esta copa. (1 Corintios 11:23-26)

San Pablo quería que los seguidores de Jesús en Corinto celebraran esta comida sagrada. Le preocupaba que los primeros cristianos no honraran a Jesús cuando se reunían.

> Así pues, cualquiera que come del pan o bebe de la copa del Señor de manera indigna, comete un pecado contra el cuerpo y la sangre del Señor. Por tanto, cada uno debe examinar su propia conciencia antes de comer del pan y beber de la copa. Porque si come y bebe sin fijarse en que se trata del cuerpo del Señor, para su propio castigo come y bebe. (1 Corintios 11:27-29)

Existía el peligro de que fueran demasiado informales, de que no discernieran la presencia de Cristo o que algunos comieran antes que los demás, creando una jerarquía precisamente en el momento en que Jesús nos llama a todos a la obediencia mutua en comunidad. Pero eso no es todo. San Pablo advierte a las personas que deben comer antes de venir a la celebración. Ya ves: esta no es una comida ordinaria en absoluto. No nos reunimos para comer el pan que sostiene nuestros cuerpos terrenales, sino más bien para comer el pan del cielo que sostiene nuestras almas.

San Pablo y Annie Dillard tienen razón al recordarnos que debemos ser conscientes del poder literalmente asombroso de lo que estamos haciendo. Pero, al mismo tiempo, no debemos actuar como si tuviéramos que entender todo al respecto: ¡No es necesario tener un título en teología eucarística antes de poder participar plenamente y recibir el sacramento!

Hace varios años, una familia vino por primera vez la iglesia a la que yo servía, y les preocupaba que sus hijos "no estuvieran listos" para la Santa Comunión. Cuando les pregunté por qué, me dijeron que era posible que los niños no entendieran lo que estábamos haciendo. A toda prisa les respondí que, incluso como sacerdote con varios títulos de teología, yo no puedo comprender del todo este profundo misterio. Además, la presencia de estantes y estantes de libros sobre la eucaristía (y más aún por escribir) es evidencia de que no la hemos entendido completamente. Acercarse al sacramento con la curiosidad de un niño es quizás el mejor modelo para todos nosotros.

En otra ocasión, estaba preparando a una familia entera para el bautismo, incluidos algunos niños pequeños en edad escolar. Los niños tenían unos meses viniendo a la iglesia con sus padres. Debido a que aún no habían sido bautizados, habían recibido una bendición en el barandal del altar en lugar del pan y el vino consagrados. A medida que se acercaba la fecha del bautismo, le pregunté a uno de los niños si estaba listo para recibir la Santa Comunión. "¡Sí!", me respondió con entusiasmo. Luego le pregunté si sabía qué esperar cuando recibiera el pan y el vino por primera vez. "¡Es Jesús!", me dijo. Quizás nosotros, como adultos, pensamos demasiado en la eucaristía; los niños a veces la entienden de una manera profunda y clara, y pueden enseñarnos mucho.

La presencia de Cristo

Como episcopales, creemos que Jesucristo está real y verdaderamente presente en el pan y el vino, al ser bendecidos y compartidos por el sacerdote y el pueblo. En la eucaristía, nos ofrecemos a Dios "nosotros mismos, nuestras almas y nuestros cuerpos" (257). Y en la eucaristía, Dios nos bendice con la presencia de Cristo mismo, tanto en los elementos sagrados como en la comunidad reunida.

Con los años, los cristianos han discrepado mucho sobre cómo exactamente Cristo está presente en la liturgia. A partir de estas ideas diferentes, los cristianos han desarrollado diferentes maneras de celebrar la eucaristía. Algunos cristianos creen que el pan y el vino son meros símbolos, y que la eucaristía no es más que un recuerdo de la Última Cena. Otros cristianos creen que la sustancia del pan se convierte literalmente en el Cuerpo de Cristo, y que solo mantiene la apariencia de pan. Los anglicanos históricamente no han estado muy inclinados

> El Catecismo es un resumen de las enseñanzas de la Iglesia Episcopal sobre temas clave. Se encuentra en las páginas 737-755 de *El Libro de Oración Común*. El Catecismo se presenta en formato de preguntas y respuestas para que sea fácil de explorar y de citar. Las respuestas en el Catecismo están destinadas a ser un punto de partida para una reflexión más profunda y la enseñanza. Las respuestas en el Catecismo ofrecen hermosos y sucintos resúmenes de las enseñanzas episcopales, con respuestas bien fundadas tanto en la Biblia como en las palabras precisas de *El Libro de Oración Común*.

a adoptar posiciones dogmáticas; simplemente decimos que el pan consagrado es el Cuerpo de Cristo y lo dejamos así, aunque no es difícil encontrar anglicanos con posiciones diferentes sobre este tema.

Una forma de entender lo que estamos diciendo es pensar en algunos de los nombres que las personas usan para hablar de este sacramento. El Catecismo en nuestro libro de oración dice esto: "La Santa Eucaristía se conoce como la Cena del Señor y la santa Comunión; también se le conoce como la Divina Liturgia, la Misa y la Anáfora" (752).

❖ **Eucaristía** proviene de una palabra griega que significa acción de gracias, porque toda la comida es nuestra ofrenda de agradecimiento a Dios por las muchas bendiciones que recibimos y porque, en la Santa Comunión, recibimos a Cristo mismo y estamos agradecidos.

❖ **La Cena del Señor** nos recuerda que nuestra reunión es un recuerdo de la última cena de Cristo con sus amigos, la noche en que compartió una última comida con sus discípulos.

❖ **Santa Comunión** enfatiza cómo nos relacionamos con Dios al él morar en nosotros y nosotros en él. El sacramento también nos ayuda a descubrir que los muchos miembros del Cuerpo de Cristo se hacen uno; cuando nos reunimos, entramos en comunión entre nosotros mismos y con Dios.

❖ **Divina Liturgia** es un nombre que uno podría esperar encontrar en la tradición ortodoxa, pero los anglicanos también lo utilizamos. Divino significa que lo que estamos haciendo es una cosa celestial, no una cosa terrenal. Estamos, como dice San Pablo, poniendo nuestras mentes en las cosas de arriba. La Divina Liturgia nos recuerda que no nos reunimos para negar el dolor o las necesidades del mundo, sino para ofrecer nuestras oraciones y nuestras vidas por las necesidades más profundas del mundo y de todas las personas.

❖ **Misa** es una forma de describir la Santa Eucaristía que algunos episcopales podrían esperar que usaran principalmente los católicos romanos. Sin embargo, la misa es una de las formas que nuestro libro de oración sugiere para referirnos a la eucaristía, y es una buena palabra. La misa proviene de la misma palabra latina que misión, que significa enviar. La palabra Misa nació debido a la importancia de la despedida, el envío, al finalizar el servicio. Cuando llamamos a nuestro servicio la Misa, nos recordamos a nosotros mismos la importancia de salir al mundo para hacer el trabajo que se nos ha encomendado.

❖ **La Gran Plegaria Eucarística (Gran Acción de Gracias, Anáfora)** rara vez se usa, pero también es una descripción importante y válida de este sacramento. En la antigua adoración judía (que Jesús conocía y practicaba) el patrón era la oración diaria y el sacrificio semanal. En el templo se ofrecían holocaustos a Dios cada semana, tanto para hacer una ofrenda de agradecimiento como para pagar por el pecado, entre otras cosas. Los cristianos adoptaron este patrón semanal, y hoy mantenemos la disciplina de la oración diaria y un sacrificio semanal. Sin embargo, el nuestro es un sacrificio de alabanza diferente. Nuestro libro de oración dice esto maravillosamente: "Y deseamos fervientemente que tu bondad paternal acepte éste nuestro sacrificio de alabanza y acción de gracias, por el cual te ofrecemos y presentamos, oh Señor, nuestras vidas, nuestras almas y nuestros cuerpos" (264). En otras palabras, en el acto de expresar nuestra profunda gratitud a Dios por todas nuestras bendiciones, le ofrecemos a

Dios nuestro ser, así como los dones visibles de dinero, pan y vino.

Al cumplir el mandato de Cristo de recordarlo al bendecir el pan y el vino, experimentamos su presencia y nos nutrimos para hacer su obra. Esta oración de *El Libro de Oración Común* encapsula muy bien lo que estamos haciendo durante la Santa Eucaristía:

> Omnipotente y sempiterno Dios, te damos gracias porque nos has nutrido con el alimento espiritual del preciosísimo Cuerpo y Sangre de tu Hijo, nuestro Salvador Jesucristo; y porque nos aseguras, en estos santos misterios, que somos miembros vivos del Cuerpo de tu Hijo y herederos de tu reino eterno. Y ahora, Padre, envíanos al mundo para cumplir la misión que tú nos has encomendado, para amarte y servirte como fieles testigos de Cristo nuestro Señor. A él, a ti y al Espíritu Santo, sea todo honor y gloria, ahora y por siempre. *Amén.* (288)

En nuestras celebraciones de la eucaristía, somos alimentados por la palabra y el sacramento, se leen las Escrituras y nos deleitamos en la presencia de Cristo en el pan y el vino. En este acto vemos a Jesucristo, pero a la comunidad reunida también se le recuerda que somos el Cuerpo de Cristo. Es como San Agustín famosamente escribió sobre los cristianos que comen el pan y beben el vino: "Sé lo que ves; recibe lo que eres ". Vemos a Jesucristo, y recibimos su cuerpo, porque la iglesia, la comunidad reunida, es el Cuerpo de Cristo.

Para la reflexión

✻ Nuestro libro de oración da seis nombres para la Santa Eucaristía, recordándonos que "se conoce como la Cena del Señor y la santa Comunión; también se le conoce como la Divina Liturgia, la Misa y la Anáfora "¿Qué nos dice cada nombre acerca de lo que está sucediendo? ¿Estos nombres te ayudan a encontrar una nueva conexión con la eucaristía?

✻ El autor hace la afirmación de que los bebés y los niños deben recibir la comunión, incluso si no la entienden bien. ¿Estás de acuerdo con esto? ¿Por qué o por qué no?

✻ Creemos que, en la Santa Eucaristía, el pan y el vino se convierten en el cuerpo y la sangre de Jesús. ¿Qué prácticas litúrgicas en tu iglesia te ayudan a ver esta realidad mística?

✻ Si un vecino te llama un domingo por la mañana cuando te estás preparando para irte y te dice: "Tengo curiosidad de saber por qué vas a la iglesia a recibir la Santa Comunión todas las semanas", ¿cómo le responderías?

Capítulo 5

Muéstrate a nosotros en la fracción del pan
Prácticas eucarísticas

¡Hazte presente! Hazte presente, oh Jesús, nuestro gran Sumo Sacerdote, así como te hiciste presente con tus discípulos, y muéstrate a nosotros en la fracción del Pan; tú que vives y reinas con el Padre y el Espíritu Santo, ahora y por siempre. Amén.
—*El Libro de Oración Común*, p. 725

Hace unos años, estaba en Tanzania un Miércoles de Ceniza. Durante todo el día, estuve ocupado con trabajo. Cuando llegó la noche, quería asistir a la misa especial de este día, así que me dirigí a la catedral anglicana en Dar es-Salaam.

Fui calurosamente recibido y encontré un asiento en esa iglesia abarrotada. El himno de entrada no estaba en mi idioma, pero canté, haciendo mi mejor esfuerzo para pronunciar las palabras cantadas con una melodía familiar. Aunque todo el servicio fue en swahili, pude seguirlo, desde las oraciones de apertura, las lecturas, el sermón, las oraciones, las bendiciones, la administración de las cenizas y la ofrenda a la Santa Eucaristía y las oraciones finales. No entendí una sola palabra, pero sabía lo que estaba sucediendo en todo momento.

A pesar de estar en una ciudad extraña y escuchar el servicio en una lengua extranjera, me sentí como en casa. Esto se debe a que el servicio fue estructurado como todos los servicios del Miércoles de Ceniza a los que he asistido. Las vestiduras, el mobiliario, la música y los movimientos rituales eran familiares.

A lo largo de los años, he asistido a los servicios anglicanos de la Santa Eucaristía en seis continentes y en varios idiomas, y siempre he estado agradecido por el don de nuestra oración común, de una experiencia compartida que trasciende el tiempo, la raza, la ubicación geográfica y la cultura. Si bien existen muchas diferencias entre estos lugares, los elementos que tienen en común son más profundos. Los cristianos anglicanos, junto con muchos otros cristianos, ven como un gran don el uso de oraciones que reflejan la antigüedad y universalidad de la iglesia. Nuestras oraciones están arraigadas no solo en nuestras propias preferencias sino también en la iglesia en general. Por lo tanto, cuando oramos, estamos participando en una tradición que es más grande que nosotros mismos. Nuestras oraciones están unidas con las de los cristianos a través del tiempo y el espacio.

Además de las palabras y oraciones, la música es otro espacio compartido y una parte central de nuestra adoración cristiana. El libro de oración permite que cualquier parte del servicio sea dicha o cantada, y es común agregar himnos o canciones al servicio y cantar ciertas partes de la liturgia. Aunque el estilo de la música o los instrumentos puede variar mucho (la guitarra, la batería, el órgano de tubos, las trompetas, la música popular, la música de las catedrales inglesas, el canto gregoriano) hay una venerable tradición musical que se usa para adornar y enriquecer nuestras oraciones.

Posturas para la alabanza y la adoración

Tradicionalmente en la Iglesia Episcopal usamos las tres posturas principales para la adoración. Nos sentamos para la instrucción, nos arrodillamos para orar, y ponemos de pie para la alabanza. En la actualidad, arrodillarse es cada vez menos común, pero la regla aún se cumple. En lugares donde arrodillarse no es costumbre, se sustituye por ponerse de pie, que también es una postura tradicional y antigua de oración. Estas diferentes posturas son formas de usar todo nuestro cuerpo en nuestras oraciones. Los boletines de la misa a menudo brindan orientación sobre las costumbres locales, pero cuando tengas dudas, simplemente observa lo que hacen los demás.

Es muy común que las personas hagan la señal de la cruz. Para hacer la señal de la cruz o persignarse, las personas mueven la mano desde su frente, hacia la parte inferior de su pecho, al hombro izquierdo, al hombro derecho, y generalmente de vuelta al centro del pecho. Algunas personas usan cuatro dedos extendidos, mientras que otros prefieren unir sus dos primeros dedos y el pulgar como un recordatorio de la Santísima Trinidad. Es común persignarse durante las menciones de la Santísima Trinidad y cuando el sacerdote pronuncia la absolución o el perdón. En algunas congregaciones, habrá muchas más ocasiones para persignarse. Cuando tengas dudas, observa a los demás; también se puede preguntar al sacerdote u otra persona por qué se están persignando en momentos determinados.

En algunas congregaciones, las personas usan posturas o gestos adicionales. La genuflexión (tocar con la rodilla derecha al suelo) es un gesto devocional para reconocer la presencia de Cristo; se usa cuando las personas entran o salen de la iglesia y en otros momentos. Nota que este gesto implica más que una simple cortesía, en una genuflexión la rodilla toca el piso brevemente. La gente puede hacer una reverencia simple, inclinando la cabeza, cuando se dice del nombre de Jesús o cuando se invoca la Santísima Trinidad. Algunas personas hacen una reverencia profunda: bajan la mitad superior del cuerpo hasta un ángulo de 45 grados o más durante el Canto del Sanctus ("Santo, santo, santo") en la plegaria eucarística o en lugar de una genuflexión.

Analizaremos algunos de los elementos comunes que casi siempre están incluidos en las celebraciones de la Santa Eucaristía. Los detalles pueden variar, pero la forma general del servicio generalmente coincidirán con lo que se ve aquí.

Puedes seguir esta estructura en *El Libro de Oración*, comenzando en la página 245 para el Rito I (que usa un lenguaje más arcaico) o en la página 277 (lenguaje más contemporáneo).

Reunidos en el nombre del Señor

La primera parte del servicio es la reunión. El pueblo de Dios se reúne para la oración y la alabanza. La reunión en sí puede ser vista como un símbolo de la eucaristía. Así como muchos granos se amasan juntos en un solo pan, así también muchos individuos se unen en el único Cuerpo de Cristo.

A medida que las personas ingresan a la iglesia, muchos oran cuando se sientan en sillas o bancos para preparar sus corazones y mentes para la adoración. Nuestro libro de oración tiene una oración muy buena para este propósito.

> Oh Dios omnipotente, que derramas sobre todos los que lo desean, el espíritu de gracia y súplica: Líbranos, cuando nos acercamos a ti, de tibieza de corazón y divagaciones de la mente, para que, con firmes pensamientos y calurosos afectos, te adoremos en espíritu y en verdad; por Jesucristo nuestro Señor. *Amén.* (725)

Como dice la oración, nuestro propósito en la reunión es adorar a Dios, no ver amigos. ¡Para eso está la hora del café (o convivencia)! El propósito del servicio de adoración en sí es que nos enfoquemos completamente en adorar a Dios.

El servicio generalmente comienza con algún tipo de procesión. Tal vez una cruz guiará a los ministros a la iglesia, lo que significa que todos seguimos el estandarte de Cristo. Las procesiones también pueden incluir ciriales (que llevan velas), el coro, acólitos que ayudan durante la misa, alguien que lleva el libro de los Evangelios o clérigos asistentes. Una vez que el sacerdote y los otros ministros asistentes están en su lugar, el servicio comienza con un diálogo entre el sacerdote y la gente que varía según el tiempo litúrgico. Por ejemplo, el sacerdote puede decir "Bendito sea Dios: Padre, Hijo y Espíritu Santo", y el pueblo responde: "Bendito sea su reino, ahora y por siempre. Amén". Durante el tiempo de Pascua será en cambio "Aleluya. Cristo ha resucitado", con la respuesta: "¡Es verdad! El Señor ha resucitado. ¡Aleluya!". Y durante temporadas como Cuaresma o Adviento, el sacerdote dirá "Bendigan al Señor quien perdona todos nuestros pecados", y la respuesta es "Para siempre es su misericordia". Hay otras posibilidades en algunos de los libros litúrgicos suplementarios que también están aprobados para el uso en la Iglesia Episcopal.

El sacerdote puede rezar esta antigua oración.

> Dios omnipotente, para quien todos los corazones están manifiestos, todos los deseos son conocidos y ningún secreto se halla encubierto: Purifica los pensamientos de nuestros corazones por la inspiración de tu Santo Espíritu, para que perfectamente te amemos y dignamente proclamemos la grandeza de tu santo Nombre; por Cristo nuestro Señor. *Amén.* (278)

Esta hermosa oración, que habla de la purificación, se llama Colecta por la Pureza. La idea es que dependemos del poder de Dios en el Espíritu Santo para prepararnos para el culto y para ser conscientes de la importancia de lo que estamos haciendo.

> Las palabras *Kyrie eleison* son griegas. Este himno se introdujo en la adoración cristiana cuando muchos cristianos hablaban griego. Desde entonces, ha sido habitual que los fieles canten estas palabras en griego o en su propio idioma. "Señor ten piedad. Cristo, ten piedad. Señor, ten piedad." Es una súplica simple pero conmovedora.

Luego sigue una canción de adoración cristiana muy antigua. Si bien la congregación podría decir estas palabras, la verdad es que son himnos. Durante las estaciones u ocasiones cuando nos enfocamos en nuestra pecaminosidad y nuestra necesidad de Dios, podríamos decir el "Señor, ten piedad" o *Kyrie eleison*.

Otras veces, especialmente cuando nos enfocamos en la celebración, podemos cantar el "Gloria a Dios en las alturas" o *Gloria in excelsis Deo*. Muchas partes del servicio tienen nombres en latín, porque cuando se introdujeron, los cristianos hablaban en latín. ¡Está perfectamente bien usar los nombres en nuestro propio idioma! En cualquier caso, el *Gloria in excelsis Deo* está inspirado en el Evangelio de Lucas cuando los ángeles cantaron en el nacimiento de Cristo:

> Gloria a Dios en el cielo, y en la tierra paz a quienes ama el Señor. Por tu inmensa gloria te alabamos, te bendecimos, te adoramos, te glorificamos, te damos gracias, Señor Dios, Rey celestial, Dios Padre todopoderoso. Señor, Hijo único Jesucristo, Señor Dios, Cordero de Dios, Hijo del Padre: Tú que quitas el pecado del mundo, ten piedad de nosotros; Tú que quitas el pecado del mundo, atiende nuestra súplica; Tú que estás sentado a la derecha del Padre, ten piedad de nosotros: Porque sólo tú eres Santo, sólo tú Señor, sólo tú Altísimo, Jesucristo, con el Espíritu Santo en la gloria de Dios Padre. *Amén*. (278)

Este himno de alabanza está destinado a unir nuestras voces con las de los ángeles usando nuestras voces para alabar a la

Santísima Trinidad: Dios Padre, Dios Hijo y Dios Espíritu Santo.

Finalmente, podríamos cantar el Trisagion, o himno del tres veces santo. Este himno tiene al menos 1.500 años. Al igual que el Kyrie eleison, este himno implora la misericordia de Dios.

> Santo Dios,
> Santo Poderoso,
> Santo Inmortal,
> Ten piedad de nosotros. (279)

Los detalles exactos de origen de estos tres himnos no son tan importantes como el hecho de que, en nuestra adoración dominical habitual de hoy, estamos orando de la misma manera que las personas han orado durante siglos o incluso milenios.

A continuación, el líder saluda a la gente. "El Señor sea con ustedes". Este saludo viene del libro de Rut (2:4) cuando un hombre llamado Boaz saluda a las personas con estas palabras. En español, nuestra respuesta siempre es "Y con tu espíritu".

Entonces el líder puede hacer una pausa, un momento de silencio para que la gente ofrezca oraciones silenciosas. Luego se dice la "Colecta del día". Se designa una colecta diferente para cada día u ocasión que se celebra. Por ejemplo, aquí tenemos la del primer domingo después del día de Navidad.

> Colecta es un tipo especial de oración en la que el líder recoge (colecta) las oraciones individuales de la comunidad reunida.

> Dios todopoderoso, tú has derramado sobre nosotros la nueva luz de tu Verbo encarnado: Concede que esta luz, que arde en nuestro corazón, resplandezca en nuestra

vida; mediante nuestro Señor Jesucristo, que vive y reina contigo, en la unidad del Espíritu Santo, un solo Dios, ahora y por siempre. *Amén*. (127)

Esta oración recoge los temas de las lecturas y nos enfoca hacia la celebración de la encarnación de Cristo y cómo puede dar frutos en nuestras vidas. La colecta del día, al sugerirnos temas para nuestra celebración, concluye la parte de la liturgia en la que nos reunimos. Luego vienen las lecturas de las Escrituras.

La palabra de Dios

Cuando los seguidores de Jesús se reunían para la Santa Eucaristía, oían la lectura de las Escrituras y alguien reflexionaba sobre lo escuchado ofreciendo una enseñanza. En los tiempos de Jesús, se leía un pergamino, y el lector simplemente retomaba el lugar donde se habían quedado en la última reunión. Hoy en día, un leccionario (una palabra elegante para hablar de una lista de lecturas) nos dice qué pasajes de las Escrituras se deben leer.

Normalmente, escucharemos lecturas del Antiguo Testamento, de las cartas del Nuevo Testamento y de los evangelios. Además, cantamos o decimos un salmo o una porción de un salmo. A veces solo hay una lectura más un evangelio, pero siempre hay, sin excepción, una lectura de los evangelios, es decir, un momento para escuchar directamente de Jesús y sus seguidores. Nuestro leccionario nombra lecturas para un ciclo de tres años. Si vienes a la iglesia todos los domingos durante tres años, encontrarás casi todo el Nuevo Testamento y una buena cantidad del Antiguo Testamento. (Algunas de las partes más desafiantes e interesantes de la Escritura se omiten, ¡así que no hay sustituto para abrir una Biblia y leerla tú mismo, si quieres la historia completa!)

Puedes encontrar el leccionario comenzando en la página 783 de *El Libro de Oración Común*.

Las Escrituras generalmente se leen desde un atril o un púlpito. Nuestra tarea es escuchar con atención, y luego, cuando el lector finalice diciendo "Palabra del Señor", o una frase similar, responder en agradecimiento por las Escrituras: "Demos gracias a Dios".

Muchas iglesias hacen una procesión especial para la lectura del evangelio, llevando el libro en medio de la gente acompañado de ciriales (velas) e incluso de incienso. Al trasladarse al centro de la congregación, la procesión simboliza la forma en que el Evangelio (las Buenas Nuevas de Dios en Jesucristo) vino a nuestro mundo y continúa haciéndolo. El evangelio es leído por una diácona o un diácono cuando hay uno presente, o por un sacerdote.

Después de las lecturas, nuestro libro de oración requiere una reflexión de las Escrituras, lo que llamamos un sermón. El predicador comenta sobre las lecturas y nos ayuda a hacer conexiones con nuestras propias vidas. Los sermones no son solo estudios bíblicos en los que examinamos las Escrituras con ojos críticos, aunque los sermones pueden adentrarnos profundamente en las Escrituras. Los sermones tampoco son meramente ensayos sobre lo que está sucediendo en el mundo, aunque ningún buen predicador ignorará el mundo exterior a la iglesia. Más bien, los sermones están destinados a atraernos a la narrativa del amor de Dios que se encuentra en las Escrituras y a ayudarnos a encontrar nuestro lugar en esa gran historia.

Después del sermón, decimos el credo. Este casi siempre será el Credo Niceno, un resumen de la fe cristiana que tiene más de 1.600 años. Al recitar estas palabras juntos, nos colocamos en un hermoso y lento caudal de tradición teológica cristiana.

Independientemente de los problemas que enfrentamos en nuestras vidas y en nuestro mundo, la iglesia a través de todos los tiempos proclama la misma antigua fe arraigada en la obra salvadora de Dios Padre (en la creación), de Dios Hijo (en nuestra redención), y en Dios Espíritu Santo (que nos sostiene). El Capítulo 13 explora los credos con más detalle.

Oramos por el mundo y por la iglesia

Desde la antigüedad, ha sido costumbre que los cristianos reunidos oren por sus propias necesidades y las del mundo. Entonces, cuando nos reunimos para la Santa Eucaristía, también oramos no solo por aquellas cosas que son importantes para nuestra comunidad local o para nosotros mismos, sino también para todo el mundo. *El Libro de Oración Común* especifica una lista de cuestiones por las cuales oramos invariablemente:

> La Iglesia Universal, sus miembros y su misión
> La Nación y sus autoridades
> El bienestar del mundo
> Los intereses de la comunidad local
> Los que sufren y los atribulados
> Los difuntos (con la conmemoración de un santo
>   cuando sea apropiado) (305)

Podemos orar usando una de las formas en el libro de oración, o tal vez un miembro de la iglesia tendrá oraciones escritas. Pero sin importar qué palabras usemos, oramos por la iglesia y el mundo. Si deseas leer las seis formas sugeridas para la Oración de los Fieles, estas se pueden encontrar en las páginas 305 a 316 del libro de oración. La Oración de los Fieles puede ser dirigidas por un laico o un diácono. Este es uno de los pocos momentos en nuestra liturgia donde el sacerdote participa en lugar de liderar.

También oramos para que Dios perdone nuestros propios pecados. Después de pedir perdón y orar por cambio en nuestras vidas, el sacerdote pronunciará el perdón de Dios. Este tipo de confesión a menudo se denomina confesión general, al ser dicha al mismo tiempo por todas las personas, cubriendo todos nuestros pecados. Algunas personas querrán a veces hacer uso de lo que se llama confesión privada, donde uno confiesa privadamente a un sacerdote, fuera de la liturgia. Consulta el Capítulo 7 para obtener más información.

Nos damos la paz

En el Evangelio según Mateo, Jesús enseña acerca de la importancia de la reconciliación antes de llevar nuestras ofrendas a Dios. Él dice: "Así que, si al llevar tu ofrenda al altar te acuerdas de que tu hermano tiene algo contra ti, deja tu ofrenda allí mismo delante del altar y ve primero a ponerte en paz con tu hermano. Entonces podrás volver al altar y presentar tu ofrenda" (Mateo 5: 23-24). Debido a esta enseñanza, la iglesia comenzó la costumbre de darse la Paz de Cristo antes de hacer nuestras ofrendas a Dios y recibir la Santa Eucaristía. El sacerdote anuncia: "La paz del Señor sea siempre con ustedes". Respondemos con palabras: "Y con tu espíritu". Luego respondemos con acciones, compartiendo un signo de la paz de Cristo. En nuestros días, dependiendo de la cultura, el saludo puede ir desde un apretón de manos, hasta la práctica antigua de un beso modesto en la mejilla. Un abrazo es también una manera tradicional y venerable de compartir la paz; muchos que comparten la paz con un abrazo, agarran suavemente los brazos de la otra persona cerca del hombro. Así conservan el símbolo de la paz evitando el contacto corporal que podría hacer que algunas personas se sientan incómodas.

Con demasiada frecuencia, el darse la paz se convierte en una conversación desenfadada en la que los amigos se ponen al día con las noticias del fin de semana. Hay un peligro espiritual en esta práctica, porque descuidamos la oportunidad de la reconciliación. Cuando damos la paz, debemos enfocarnos principalmente en acercarnos a aquellos de quienes nos hemos distanciado. Una segunda prioridad son los invitados o visitantes. Solo entonces deberíamos saludar a los amigos, porque no necesitamos reconciliarnos con ellos. En otras palabras, el gesto de la paz es para la reconciliación, no para saludar a nuestros amigos.

Es frustrante ver a un visitante por primera vez en una congregación parado nerviosamente sin saber qué hacer mientras las personas que se conocen bien conversan en este momento de la liturgia. Exactamente en el momento en que todos deben reconciliarse, nos dividimos entre personas de dentro y de afuera y descuidamos a nuestros huéspedes. En nuestro mundo alienado y dividido, necesitamos cada pedacito de reconciliación y unidad que podamos tener.

Preparamos la mesa

Después de la paz, se recoge una ofrenda. Es común que esta sea una ofrenda de dinero solamente, ya sea dinero en efectivo o cheques. En algunos lugares del mundo, la ofrenda también puede ser en comida u otros regalos. Todo lo que se recolecta de la gente, todos nuestros dones, incluyendo nuestros dones del pan y el vino para la Santa Eucaristía, se presentan y se colocan en el altar. En esta acción, también nos ofrecemos nosotros mismos a Dios, confiando en que Dios transformará nuestras vidas para que podamos vivir de acuerdo con los propósitos que Dios tiene para nosotros.

Si hay un diácono en la congregación, el diácono organizará y preparará la mesa. El pan y el vino son cuidadosamente colocados y preparados para su consagración en la plegaria eucarística que sigue.

Hacemos la eucaristía

El sacerdote y otros ministros se reúnen en el altar. El celebrante (el sacerdote que dice la oración de consagración) dirige a la comunidad reunida en la recitación de la oración eucarística. En la Iglesia Episcopal, podemos elegir entre nueve oraciones autorizadas: dos oraciones tradicionales (Plegaria Eucarística I en la página 255, Plegaria Eucarística II en la página 262), cuatro oraciones en lenguaje moderno (Plegaria A en la página 284, Plegaria B en la página 289, Plegaria C en la página 292, Plegaria D en la página 295), y tres oraciones experimentales que hacen el lenguaje más inclusivo para las personas (evitando muchos pronombres masculinos, por ejemplo); estos se encuentran en un libro llamado *Enriching Our Worship 1 [Enriqueciendo nuestra adoración]* (Church Publishing, 1997). Estas nueve plegarias tienen algunos elementos comunes:

Las oraciones pueden ser cantadas o dichas.

El sacerdote comienza con un conjunto tradicional de saludos y respuestas, por ejemplo, "Elevemos los corazones".

"Los elevamos al Señor".

Las oraciones unen nuestras voces con las de los santos y los ángeles de todos los tiempos y todos los espacios.

La plegaria incluye las palabras de institución que Jesús

utilizó para bendecir el pan y el vino. Estas palabras vienen directamente de las Escrituras.

Las plegarias incluyen una invocación para que el Espíritu Santo descienda sobre nuestros dones y sobre la comunidad reunida.

Las plegarias terminan con un AMÉN. Está en mayúsculas, la única palabra escrita de esa manera en *El Libro de Oración Común*. La gente debe decir con fuerza ese Amén para concluir la oración; es nuestra forma de decir "Así sea" a las palabras que se han dicho anteriormente.

Después de la plegaria eucarística, la congregación se une para decir el Padrenuestro ("Padre nuestro, que estás en el cielo…").

Partimos el pan

Inmediatamente después del Padrenuestro, el sacerdote parte el pan consagrado. En ese instante, el pan se ha convertido en el Cuerpo de Cristo, por lo que este partir el cuerpo de Cristo nos recuerda conmovedoramente el sacrificio que Jesús hizo por nosotros en su muerte. Algunas iglesias usan pan horneado con levadura o sin levadura. Otras usan hostias que son pedazos de pan comprimidos. Estas hostias no se parecen mucho al pan, pero están hechas de harina de trigo. Las hostias a menudo se usan por conveniencia, ya que el pan "real" puede dejar migas. Sea como fuera, el sacerdote partirá el pan o una hostia más grande. La hostia del sacerdote no es más grande porque el sacerdote es más importante, sino que es más grande para que toda la comunidad reunida pueda ver la acción de la fracción del pan. Después de la fracción del pan, se guarda silencio. Este es uno de los pocos lugares

El Padrenuestro

De acuerdo con el libro de oración, el Padrenuestro siempre se dice en cada servicio público de la iglesia. Al decir esta oración, no estamos simplemente repitiendo una oración de memoria, sino que estamos orando como Cristo nos enseñó, por las cosas por las que nos enseñó a orar.

El libro de oración ofrece dos versiones del Padrenuestro: una tradicional y otra contemporánea. Ambas son opciones totalmente aceptables.

Tradicional

Padre nuestro que estás en los cielos, santificado sea tu Nombre, venga tu Reino, hágase tu voluntad, así en la tierra como en los cielos. El pan nuestro de cada día, dánosle hoy. Y perdónanos nuestras deudas, así como nosotros perdonamos a nuestros deudores. Y no nos dejes caer en la tentación mas líbranos de mal. Porque tuyo es el reino, y el poder, y la gloria, por siempre jamás. *Amén*

Contemporánea

Padre nuestro que estás en el cielo, santificado sea tu Nombre, venga tu reino, hágase tu voluntad, en la tierra como en el cielo. Danos hoy nuestro pan de cada día. Perdona nuestras ofensas, como también nosotros perdonamos a los que nos ofenden. No nos dejes caer en tentación y líbranos del mal. Porque tuyo es el reino, tuyo es el poder, y tuya es la gloria, ahora y por siempre. *Amén*.

donde *El Libro de Oración Común* ordena hacer silencio. Podríamos utilizar constructivamente este tiempo para prepararnos espiritualmente para recibir la eucaristía, quizás repitiendo las palabras de Santo Tomás cuando se dio cuenta de que estaba viendo a Jesucristo mismo: "Señor mío y Dios mío" (Juan 20:28).

Compartimos los dones de Dios

El sacerdote y los ministros en el altar reciben la comunión a medida que la gente comienza a avanzar. Todos en la congregación están invitados a venir a la mesa. Aquellos que no reciben la Santa Comunión reciben una bendición del sacerdote. En la Iglesia Episcopal, todos los cristianos bautizados están invitados a recibir el pan y el vino, independientemente de su edad o denominación. Los bebés bautizados pueden recibir la Santa Comunión con una gotita de vino. La plenitud de la presencia de Cristo se encuentra en el pan o el vino, por lo que uno puede recibir uno o ambos. En la Iglesia Episcopal, siempre se les da la oportunidad a las personas de comer el pan y beber del cáliz.

Si alguien no está bautizado, puede acercarse al altar, donde el sacerdote le ofrecerá la bendición de Dios. Aquellos que no pueden moverse de su lugar debido a un problema de movilidad, por lo general lo pueden hacérselo saber a un ujier, que dirigirá al sacerdote y a un asistente para que le lleven la Santa Comunión.

Después de que se ha administrado la comunión a todos los que reciban, el sacerdote o el diácono limpian los vasos y recogen la mesa. Cualquier pan sobrante o vino se consume reverentemente inmediatamente o se reserva para ser consumido después del servicio. Creemos que el pan y el vino han sido consagrados y ahora son el Cuerpo y la Sangre de Cristo, y por eso los tratamos con sumo cuidado; nunca se pueden desechar. El vino se consume o se vierte en el suelo, y el pan se consume. A veces, el pan o el vino se guardan en la iglesia, en caso de que una persona enferma tenga una necesidad urgente de recibir la Santa Eucaristía durante la semana. El lugar donde se guardan o reservan el pan y el vino bendecidos se llama sagrario o tabernáculo. Por lo general, es una pequeña caja de metal o madera que se mantiene cerrada. Una vela, como símbolo de la presencia de Cristo, arde cada vez que el sagrario o tabernáculo contiene el Cuerpo o la Sangre de Cristo.

Una vez que el pan y el vino han sido consumidos o guardados, las personas se unen en una oración de agradecimiento después de la comunión y en la esperanza de que Dios continúe obrando en sus vidas. Entonces el sacerdote pronuncia la bendición sobre el pueblo o, durante la Cuaresma, ora sobre las personas.

Por último, el diácono o el sacerdote envía a las personas al mundo con la despedida. Esta es una parte muy importante del servicio, porque la despedida nos envía al mundo para llevar a cabo el trabajo que ha sido posible gracias al sustento que hemos recibido en la Santa Eucaristía. Nuestra respuesta al envío es: "Demos gracias a Dios". En estas palabras, las últimas palabras del servicio, damos gracias no solo por la adoración que hemos hecho, sino por la presencia permanente de Cristo en nuestras vidas ahora que regresamos al mundo para hacer el trabajo él nos ha encomendado.

Independientemente de la forma o el estilo en el servicio eucarístico, Jesucristo se nos da a conocer al partir el pan. Al adorar como los cristianos han adorado durante cientos de años, al igual que ellos, escuchamos la palabra de Dios en las Escrituras; al igual que ellos, ofrecemos nuestras oraciones por nuestra comunidad y nuestro mundo; al igual que ellos, ofrecemos nuestros dones a Dios; al igual que ellos, somos nutridos por el Cuerpo y la Sangre de Jesucristo; y al igual que ellos, conocemos la transformación de la gracia salvadora de Dios que obra en nuestras vidas. Verdaderamente, "demos gracias a Dios".

Para la reflexión

* ¿Alguna vez has ido a la Santa Eucaristía en un país diferente o en una tradición eclesiástica diferente? Si es así, ¿cómo se compara esa experiencia con la adoración en tu iglesia? ¿Qué fue lo mismo y qué fue diferente?

* ¿Cuál es tu momento preferido en la liturgia eucarística y por qué?

* Los cristianos a menudo hablan sobre la importancia de la palabra y el sacramento en nuestra adoración. Nuestra liturgia incluye muchas Escrituras y un sermón. ¿Cómo puedes poner en práctica tu encuentro con la palabra de Dios en tu vida?

* ¿Cuáles son algunas de las conexiones litúrgicas entre la reunión que hacemos el domingo para ser nutridos por Cristo en los sacramentos y la experiencia de hacer la obra de Dios en el mundo durante toda la semana?

Capítulo 6

Crecemos en gracia a través de los años
Confirmación y matrimonio

Espíritu Santo, abre nuestros ojos, nuestros oídos y nuestros corazones, para que nos acerquemos más a ti en el gozo y el sufrimiento. Habita en nosotros en la plenitud de tu poder cuando sean añadidos nuevos miembros a tu grey, a medida que crezcamos en gracia a través de los años, cuando seamos unidos en matrimonio, cuando acudimos a ti en tiempo de enfermedad o necesidad especial y, al fin, cuando seamos encomendados a las manos del Padre.

—*El Libro de Oración Común*, p. 471

Si entras a una iglesia episcopal y revisas los libros de oraciones en los bancos, generalmente encontrarás una sección que tiene las páginas más gastadas y que comienza alrededor de la página 220. Esta sección contiene los servicios "principales" de la iglesia: el Santo Bautismo y la Santa Eucaristía. Estos son los dos sacramentos de la iglesia que son para todas las personas, por lo que los usamos con más frecuencia cuando nos reunimos para adorar. Sin embargo, *El Libro de Oración Común* incluye muchas otras liturgias y oraciones importantes que conforman nuestra vida en común.

La sección que sigue a la Santa Eucaristía se llama "Oficios pastorales" e incluye muchos de los ritos sacramentales instituidos por la iglesia guiada por el Espíritu Santo. Estos ritos sacramentales incluyen ritos de iniciación, como confirmación y matrimonio, así como liturgias para enfermos y moribundos. Los ritos abarcan momentos de gran alegría así como también de dolor y pena, un recordatorio de que Dios en Cristo quiere caminar con nosotros a través de todos los momentos de nuestras vidas: el principio y el fin, los altibajos, el diario vivir y los momentos que pasan una sola vez en la vida. Aunque estas liturgias se usan con menos frecuencia que los servicios de la Santa Eucaristía o del Santo Bautismo, no son menos importantes. Son un medio de gracia, que nos conecta con Dios y con los demás en medio de algunos de los momentos decisivos de nuestras vidas.

El Rito de la Confirmación

Como lo exploramos en capítulos anteriores, el Santo Bautismo es el gran sacramento de la iniciación cristiana; en las aguas del bautismo somos hechos propiedad de Cristo y nos convertimos en miembros plenos de su cuerpo, la iglesia. Pero el bautismo no es, por supuesto, el final de la vida de fe. Es la entrada al cuerpo de Cristo, el comienzo de la vida en la iglesia, un primer paso en el camino. En el bautismo, la iglesia celebra nuestra entrada en el Cuerpo de Cristo y espera el momento en que, como cristianos más maduros, nos presentemos ante Cristo y la iglesia y afirmemos por nosotros mismos los compromisos que hicimos o que fueron hechos por nosotros en nuestro bautismo.

La confirmación es la oportunidad en la que "expresamos juiciosamente nuestra entrega a Cristo y recibimos fortaleza del Espíritu Santo, mediante la oración y la imposición de manos de un obispo" (860). Los bautizados como adultos ya han tomado una decisión deliberada de comprometerse con Cristo, de modo que la confirmación es una reafirmación de la fe y un compromiso con la Iglesia Episcopal. Los bautizados como bebés tenían padres y padrinos que hicieron grandes promesas y votos importantes en su nombre. Como adolescentes o adultos, se les da la oportunidad de decidir si ellos quieren hacer esos grandes e importantes votos y promesas a Dios por sí mismos. En el bautismo, Dios nos da la bienvenida a la familia de la fe, y nuestros padres y padrinos prometen que nos instruirán en lo que es formar parte de esa familia. En la confirmación tomamos nuestra formación en la fe en nuestras manos; aceptamos el don de la gracia de Dios y al mismo tiempo prometemos intentar, con la ayuda de Dios, vivir esas promesas, tomando nuestro lugar en el Cuerpo de Cristo.

La confirmación, una afirmación madura de fe, va acompañada de la imposición de manos por un obispo o una obispa. Como recordarás del Capítulo 3, los obispos de la iglesia primitiva realizaban todos los bautismos. A medida que la iglesia creció, esto se volvió logísticamente imposible, y los sacerdotes recibieron la autoridad de bautizar a los nuevos creyentes. Pero la conexión de los obispos con los nuevos cristianos es vital; esta es la razón por la cual los obispos presiden todos los servicios de confirmación. Los obispos y obispas pueden trazar su consagración hasta los apóstoles de Jesús, algo llamado "sucesión apostólica". De esta manera, la confirmación nos conecta con la iglesia mundial a través de los obispos y las obispas, el símbolo de nuestra unidad, y de la comunión de los santos, pasados y presentes y futuros. Esto nos recuerda la forma en que estamos conectados a la esfera más amplia de la iglesia, más allá de nuestra comunidad local. Así que el Rito de la Confirmación cumple dos funciones: permite que aquellos que han sido bautizados de pequeños puedan reclamar las promesas de su bautismo como suyas, y conecta a todos los miembros de la iglesia a través del símbolo de nuestra unidad, el obispo.

La ceremonia de confirmación

En muchos aspectos, la liturgia de la confirmación hace eco del servicio del bautismo. La confirmación comienza con la misma aclamación de apertura y la afirmación de la unidad de la iglesia: "Hay un solo Cuerpo y un solo Espíritu…" (219) y continúa de la manera habitual, con la colecta, las lecciones de las Escrituras y el sermón.

Después del sermón, los candidatos para la confirmación se presentan al obispo o a la obispa, quien les hace una serie de preguntas que hacen referencia a las promesas de su bautismo: "¿Reafirmas tu renuncia al mal? … ¿Renuevas tu entrega a Jesucristo?". A la congregación se le hace la misma pregunta que se hace en el servicio bautismal: "Ustedes, testigos de estos votos, ¿harán todo cuanto puedan para sostener a estas personas en su vida en Cristo?"(223). La congregación responde: "Así lo haremos", un recordatorio de que la comunidad cristiana es una parte importante de la vida de fe, no solo para los bebés que se bautizan, sino para todas las personas de todas las edades.

El servicio continúa con la congregación renovando sus propias promesas bautismales. Las oraciones por los candidatos son las mismas que se usan en el bautismo. De nuevo, esto fundamenta el servicio de confirmación en el bautismo. Nos recuerdan los compromisos que otros hicieron en nuestro nombre, y reafirmamos esas promesas por cuenta propia.

Luego viene la imposición de manos por el obispo o la obispa, que pone sus manos sobre cada persona que se confirma y dice una oración por cada uno, invocando al Espíritu Santo y pidiéndole a Dios que fortalezca y sostenga a la persona que está siendo confirmada.

Recepción y reafirmación

Cualquier persona que haya hecho un compromiso maduro de fe en otra comunidad cristiana (como el bautismo de adultos o la confirmación en la Iglesia Católica, Ortodoxa o en muchas iglesias luteranas) se considera bautizado y confirmado por la Iglesia Episcopal, siempre que sea confirmado por un obispo de su iglesia. Las personas en esa situación que deseen hacer una afirmación pública de su fe y su compromiso con las responsabilidades de su bautismo en presencia de un obispo o una obispa episcopal pueden elegir ser recibidas en la Iglesia Episcopal. En este caso, el obispo o la obispa impone las manos sobre cada candidato para recepción y dice: "te reconocemos como miembro de la Iglesia una, santa, católica y apostólica; y te recibimos en la hermandad de esta Comunión" (230).

Ocasionalmente, alguien que ya ha sido confirmado o recibido experimenta una conversión más profunda a Cristo y desea reafirmar sus promesas bautismales. Esto podría ser para una persona que regresa a la iglesia después de un período de ausencia o incredulidad; o alguien que ha tenido una experiencia espiritual particularmente transformadora que desea expresar en la misa con la comunidad. En esta situación, el obispo le impone las manos a la persona y dice la oración para la reafirmación: "N., que el Espíritu Santo, quien ha iniciado la buena obra en ti, te dirija y sostenga en el servicio de Cristo y su reino" (230).

Después de que el obispo haya impuesto las manos sobre cada persona que se confirma, recibe y reafirma, el obispo pronuncia una oración final sobre todos los candidatos. El servicio continúa con la Paz y la Santa Eucaristía.

Confirmación: ¿Por qué? (¿O por qué no?)

Casi todos los sacerdotes o padres han escuchado esta pregunta al menos una vez: "¿Tengo que confirmarme?" Algunas veces, un adolescente enfrenta las expectativas de sus padres; a veces, un nuevo miembro verifica qué significa ser miembro de la iglesia; o a veces, una pareja busca casarse en una Iglesia Episcopal. La respuesta corta es no … y sí.

El Libro de Oración Común dice que la confirmación es "esperada" en lugar de ser obligatoria. Los cánones (las leyes que rigen a la iglesia) requieren confirmación para unos pocos individuos: los que están siendo ordenados, los diputados de la Convención General y aquellos designados a ministerios que sirven a toda la iglesia. Pero la confirmación no es "requerida" para la mayoría de los episcopales. En la Iglesia Episcopal, no hay que ser confirmado para casarse (aunque al menos un miembro de la pareja debe ser bautizado), para ser enterrado o para recibir la comunión.

Para la mayoría de las personas, la confirmación no es requerimiento para ser miembro de la Iglesia Episcopal. Sin embargo, la confirmación es deseada, porque es algo que los cristianos maduros pueden y deberían *querer* hacer. Con el matrimonio, las parejas que se aman quieren ponerse de pie y hacer sus votos y promesas frente a familiares y amigos; así también un cristiano, amando mucho a Dios, debe *querer* ponerse de pie y hacer promesas y votos a Dios en frente de familiares y amigos. La confirmación es la forma en que nosotros, como cristianos maduros, nos comprometemos con una vida de fe. No significa que tenemos todo resuelto, o que cumpliremos esos votos y promesas a la perfección, del mismo modo que una pareja que busca el matrimonio no tiene toda su relación resuelta, ni cumplirá sus promesas a la perfección. Pero la confirmación significa que nos estamos comprometiendo a intentarlo, a luchar, a comprometernos con el Dios que, en nuestro bautismo, se ha comprometido con nosotros.

La celebración y bendición de un matrimonio

Una boda es una celebración de mucha alegría, y el servicio de matrimonio está lleno de palabras hermosas y metáforas elaboradas. Pero en la Iglesia Episcopal, una boda es mucho más que una fiesta, una oportunidad para hacer fotografías bonitas o incluso una celebración: El matrimonio es "un pacto solemne y público … en la presencia de Dios" (344), y es un rito sacramental, un signo externo y visible de una gracia espiritual e interna de Dios.

Entonces, ¿qué significa eso y cómo se ve en la Iglesia Episcopal? Hay algunas cosas que podemos aprender de esta descripción. El gobierno civil ve el matrimonio como un contrato legal, un acuerdo hecho entre dos partes. Un matrimonio civil se enfoca exclusivamente en las personas que se casan. Y en la Iglesia Episcopal, todos los matrimonios deben ajustarse a las leyes del estado con respecto a ese contrato. Pero el matrimonio cristiano no es simplemente un contrato; también es un pacto: una promesa sagrada que involucra no solo a las dos personas que se casan, sino también a Dios y a la comunidad reunida, una unión que recuerda y refleja la unión entre Cristo y la iglesia.

Vemos esto en las icónicas palabras iniciales del servicio matrimonial: "Muy amados: Nos hemos reunido en la presencia de Dios para bendecir y ser testigos de la unión entre este hombre y esta mujer en Santo Matrimonio" (345). Estas palabras, repetidas a menudo en películas, libros y programas de televisión, dicen mucho sobre cómo la iglesia entiende el rito sacramental del matrimonio. El servicio comienza no al nombrar a las dos personas que se casan, sino nombrando a la comunidad reunida, "muy amados". La primera línea también nos recuerda que nos reunimos "en la presencia de Dios". La exhortación inicial continúa con el papel que tiene el matrimonio a través de la historia del pacto de Dios con la humanidad, y declara que el matrimonio existe "para la ayuda y el consuelo que cada uno se dé, tanto en la prosperidad como en la adversidad; y, cuando Dios lo disponga, para la procreación de los hijos y su formación en el conocimiento y amor del Señor"(345).

> Según los cánones de la Iglesia Episcopal, todos los que quieren recibir el matrimonio en la Iglesia Episcopal deben firmar la siguiente Declaración de Intención: "Entendemos la enseñanza de la iglesia de que el propósito de Dios para nuestro matrimonio es para nuestro mutuo gozo, para la ayuda y el consuelo que nos daremos uno a otro en prosperidad y en adversidad, y, cuando sea la voluntad de Dios, para el regalo y herencia de los niños y su educación en el conocimiento y amor de Dios. También entendemos que nuestro matrimonio debe ser incondicional, mutuo, exclusivo, fiel y de por vida; y nos comprometemos a hacer el máximo esfuerzo para aceptar estos dones y cumplir con estos deberes, con la ayuda de Dios y el apoyo de nuestra comunidad".
>
> Esta declaración es una hermosa síntesis de lo que la Iglesia Episcopal cree que es el matrimonio, y cuáles deberían ser las características de un matrimonio cristiano. Al firmar esta declaración, cada pareja reconoce el don y el deber de estas promesas y se compromete a buscar la ayuda de Dios y el apoyo de la comunidad para cumplirlas.

Luego, el celebrante pregunta si hay alguna razón por la cual la pareja no pueda contraer matrimonio legalmente. Este es un momento para reflexionar sobre la seriedad del matrimonio y también un recordatorio de que este matrimonio es un contrato legal, así como también un pacto espiritual. Luego el servicio continúa con la declaración de consentimiento. Ambas partes declaran su consentimiento, y luego la congregación hace su promesa de mantener a la pareja en su matrimonio, subrayando que la comunidad no está simplemente allí para presenciar el servicio, sino para ayudar a la pareja a cumplir los votos en los días, semanas y años que se avecinan.

Votos y bendición

Después de la presentación opcional (en la que un padre o ser querido presenta a uno o ambos miembros de la pareja), la colecta, las lecturas y una homilía, el servicio continúa con los votos. Cada uno toma la mano derecha del otro y promete "desde hoy en adelante, para tenerte y conservarte, en las alegrías y en las penas, en la riqueza y en la pobreza, en la salud y en la enfermedad, para amarte y cuidarte hasta que la muerte nos separe. Este es mi voto solemne"(349). La pareja puede intercambiar anillos u otros símbolos como un signo externo y un recordatorio de sus votos. El sacerdote bendice los anillos (u otros símbolos) antes de intercambiarlos y luego pronuncia a la pareja marido y mujer.

El servicio pasa inmediatamente a las oraciones, ya sea continuando con el Padrenuestro, si no hay comunión, o las oraciones de la página 351. Estas hermosas oraciones se ofrecen no solo por la pareja recién casada sino también por aquellos que son testigos de los votos e incluso por la comunidad en general.

Matrimonio en la Iglesia Episcopal

En las últimas décadas ha habido una conversación en todos los Estados Unidos y en toda la Iglesia Episcopal sobre el significado y la definición del matrimonio, especialmente cuando se trata de parejas del mismo sexo. El 26 de junio de 2015, la Corte Suprema de los Estados Unidos dictaminó que las parejas del mismo sexo tenían el mismo derecho al matrimonio civil en cualquier parte de los Estados Unidos. El 1º de julio de 2015, la Convención General de la Iglesia Episcopal aprobó dos resoluciones. Una fue un cambio al Canon 18, sobre la celebración y la bendición de un matrimonio, que eliminó todo lenguaje de género en referencia al matrimonio; esto abrió la puerta para el matrimonio entre personas del mismo sexo. Una segunda resolución autorizó el uso experimental de dos liturgias para el matrimonio entre personas del mismo sexo. El uso experimental significa que estas liturgias se pueden usar oficialmente en las congregaciones mientras se consideran para su futura inclusión en *El Libro de Oración Común*.

La Convención General aprobó estas resoluciones por una abrumadora mayoría, proclamando a la Iglesia Episcopal como un lugar de bienvenida y afirmación para todas las personas, independientemente de su orientación sexual, y abriendo el rito sacramental del matrimonio a parejas del mismo sexo. Las resoluciones aprobadas por la Convención General son claras de que la enseñanza normativa de la iglesia es que el matrimonio entre personas del mismo sexo es legal y basado en la alianza de dos personas. Al mismo tiempo, la decisión no fue unánime, y algunos episcopales no apoyan el matrimonio entre personas del mismo sexo. Para dar cabida a todos los puntos de vista sobre este tema, la Iglesia Episcopal hizo provisiones para aquellos que no están de acuerdo con ofrecer el rito del matrimonio a las parejas del mismo sexo.

Actualmente, la liturgia del *Libro de Oración Común* todavía incluye referencias de género y se refiere al matrimonio como "entre un hombre y una mujer." Por el momento, la Iglesia Episcopal tiene dos conjuntos distintos de liturgias: la Celebración y Bendición de un Matrimonio en *El Libro de*

> *Oración Común* y las liturgias que están autorizadas para uso experimental. Esto sucede, en parte, porque se necesitan dos Convenciones Generales sucesivas (un total de seis años) para cambiar el texto en *El Libro de Oración Común*. Es probable que el proceso comience pronto, pero aún no ha sucedido.
>
> Para los propósitos de nuestra discusión sobre el rito del matrimonio, utilizamos la liturgia de *El Libro de Oración Común*. Pero es importante tener en cuenta que una de las liturgias para el matrimonio entre personas del mismo sexo es muy similar a la del libro de oración, con los pronombres y las referencias de género modificadas o eliminadas. Cualquier discusión en este libro sobre la Celebración y Bendición de un Matrimonio se aplicaría igualmente a esa opción de prueba.

Luego la pareja se arrodilla y el sacerdote bendice su matrimonio. Después de la bendición, todos se ponen de pie y el sacerdote ofrece la paz. Los recién casados se saludan (a veces con un beso), y luego la gente de toda la congregación intercambia la paz.

Si el servicio no incluye la comunión, los esposos y sus invitados se van de la iglesia en este momento; de lo contrario, el servicio continúa con la Santa Eucaristía. En el ofertorio, la pareja de recién casados puede presentar las ofrendas del pan y el vino, una manera hermosa de dar gracias por las bendiciones de este día y simbólicamente compartir su abundancia con todos los invitados. Los recién casados reciben la comunión primero, después de lo cual todos los cristianos bautizados son bienvenidos.

Después de la oración que sigue la comunión, la bendición y la despedida, la pareja, y sus invitados salen la iglesia, a menudo acompañados de música alegre. El servicio de bodas ha terminado, y el matrimonio ha comenzado.

Esta es una parte importante de la manera en que la Iglesia Episcopal entiende el matrimonio. El sacramento del matrimonio no tiene lugar en la boda, sino que comienza en la boda. El sacramento del matrimonio se vive en la relación continua: cuando una pareja se equivoca y luego se perdona; cuando una pareja elige acoger a un extraño y ofrecerle hospitalidad; cuando una pareja muestra el amor de Dios amándose unos a otros "en las buenas y en las malas".

El servicio es solo el comienzo; el sacramento se vivirá de maneras grandes y pequeñas en los próximos días, meses y años. Es un comienzo importante, porque las oraciones y las promesas deben dar forma a la realidad de la relación que está por venir. Es un comienzo poderoso, porque creemos que el matrimonio es un rito sacramental, un rito en el cual la pareja "recibe la gracia y la bendición de Dios para ayudarles a cumplir sus votos" (753). Pero es solo un comienzo, un primer paso hacia un sacramento que dura toda la vida.

Para la reflexión

* Si has sido confirmada o confirmado: ¿Cómo te preparaste para tu confirmación? ¿Cómo fue el evento? ¿Qué impacto tiene la confirmación en tu vida?

* Algunos sacerdotes requieren que todos los confirmados hagan una cita con ellos antes de la confirmación para explicarles por qué quieren ser confirmados. ¿Cuáles son algunas de las razones por las cuales una persona podría querer ser confirmada? ¿Por qué una persona no desearía ser confirmada?

* *El Libro de Oración Común* dice que el propósito del matrimonio es: "para gozo mutuo; para la ayuda y el consuelo que cada uno se dé, tanto en la prosperidad como en la adversidad; y, cuando Dios lo disponga, para la procreación de los hijos y su formación en el conocimiento y amor del Señor". ¿En qué se parece o se diferencia esto de lo que la cultura describe como el propósito del matrimonio?

* La ceremonia de la boda es solo el comienzo del sacramento del matrimonio, que dura toda la vida. En un matrimonio entre dos personas, ¿cuáles son los "signos externos y visibles" y cuáles son las "gracias internas y espirituales"?

Capítulo 7

Tanto en mente como en cuerpo
Confesión y sanación

Dios omnipotente y de misericordia, guárdanos en tu bondad de todo aquello que pueda causarnos daño; para que, dispuestos tanto en mente como en cuerpo, y con alegría de corazón, logremos lo que sea propio a tus designios; por Jesucristo nuestro Señor, que vive y reina contigo y el Espíritu Santo, un solo Dios, ahora y por siempre. *Amén.*

—*El Libro de Oración Común*, p. 144

A lo largo de las narraciones del evangelio, Jesús sana a los que encuentra. Su sanación se dirige más que a la salud corporal: Jesús perdona el pecado y sana el alma. Jesús sana la angustia emocional. Jesús sana las relaciones y las comunidades, devolviendo a las personas a una vida reconciliada consigo mismos y con Dios. La vida y el ministerio de Jesús nos enseñan que el deseo de Dios es que la gente viva en salud y plenitud.

El capítulo nueve del Evangelio de Mateo nos da una idea de cómo es la sanación de Jesús. Primero, Jesús perdona los pecados y sana el cuerpo de un paralítico. Entonces

Jesús se sienta a comer con recaudadores de impuestos y pecadores y describe ese acto de comunidad como una especie de curación, diciendo que "Los que están buenos y sanos no necesitan médico". Luego Jesús sana a una mujer de una hemorragia, trae de regreso a una niña al borde de muerte, y sana a dos hombres ciegos. Luego Jesús expulsa a un demonio, sanando así la mente de un hombre que había sido poseído y devolviéndole el habla.

Al final de este capítulo en Mateo, Jesús afirma que la necesidad de sanación en el mundo es enorme, y ora para que Dios envíe más seguidores que sean obreros en la cosecha. Más tarde, Jesús confiará su ministerio de sanación y reconciliación a sus discípulos. A lo largo de los siglos, la iglesia ha tomado este llamado muy en serio. Como cristianos, nos esforzamos por vivir este ministerio de sanación y reconciliación ofreciendo oraciones, perdón y compasión unos a otros. Dos ritos sacramentales en la Iglesia Episcopal, la Reconciliación de un Penitente y la Unción de los Enfermos, sirven como signos externos de nuestra participación y experiencia en la reconciliación y sanación de Dios.

Reconciliación de un Penitente

Enraizada en los ritos de la iglesia está la conciencia de que nunca ejecutaremos nuestros deseos a la perfección, o sea, que queremos ser buenos y bondadosos, pero a veces fracasamos. Deseamos ser buenos vecinos y personas compasivas, pero a veces nos equivocamos, dejando que los celos, la ira o la frustración regulen nuestras acciones. En el bautismo y la confirmación prometemos perseverar en resistir el mal y, cada vez que caigamos en pecado, arrepentirnos y volvernos al Señor (225). En el servicio de matrimonio, oramos por la pareja para que puedan tener "gracia para que, cuando se ofendan el uno al otro reconozcan y acepten sus faltas, se pidan perdón y busquen el tuyo, oh Señor" (351).

En ambos casos, prometemos arrepentirnos y buscar el perdón. Fíjate que no se habla de "si nos equivocamos", sino de "cuando nos equivoquemos". Incluso cuando nos dedicamos a Dios, reconocemos que vamos a fallar en las promesas que hacemos. Y cuando inevitablemente fracasamos o nos tambaleamos, prometemos actuar consecuentemente, arrepentirnos y regresar al Señor. La vida cristiana es una práctica continua de buscar el perdón, unos de otros y de Dios.

La Reconciliación de un Penitente es el rito sacramental mediante el cual buscamos y recibimos ese perdón. La gente a menudo se sorprende cuando se entera de que la Iglesia Episcopal tiene un servicio de confesión, exclamando: "¡Pensaba que solo los católicos tenían eso!". Otros se resisten a la idea de la reconciliación diciendo: "Nosotros decimos la confesión en la iglesia todos los domingos, así que estoy a salvo; no tengo por qué hacer eso".

La posición de la Iglesia Episcopal sobre el rito de la Reconciliación de un Penitente es que todos pueden, algunos deberían, pero nadie está obligado. En otras palabras, nadie está obligado a participar en esta liturgia para recibir la Santa Eucaristía, o para casarse o ser enterrado. Nadie *tiene* que participar en este sacramento. Podemos reconciliarnos de muchas maneras: por la forma en que ofrecemos y recibimos el perdón de los demás y la forma en que ofrecemos la confesión general en nuestros servicios de adoración. La reconciliación de un Penitente no es la única forma de confesar nuestros pecados y ser perdonados; mientras confesemos y busquemos el perdón de otras maneras, no *tenemos* que participar en el rito de la reconciliación.

Sin embargo descartar este sacramento porque no se requiere disminuye su poder e importancia. La Reconciliación de un Penitente no es un requisito que tenemos que completar para recibir otros sacramentos o para tener una buena relación con Dios. En cambio, la reconciliación es una oportunidad: la oportunidad de nombrar ante Dios y ante otra persona las cosas por las cuales sentimos pena o estamos avergonzados o que son una carga para nuestra conciencia. Y luego, a cambio, escuchamos de Dios y de otra persona la verdad de que somos perdonados, amados y reconciliados. Hay una diferencia entre "Es obligatorio" y "necesito/debería". Quizás la pregunta correcta en vez de "¿por qué debería hacer el rito de la reconciliación?", sería "¿por qué *no debería* hacer el rito de la reconciliación?".

Arrepentimiento más profundo, reconciliación más profunda

Cuando mis hijas eran más jóvenes, a menudo me descubría diciéndoles: "¡Discúlpate con tu hermana!". Esto provocaba una disculpa ligera y no de corazón. "¡Dilo como si fuera en serio!", les decía. Las hacía reflexionar hasta lograr un "Lo siento" algo sincero. Las sermoneé y presioné, tratando de convencer a mis hijas de que realmente lo *sintieran*, en lugar de simplemente *decir* que lo sentían. Pero dio muchísimo trabajo.

Entonces, un día, una amiga y sus hijas estaban de visita. Una niña dijo algo que hirió a otra y mi amiga llevó a las chicas a un lado. Las sentó cara a cara y les dijo: "Tienes que pedirle disculpas de corazón a tu hermana". Me sorprendió ver lo mucho que la niña se disculpó, prometiendo tratar de actuar de manera diferente en el futuro y preguntando qué podía hacer para mejorar la situación. Yo estaba impresionada.

Inmediatamente le pedí a mi amiga que me enseñara cómo hacer eso. Y ella me enseñó la "fórmula de los cinco dedos para disculpas reales". En lugar de simplemente pedir perdón cuando ocurre un error, uno se detiene, mira a la persona a la cara y dice:

> Discúlpame porque …
>
> Me equivoqué cuando …
>
> La próxima vez haré lo siguiente …
>
> ¿Qué puedo hacer para ayudar? (o, ¿cómo puedo arreglarlo?)
>
> ¿Me perdonas?

Es simple pero formidable. En lugar de solo murmurar "lo siento", una verdadera disculpa incluye nombrar claramente lo que hiciste, reflexionar sobre por qué fue incorrecto, prometer cambiar el comportamiento en el futuro, intentar enmendar y pedir perdón explícitamente.

Ahora usamos la fórmula de los cinco dedos en nuestra familia, y realmente funciona—no solo para las niñas, sino para todas las edades. Es una forma de asumir la responsabilidad de nuestras acciones y malas decisiones, de reflexionar de manera significativa sobre por qué esas cosas están mal, de buscar formas de cambiar nuestras acciones en el futuro y de pedir y buscar activamente el perdón.

La Reconciliación de un Penitente es la versión de la iglesia de la "fórmula de los cinco dedos" para pedir disculpas. A veces, nuestra confesión general de pecado en la liturgia, o incluso nuestras propias oraciones personales de confesión, pueden volverse rutinarias, como el "perdón" que murmura un niño que sabe lo que tiene que hacer para disculparse, pero en realidad no lo dice en serio. Y a veces nuestras confesiones no son rutinarias, pero son apresuradas: no tenemos (ni hacemos) tiempo para reflexionar realmente sobre lo que hemos hecho mal, por qué fue incorrecto y cómo modificar nuestras vidas en el futuro. El rito de la reconciliación nos permite tomarnos el tiempo para preparar nuestras peticiones de disculpas a Dios de una manera reflexiva y deliberada.

Preparándonos para la reconciliación

Para prepararnos para la confesión, primero necesitamos encontrar un confesor que ofrezca el rito. Normalmente será un presbítero, una presbítera, un obispo o una obispa, porque la iglesia les da el poder para ofrecer la absolución: es decir, para declarar en nombre de Dios que los pecados de una persona son perdonados. Pero un laico puede escuchar la confesión y ofrecer una declaración de perdón, prevista en el rito, en lugar de la absolución. Algunas personas prefieren hacer su confesión a un sacerdote que no conocen; en ese caso tu sacerdote estaría feliz de ayudarte a encontrar a alguien que escuche tu confesión. Otras personas agradecen hacer la confesión en el contexto de una relación continua; sienten que esta conversación sagrada es más natural cuando uno conoce y tiene experiencias previas con su confesor. A quién elijas para escuchar tu confesión es una cuestión de preferencia personal.

> Hay algunos libros maravillosos que puedes leer para prepararte más para la confesión. El libro de Hillary D. Raining, *Joy in Confession: Recovering sacramental reconciliation [Gozo en la confesión: Recuperando la reconciliación sacramental]*, publicado por Forward Movement (2017) y el libro de Martin Smith *Reconciliation: Preparing for Confession in the Episcopal Church [Reconciliación: Preparándose para la confesión en la Iglesia Episcopal]* (1985) son excelentes recursos.

Tu sacerdote puede tener sugerencias sobre cómo prepararte para la confesión. A muchas personas les resulta útil escribir su confesión antes del servicio en sí. Esto puede darte la oportunidad de reflexionar sobre lo que quieres traer ante Dios y evitar sentirte abrumada o abrumado por el nerviosismo del momento.

Una conversación sagrada

Si nunca has experimentado el rito de la reconciliación, tal vez te preocupe no saber cómo es. Tu única experiencia con la confesión puede ser lo que has visto en las películas: una acción misteriosa que implica sentarse en un cubículo con un sacerdote escondido detrás de una pantalla.

Pero en la Iglesia Episcopal, el rito de la reconciliación no suele tener lugar en un confesionario. Aunque algunas iglesias episcopales tienen y usan espacios para la confesión, la práctica normal es que el penitente (la persona que desea el sacramento de la reconciliación) y el confesor (el sacerdote u obispo que escucha la confesión) se sienten juntos, ya sea en el santuario o en una capilla, o incluso en una oficina. Las dos personas pueden sentarse uno a cada lado del barandal del altar, de modo que haya un lugar para arrodillarse cuando sea apropiado, o incluso pueden sentarse cara a cara sentados en sillas. De este modo, el rito no es simplemente palabras escritas en un libro sino una conversación sagrada.

El Libro de Oración Común proporciona dos formas para la reconciliación, siguiendo una fórmula similar, pero con diferente redacción y énfasis. Comenzando en la página 369, ambas formas comienzan con una oración de apertura seguida de una oración que incluye un espacio para que el penitente enumere pecados particulares.

En el corazón de ambos ritos está la posibilidad de nombrar en voz alta las cosas por las cuales se busca el perdón de Dios. Decir estas cosas en voz alta puede ser aterrador; preferiríamos evitar nuestros pecados en vez de enfrentarlos cara a cara. Pero también hay un gran poder en hacer brillar la luz de la verdad en los lugares oscuros de nuestras vidas. La vergüenza se alimenta del silencio y el secreto. Cuando enumeramos nuestros pecados en voz alta y pedimos perdón específicamente, podemos dejar de lado el peso del pecado y la vergüenza que hemos estado llevando y permitir que Dios quite esas cargas.

Luego el sacerdote ofrece consejo, dirección y consuelo; esto también es increíblemente importante. Conversar sobre algunas de las cosas que hemos nombrado puede traer alivio, y nuestro confesor puede ayudarnos a pensar en los problemas y en cómo podemos enfrentarlos. Aquí es donde es útil pensar que el rito es una conversación sagrada. En el curso de esta conversación, el sacerdote puede pedir que se "diga un salmo, una oración o un himno, o que realice alguna obra, como señal de arrepentimiento y acción de gracias" (368). Esta es una manera de reconocer que el acto de reconciliación implica más que solo palabras; a veces se necesita acción para la restauración completa. Hay que dejar bien claro que cualquier acción que se sugiera no es un castigo: es una señal de penitencia y un acto de acción de gracias. Estas oraciones o acciones son el signo externo y visible de la obra interna de perdón y reconciliación que se realiza entre nosotros y Dios.

Después de haber nombrado nuestros pecados, hablar sobre ellos con nuestro confesor y participar o comprometernos a un acto de penitencia y acción de gracias, el sacerdote ofrece la absolución, la certeza segura y cierta del perdón de Dios. La absolución del rito de la reconciliación es ligeramente diferente de la absolución general que recibimos en nuestro culto dominical. En este rito, las palabras de absolución son específicas, enfocadas en los actos o fallas particulares que has nombrado en voz alta y dirigido a ti, personalmente, en lugar de a la congregación reunida. Esto puede ayudarnos a escuchar la garantía del perdón de una manera nueva y poderosa. Después de la absolución, el rito termina con un despido, enviando al penitente perdonado al mundo en paz.

La despedida señala el final de la confesión. Se ha hecho la confesión, se ha ofrecido el perdón de Dios y el penitente puede partir en paz. El contenido de una confesión "normalmente no es una cuestión de discusión posterior" (368). La persona que escucha tu confesión no se aferrará a ella. Cuando Dios ofrece el perdón, ese perdón es completo, como si se hubiera borrado lo escrito en una pizarra. Y el "secreto de la confesión es moralmente absoluto". No tienes que preocuparte de que tu confesor le contará a otras personas lo que le dijiste durante la reconciliación o incluso que te hablará de ello otra vez.

> El secreto de la reconciliación no es una licencia para el abuso. El espacio en el rito cuando un sacerdote ofrece "consejo, dirección y consuelo" es un momento en el que, si se ha cometido un crimen, el sacerdote puede alentar al penitente a presentarse a las autoridades y ofrecerse a acompañarlo en persona. Un sacerdote presumiblemente retendría la absolución hasta que se haya realizado un verdadero arrepentimiento que incluye asumir la responsabilidad de las acciones que se han cometido.

Unción

El rito de la reconciliación es una de las maneras en que podemos experimentar la sanación y la integridad del alma, sintiéndonos completamente restaurados a la comunión plena con Dios. Pero Jesús también participó frecuentemente en la curación física del cuerpo. De esta parte central del ministerio de Jesús surgieron las prácticas de oración, unción e imposición de manos. Incluso en el Nuevo Testamento, escuchamos historias de los primeros grupos de cristianos involucrados en estas prácticas:

> Si alguno de ustedes está afligido, que ore. Si alguno está contento, que cante alabanzas. Si alguno está enfermo, que llame a los ancianos de la iglesia, para que oren por él y en el nombre del Señor lo unjan con aceite. Y cuando oren con fe, el enfermo sanará, y el Señor lo levantará; y si ha cometido pecados, le serán perdonados. Por eso, confiésense unos a otros sus pecados, y oren unos por otros para ser sanados. La oración fervorosa del justo tiene mucho poder. (Santiago 5:13-16)

> Algunas personas conectan la práctica de la unción con la extremaunción, también conocida como "últimos ritos". Este tipo de oración y unción se realiza cuando una persona está cerca de la muerte, y es una expresión importante del rito de la unción. Pero, como se desprende del pasaje de Santiago, la unción no está reservada exclusivamente para el lecho de muerte; es para cualquier momento de enfermedad. Por lo tanto, *El Libro de Oración Común* contiene dos ritos diferentes que contienen elementos de unción: uno para todos los enfermos y otro especialmente para el momento de la muerte.

Orar, ungir e imponer las manos sobre los enfermos es una práctica a que la iglesia se ha comprometido desde los tiempos más remotos hasta el día de hoy. El rito sacramental en el cual hacemos esto se llama Ministración (Unción) de los Enfermos, la unción es el acto de derramar o frotar óleo (aceite) sobre una persona.

Ministración de los enfermos

Como sacerdote, paso mucho tiempo en oración. A veces bromeo que mi trabajo es orar. Siempre soy al que en las reuniones familiares le piden que ofrezca la bendición, dirijo las liturgias de la iglesia regularmente, y con frecuencia tengo la alegría de orar con y para las personas en todas las etapas y circunstancias de la vida. Pero mis oraciones son más fervientes y fieles en tiempos de enfermedad: cuando alguien que amo sufre o cuando yo mismo sufro. Cuando nos encontramos sentados en el consultorio médico, recibiendo un diagnóstico o sosteniendo la mano de un ser querido en la cama de un hospital, nuestras oraciones adquieren una renovada urgencia e importancia. Estos momentos de enfermedad y lucha a menudo producen nuestras oraciones más desesperadas.

Podemos, por supuesto, ofrecer oraciones con nuestras propias palabras: nuestras ansias y conversaciones más profundas con Dios. Pero a veces no podemos encontrar las palabras para orar por nuestra cuenta, y necesitamos las antiguas oraciones de la liturgia para dar voz a nuestra fe y nuestros temores. En otras ocasiones, deseamos desesperadamente compañeros en nuestra oración: queremos que nuestro sacerdote ore con nosotros y por nosotros, así como la compañía de todos los santos que unen sus oraciones a las nuestras. Para tiempos como estos y muchos más, la Iglesia Episcopal ofrece la unción, también conocida como Ministración de los Enfermos.

La Ministración de los Enfermos se halla en *El Libro de Oración Común* en las páginas 374-383. Se puede usar tanto para visitar a personas en hospitales y hogares como para la administración regular en la iglesia en una misa de sanación. Cualquiera que quiera el rito sacramental puede llamar a la iglesia y cualquier sacerdote estará feliz de ir, rezar, ungir a la persona con óleo (aceite) y ofrecerle la comunión. Si te encuentras lejos de casa, simplemente llama a una iglesia episcopal local; cualquier sacerdote tendrá el honor de venir y ofrecer este rito sacramental.

> El óleo (aceite) para la unción se usa tanto en el servicio del Santo Bautismo como en el de Ministración de los Enfermos, pero el óleo usado en los dos ritos es diferente. El óleo para la unción usado en el Santo Bautismo es el crisma y debe ser bendecido por el obispo o la obispa; el óleo se usa luego en bautismos individuales como un signo de conexión con toda la iglesia. El óleo de la unción usado en Ministración de los Enfermos es óleo para la Unción de los Enfermos y puede ser bendecido por un sacerdote, obispo u obispa. Tradicionalmente se usa óleo de oliva, a veces mezclado con ciertos aromas o especias. No se especifica el tipo de aceite en particular, solo las oraciones que se usan para bendecirlo.

Ya sea que este rito tenga lugar en un hogar, hospital o iglesia, la Ministración de los Enfermos contiene las mismas tres partes: ministerio de la palabra, imposición de manos y unción, y Santa Comunión.

El ministerio de la palabra comienza con lecturas y oraciones, fundamentando la experiencia en historias bíblicas de unción y la curación. Después de la confesión y la paz, el servicio continúa con la imposición de manos y la unción. El sacerdote pone las manos sobre la persona enferma mientras ora. Así como un sacerdote toca el pan y el vino durante la eucaristía o el agua en el bautismo, el sacerdote toca a la persona que recibe las oraciones durante este sacramento. El sacerdote también puede usar óleo para ungir a la persona enferma, haciendo la señal de la cruz. El óleo sirve como un signo físico de una gracia espiritual.

"Así como externamente eres ungido con este óleo santo, así también te conceda nuestro Padre celestial la unción interna del Espíritu Santo" (377).

Después de la unción, el servicio puede continuar con la Santa Comunión. Si el rito se lleva a cabo en un hogar u hospital, el servicio de comunión puede omitirse. Cuando la unción se hace en la iglesia, por lo general es en el contexto de la Santa Eucaristía: Festejar juntos en el Cuerpo y la Sangre de Cristo es el sacramento de sanación más grande. De hecho, *El Libro de Oración Común* señala que "cuando la imposición de las Manos o la Unción se lleva a cabo en una celebración pública de la Eucaristía, es deseable que preceda a la distribución de la Santa Comunión y es recomendable que se efectúe inmediatamente antes del intercambio de la Paz"(374).

Esto suena muy particular, pero hay una razón detrás de esta instrucción: vincula íntimamente las oraciones de curación con el perdón. Este es un recordatorio de que el perdón de los pecados y la reconciliación (la curación del espíritu y del alma) están inextricablemente vinculados a la salud física y la sanación. El servicio continúa con la eucaristía, un recordatorio de la curación y la plenitud que experimentamos cada vez que compartimos la comunión, y cómo somos llevados a relación correcta con Dios y con los demás. Al terminar con la comunión, el servicio se va formando hasta alcanzar el clímax con la Santa Eucaristía como el momento más importante y final.

> El servicio de Ministración de los Enfermos incluye la siguiente notación: "Si la persona enferma no puede recibir el Pan y el Vino consagrado, es conveniente administrar el Sacramento en una sola especie… Si alguna persona desea recibir el Sacramento, pero por razones de extrema enfermedad o incapacidad física, no puede comer el Pan y beber el Vino, el Celebrante ha de asegurarle que obtiene todos los beneficios de la Comunión, aunque no reciba el Sacramento en la boca" (378-379). Este es un recordatorio importante, no solo en tiempos de enfermedad, sino para cualquier persona que no puede, por el motivo que sea, comer y beber el pan y el vino de la comunión.

Oraciones personales

Ubicado entre los ritos formales para los enfermos y los que están a la hora de la muerte, hay una pequeña "biblioteca" de oraciones para tiempos de enfermedad (379-383). Estas páginas incluyen hermosas oraciones disponibles para diferentes circunstancias: para una operación, para ir a dormir, por los médicos y enfermeras, entre otras. Estas oraciones no están limitadas para su uso en la liturgia; son excelentes para usar en la oración personal. Incluso son apropiadas para ser guardadas y compartidas con tus seres queridos, para incluirlos en una tarjeta enviada por correo o para dejarlas con el enfermo y su familia después de una visita al hospital.

Ministración a la hora de la muerte

Puede parecer extraño pensar en la muerte como parte de un rito de sanación; sin embargo, eso es exactamente lo que los cristianos creen, que la muerte es una especie de sanación. En la muerte somos devueltos a Dios y restaurados a la plenitud en cuerpo, mente y espíritu, en ese lugar donde no hay tristeza o suspiro, sino solo vida eterna. Así que *El Libro de Oración Común* incluye una liturgia en el momento de la muerte como parte de sus servicios de sanación. El enfoque de estas oraciones no es un último esfuerzo para salvar a una persona de la muerte, sino una forma de acompañar a una persona a través de la muerte. Sanar en estas oraciones no se ve como una liberación corporal de la enfermedad, sino como la salvación y la paz.

El servicio comienza en la página 384 con un recordatorio de que la iglesia debe estar presente, con oraciones y ministerio, cuando alguien muere. Cada sacerdote está agradecido de orar con las familias, sin importar dónde ni cuándo. Para esto es para lo que sirve la iglesia, y siempre puedes llamar y pedir la presencia de un sacerdote y oraciones a cualquier hora de la noche o del día.

Este rito sacramental comienza con una oración de apertura; luego pasa a una letanía que se dice entre invocaciones y respuestas, y el Padrenuestro, terminando con una colecta final y comendatoria. El servicio termina con una oración comendatoria que se repetirá en el servicio funerario. Todas estas oraciones conectan la vida en este mundo con la vida en el mundo venidero; son un recordatorio de que la muerte no es un enemigo que oponer, sino una fuerza que ya ha sido vencida por Jesucristo, quien nos introduce en la vida eterna.

Este rito existe como un servicio de sanación para la comunidad también. Mientras la familia y los amigos oran con y por el que está muriendo, es de esperar que ellos también experimenten la sanación y reciban algo de la paz que solo Cristo puede dar.

Tomados en conjunto, estos ritos sacramentales de la iglesia, la Reconciliación de un Penitente y la Ministración de los Enfermos, así como en el momento de la muerte, reflejan las muchas circunstancias y situaciones que podrían necesitar sanación. También nos recuerdan que la sanación se ve de manera diferente para cada persona, de acuerdo a cada circunstancia.

Somos sanados cuando recibimos el perdón de los pecados y nuestra relación con Dios y los demás es restaurada. Somos sanados cuando nos recuperamos de las enfermedades del cuerpo, la mente y el espíritu. Y somos sanados cuando, en nuestros días finales, entramos en la vida eterna con Jesucristo. Nuestra sanación es un camino que toma la vida entera, mientras buscamos una y otra vez los sacramentos de reconciliación y unción, pidiéndole a Dios que esté presente y nos bendiga, incluso en medio del pecado y la enfermedad, y que finalmente nos lleve a la plenitud y la salud.

Para la reflexión

* La confesión es quizás el sacramento menos comprendido y practicado en la Iglesia Episcopal. ¿Cuáles son algunas de las razones por las cuales las personas pueden resistirse a este sacramento? ¿Cuáles son algunos de los beneficios que podría experimentar una persona que recibe este sacramento?

* ¿Alguna vez has dado o recibido una disculpa sincera que condujo a la reparación de una relación? ¿Cómo fue? ¿Cómo podría esa misma experiencia afectar nuestra relación con Dios?

* *El Libro de Oración Común* y las Escrituras establecen una conexión entre la sanación del alma y la curación del cuerpo. ¿Cómo pueden los actos de confesión o reconciliación sanarnos, como individuos y como comunidades?

* La sanación no siempre se manifiesta como una restauración completa y perfecta para la salud corporal. ¿Cuáles son algunas de las otras formas que puede tomar la sanación?

* Nuestro libro de oración proporciona oraciones para el momento de la muerte. ¿De qué manera el hecho de ofrecer estas oraciones beneficia a la persona moribunda o a los familiares reunidos?

Capítulo 8
Para el beneficio de tu Santa Iglesia
Ordenación

Dios omnipotente, dador de toda buena dádiva, por tu divina providencia has establecido diversas órdenes en tu Iglesia: Otorga tu gracia, humildemente te suplicamos, a todos los que son llamados a cualquier oficio y ministerio para tu pueblo; llénalos con la verdad de tu doctrina, y revístelos de santidad de vida, de tal modo que te sirvan fielmente, para gloria de tu excelso Nombre y para beneficio de tu Santa Iglesia; por Jesucristo nuestro Señor, que vive y reina contigo, en la unidad del Espíritu Santo, un solo Dios, ahora y por siempre. *Amén.*

—*El Libro de Oración Común*, p. 174

¿Quién es la persona más importante en la iglesia? Si asistes a la iglesia de manera regular, puedes pensar que la persona más importante es el sacerdote o la sacerdote: ella habla la mayor parte del tiempo, dirige las oraciones y predica el sermón. Quizás creas que el diácono tiene la posición principal, porque cuando el diácono lee el evangelio, todos nos volvemos y miramos hacia donde él está. O podrías pensar que la persona más importante es la obispa: usa la ropa más elegante, se sienta en la silla más elaborada y tiene autoridad sobre los sacerdotes. O tal vez pienses que las personas más importantes son los miembros de la iglesia; después de todo, son —por mucho— el grupo más numeroso, y son ellos los que llevan a cabo gran parte del ministerio de la iglesia y ayudan a mantener las puertas abiertas con sus promesas y contribuciones.

En 1 Corintios 12, Pablo describe a la iglesia como un cuerpo con muchos miembros, cada miembro tiene una parte importante e integral en el todo:

> Hay en la iglesia diferentes dones, pero el que los concede es un mismo Espíritu. Hay diferentes maneras de servir, pero todas por encargo de un mismo Señor. Y hay diferentes manifestaciones de poder, pero es un mismo Dios, que, con su poder, lo hace todo en todos. Dios da a cada uno alguna prueba de la presencia del Espíritu, para provecho de todos. El cuerpo humano, aunque está formado por muchos miembros, es un solo cuerpo. Así también Cristo. Y de la misma manera, todos nosotros, judíos o no judíos, esclavos o libres, fuimos bautizados para formar un solo cuerpo por medio de un solo Espíritu; y a todos se nos dio a beber de ese mismo Espíritu. Un cuerpo no se compone de un solo miembro, sino de muchos. Si el pie dijera: «Como no soy mano, no soy del cuerpo», no por eso dejaría de ser del cuerpo. Y si la oreja dijera: «Como no soy ojo, no soy del cuerpo», no por eso dejaría de ser del cuerpo. Si todo el cuerpo fuera ojo, no podríamos oír. Y si todo el cuerpo fuera oído, no podríamos oler. Pero Dios ha puesto cada miembro del cuerpo en el sitio que mejor le pareció. Si todo fuera un solo miembro, no habría cuerpo. Lo cierto es, que aunque son muchos los miembros, el cuerpo solo es uno. El ojo no puede decirle a la mano: «No te necesito»; ni la cabeza puede decirle a los

pies: «No los necesito.» Pues bien, ustedes son el cuerpo de Cristo, y cada uno de ustedes es un miembro con su función particular. (1 Corintios 12:4-7, 12-21, 27)

La comparación que Pablo usa aquí es poderosa. Cuando elegimos seguir a Jesús, nos convertimos en parte de algo más grande que nosotros mismos: el Cuerpo de Cristo. Y a medida que exploramos la comparación con el cuerpo que nos ofrece Pablo, aprendemos algunas cosas sobre la iglesia. La iglesia tiene una unidad; es "un solo cuerpo". Pero también tiene diversidad; hay "muchos miembros". En este cuerpo, cada uno de nosotros tiene un lugar único y un papel esencial; nos necesitamos el uno al otro. La iglesia se ve disminuida por la ausencia de un miembro; no podemos decirnos el uno al otro: "No te necesito". Y un solo miembro no puede funcionar sin el cuerpo; ninguna persona puede decir "porque no soy una mano, no pertenezco al cuerpo". No hay un miembro que sea el más importante en el Cuerpo de Cristo; todos somos necesarios. Cada persona tiene dones, habilidades y talentos únicos que Dios le ha dado, y estos dones deben ser utilizados "para el bien común". Para que el Cuerpo de Cristo (la iglesia) funcione correctamente, cada persona debe encontrar su lugar en el cuerpo, una parte importante del todo.

Desde el principio, los seguidores de Jesús trataron de encontrar su lugar en la comunidad. Los discípulos de Jesús discutieron sobre quién sería el más grande y quién se sentaría a la diestra de Jesús (Marcos 10:35-45). Jesús les dijo entonces lo que Pablo diría más tarde: No se trata de ser el más grande o el más poderoso, sino de servirse unos a otros y trabajar juntos por el bien común.

Después de la muerte y resurrección de Jesús, la iglesia comenzó a formarse, y se hizo evidente que se necesitaba algún sistema de organización.

> En aquel tiempo, como el número de los creyentes iba aumentando, los de habla griega comenzaron a quejarse de los de habla hebrea, diciendo que las viudas griegas no eran bien atendidas en la distribución diaria de ayuda. Los doce apóstoles reunieron a todos los creyentes, y les dijeron: "No está bien que nosotros dejemos de anunciar el mensaje de Dios para dedicarnos a la administración. Así que, hermanos, busquen entre ustedes siete hombres de confianza, entendidos y llenos del Espíritu Santo, para que les encarguemos estos trabajos. Nosotros seguiremos orando y proclamando el mensaje de Dios". Todos estuvieron de acuerdo, y escogieron a Esteban, hombre lleno de fe y del Espíritu Santo, y a Felipe, a Prócoro, a Nicanor, a Timón, a Pármenas y a Nicolás, uno de Antioquía que antes se había convertido al judaísmo. Luego los llevaron a donde estaban los apóstoles, los cuales oraron y les impusieron las manos. (Hechos 6:1-6)

Los apóstoles impusieron las manos sobre ciertas personas y oraron por ellas, para apartarlas para un ministerio en particular. No se trataba de una jerarquía de importancia o santidad, sino de una diferenciación de responsabilidades. Las primeras reuniones de cristianos buscaron personas con los dones y habilidades para servir en ciertos puestos, de modo que todos los diferentes aspectos del ministerio recibieran la atención y el cuidado que necesitaban.

La idea de la ordenación, (orar e imponer las manos sobre ciertas personas para apartarlas para el ministerio como diáconos, sacerdotes y obispos), proviene de estas primeras raíces. La ordenación no se trata de instaurar una jerarquía o limitar el poder del ministerio a ciertas personas. Como el Catecismo nos dice claramente: "P[regunta]: ¿Quiénes son los ministros de la Iglesia? R[espuesta]: Los ministros de la Iglesia son los laicos, obispos, sacerdotes y diáconos" (747). Fíjate cómo el clero (obispos, sacerdotes y diáconos) se enumeran en un rango particular, del más alto al más

Órdenes de la iglesia

Desde los tiempos del Nuevo Testamento, ha habido ministerios específicos y diferentes dentro de la iglesia; pasajes de las Escrituras tales como Hechos 15:2-23, 1 Timoteo 3:8-13 y 5:17-22, y Tito 1:5-9 dan una idea temprana de cómo se veían estos ministerios. Para el segundo o tercer siglo, estas diversas descripciones se habían desarrollado en tres órdenes (o tipos) distintas de ministerio ordenado en la iglesia: obispos, sacerdotes (o presbíteros) y diáconos.

- **Obispos y obispas**: La palabra en español para obispo proviene del griego *epíscopos*, que literalmente significa supervisor. Por lo tanto, el ministerio del obispo es de supervisión: dirigir, supervisar y unir a la iglesia. Los obispos y las obispas en la Iglesia Episcopal son parte del episcopado histórico, lo que significa que pueden rastrear sus ordenaciones, a través de la sucesión apostólica, hasta los primeros apóstoles.

- **Sacerdotes (presbíteros y presbíteras)**: En el Nuevo Testamento, presbítero proviene de la palabra griega *presbyteros*, que significa anciano, e indica un líder de la iglesia. En su uso más antiguo, presbítero a veces se usaba indistintamente con la palabra para obispo, pero a medida que la iglesia comenzó a crecer y expandirse, los obispos y los presbíteros evolucionaron en roles distintos. Para el siglo III, los obispos eran los que tenían una autoridad general, mientras que los presbíteros eran responsables de la enseñanza y la predicación, la administración y el ministerio sacramental en una congregación o área en particular, bajo la supervisión del obispo.

- **Diáconos y diáconas**: Diácono proviene de la palabra griega *diakonos*, que significa siervo, y el ministerio del diácono se describe claramente en el Nuevo Testamento. Hechos 6:1-7 detalla la selección de los primeros diáconos, y 1 Timoteo 3:8-13 describe las calificaciones y los rasgos de los diáconos. Estos pasajes, tomados junto con la tradición de la iglesia primitiva, han moldeado nuestra comprensión de los diáconos como personas especialmente reservadas para un ministerio de servicio, tanto en su papel en la liturgia como en su trabajo a favor de los pobres y oprimidos.

bajo. Y ten en cuenta también que la gente laica ocupa el primer lugar. Esto se debe a que las enseñanzas de nuestra Iglesia Episcopal colocan a los laicos como los ministros más importantes de la iglesia. La ordenación, entonces, se trata de poner a todos en una vida ordenada. Parte de ese orden es otorgar diferentes roles y responsabilidades y, sí, autoridad a diferentes miembros del cuerpo. De modo que las manos puedan ser manos y los pies puedan ser pies y los ojos puedan ser ojos, y todo el cuerpo se enriquezca.

Órdenes de ministerio

La Iglesia Episcopal reconoce tres órdenes distintas de ministerio ordenado dentro de la iglesia: obispos, sacerdotes y diáconos. Cada orden del ministerio tiene un rol único en la iglesia. A los obispos y a las obispas se les asigna la responsabilidad de "guardar la fe, unidad y disciplina de la iglesia" (419). También "continúan la obra apostólica dirigiendo, supervisando y uniendo la Iglesia" (412). Los roles de los obispos y de las obispas como líderes y al mismo tiempo guardianes se mantienen en tensión: están llamados a guardar la fe histórica y a veces son cautelosos con respecto al cambio y la innovación, especialmente cuando el cambio propuesto puede causar división. Sin embargo, como líderes, los obispos también son llamados a proclamar con valentía el evangelio, desafiando y avivando la conciencia de su pueblo. Como guardianes y líderes, los obispos también son llamados a vivir como siervos, siguiendo el ejemplo de Jesús que vino no para ser servido, sino para servir.

Los sacerdotes, hombres y mujeres, son llamados a "proclamar por palabra y obra el Evangelio de Jesucristo… a amar y servir al pueblo en el que trabajan, cuidando igualmente de jóvenes y ancianos, de fuertes y débiles, de ricos y pobres. Predicando, declarando el perdón de Dios a los pecadores penitentes, pronunciando la bendición de

Dios, compartiendo en la administración del Santo Bautismo y en la celebración de los misterios del Cuerpo y Sangre de Cristo, y desempeñando las otras funciones a [ellos y ellas] confiadas" (433). Estos roles son claramente sacramentales, están enraizados en la experiencia de la adoración, aunque ciertamente no se limitan al ámbito de la liturgia. El papel del sacerdote tiene sus raíces en la comunidad; los sacerdotes trabajan entre las personas de una iglesia en particular. Sin embargo, el papel de los sacerdotes no es pasivo; se les confía el llamado y el poder de proclamar el evangelio, predicar, declarar el perdón, pronunciar bendiciones y realizar otras expresiones del ministerio.

Tanto los obispos como los sacerdotes están llamados a ser servidores, como los servicios de ordenación nos dicen una y otra vez. Sin embargo, las diáconas y los diáconos son llamados a un ministerio especial de servicio dentro de la iglesia: "Interpretando a la Iglesia las necesidades, preocupaciones y esperanzas del mundo… En todo momento, su vida y enseñanzas deberán mostrar al pueblo de Cristo que, sirviendo a los desvalidos, están sirviendo al mismo Cristo" (445). El enfoque de los diáconos es dar respuesta a las necesidades de aquellos que más a menudo son olvidados por el mundo y por la iglesia y recordar implacablemente a todos los cristianos su voto bautismal de buscar y servir a Cristo en todas las personas.

Las leyes de la iglesia, conocidas como los cánones, incluyen instrucciones específicas sobre cómo las personas son elegidas, entrenadas y equipadas para servir como obispos, sacerdotes y diáconos. El proceso para buscar la ordenación está claramente establecido en estas pautas, pero nuestras oraciones por la ordenación revelan más claramente lo que esperamos que hagan los obispos, sacerdotes y diáconos, y quiénes esperamos que sean en el contexto de nuestra vida en común. El último de los ritos sacramentales en *El Libro de Oración Común*, la ordenación es "el rito por el cual Dios confiere la autoridad y la gracia del Espíritu Santo a los que son hechos obispos, presbíteros y diáconos, mediante la oración y la imposición de manos de los obispos" (753).

Ritos de ordenación

Los tres servicios de ordenación siguen una estructura similar, aunque cada uno contiene oraciones únicas y características adecuadas para su ministerio particular (los servicios comienzan en la página 412 de *El Libro de Oración Común*). Después de comenzar con la aclamación inicial y la colecta por la pureza, cada servicio de ordenación incluye:

- ❖ **La presentación:** Aquí es cuando los miembros de la iglesia, incluidos los sacerdotes y los laicos, presentan al ordenando (la persona que se ordena) al obispo o la obispa y certifican que ha cumplido con los requisitos de los cánones para ser ordenado(a). Luego se requiere que quien será ordenado(a) firme la siguiente declaración: "Declaro solemnemente que creo que las Sagradas Escrituras del Antiguo y Nuevo Testamento son la Palabra de Dios, y que contienen todas cosas necesarias para la salvación; y me comprometo solemnemente a conformarme a la doctrina, disciplina y culto de la Iglesia Episcopal".

- ❖ **La letanía de las ordenaciones:** Orar por los demás es una de las cosas más importantes que hacemos como cristianos. La letanía de las ordenaciones, que puede decirse o cantarse, incluye algunas oraciones para el ordenando, pero se centra principalmente en orar por toda la iglesia y por el mundo (450-453).

- ❖ **La liturgia de la palabra:** Cada servicio incluye sugerencias para lecturas apropiadas de las Escrituras, que son seguidas por el sermón y el Credo de Nicea.

- **El examen:** El obispo comienza el examen con una introducción que articula el carácter único de cada orden de ministerio. Luego se le hace una serie de preguntas al ordenando que hacen eco de las promesas bautismales pero también son específicas de cómo se viven esas promesas en el ministerio ordenado.

- **La consagración:** El ordenando se arrodilla ante el obispo mientras los reunidos cantan un himno invocando al Espíritu Santo. El obispo dice la oración de consagración, luego pone las manos sobre la cabeza del ordenando. Después de una oración final y el fuerte "Amén" del pueblo, el ordenando es revestido de acuerdo con su orden; es decir, los obispos reciben los signos de su oficio – estos son, un sombrero de obispo, llamado mitra, y un bastón pastoral llamado báculo, que le recuerda al obispo que ella o él es un pastor de un rebaño espiritual. Los sacerdotes y los diáconos reciben estolas. Los diáconos tradicionalmente usan la estola diagonalmente a través de sus cuerpos, mientras que los sacerdotes usan la estola alrededor de su cuello con los lados colgando en el frente. Los recién ordenandos reciben una Biblia también.

- **La paz y la celebración de la Santa Eucaristía:** El servicio continúa con la eucaristía. La persona recién ordenada participa en la liturgia como corresponde al orden (administrando el pan o el vino, diciendo la bendición, despidiendo la gente).

Las hermosas oraciones de los servicios de ordenación tienen mucho que enseñarnos y articulan una visión para la iglesia y para aquellos ordenados para servirla. Al leer los servicios y reflexionar sobre las oraciones y las promesas, encontramos:

- Cada servicio de ordenación articula una visión distinta del ministerio, pero también son interdependientes. Se les recuerda a los diáconos que ayudan a obispos y sacerdotes, a los sacerdotes se les instruye a "trabajar junto" con los laicos y compañeros en el ministerio, y se llama a los obispos a "alentar y apoyar a todos los bautizados en sus dones y ministerios". Los servicios de ordenación nos recuerdan que todos nosotros juntos somos el Cuerpo de Cristo y confiamos el uno en el otro para vivir fielmente el llamado de Cristo en el mundo.

❖ Una de las palabras más frecuentemente repetida en los servicios de ordenación es "servidor". La Iglesia Episcopal está clara en que los que son ordenados (como obispos, sacerdotes o diáconos) son apartados para servir a la iglesia, no para señorear sobre ella. Están llamados a ser líderes, pero no señores. Este es un equilibrio delicado y a menudo difícil.

❖ En la ordenación les otorgamos autoridad a nuestros líderes, obispos, sacerdotes y diáconos. Esa autoridad no debe tomarse a la ligera, ya que es un deber y una responsabilidad sagrada. A su vez, aquellos que son ordenandos hacen votos de lealtad y obediencia (cosas de las que no nos gusta mucho hablar en el mundo de hoy) y hacen promesas específicas sobre cómo vivirán y ejercerán su ministerio. Aquí se manifiesta una obligación mutua: los ordenandos se comprometen con la comunidad y la comunidad se pone bajo la autoridad de los que están siendo ordenandos.

❖ El Cuerpo de Cristo en su totalidad tiene un rol integral en los servicios de ordenación. Aquellos que están siendo ordenados son seleccionados y presentados para su ordenación por representantes de la comunidad. En un eco de los servicios del bautismo y del matrimonio, todos los presentes en el servicio de ordenación se comprometen a apoyar a la persona que está siendo ordenada en su ministerio. Y al final de la oración de consagración, el libro de oración dice "El pueblo en voz alta responde: Amén". Este es el único lugar en *El Libro de Oración Común* donde se describe el volumen que debemos usar para dar una respuesta, una indicación de que el papel de la comunidad es particularmente importante en este momento. En la ordenación, nosotros, la iglesia, le pedimos a Dios que capacite a la persona que está siendo ordenada con la autoridad. Nos comprometemos a apoyar a estas personas en su ministerio. Y consentimos, con nuestro fuerte Amén, al descenso del Espíritu Santo sobre el ordenando.

A pesar de algunas de las diferencias en el servicio de ordenación para obispo, sacerdote y diácono, el rito nos señala el fundamento de la Iglesia Episcopal: la idea de que la vida y la liturgia están íntimamente relacionadas. En la ordenación, llamamos obispos, sacerdotes y diáconos no solo a las funciones de los servicios de la iglesia, sino también a una forma de vida que refleja quiénes son ordenados. Esto es cierto, de hecho, de toda nuestra liturgia y vida: de la manera que ocurre en nuestra adoración, así ocurre en la vida. Los roles que desempeña cada orden del ministerio en nuestra adoración reflejan sus roles en el mundo.

En la liturgia, los diáconos y diáconas sirven en la mesa de la eucaristía, guían a la gente en oración y despiden a la gente en su salida al mundo, porque los diáconos son siervos que oran y envían a la gente a buscar y servir a Cristo. En la liturgia, los presbíteros y las presbíteras celebran los sacramentos, pronuncian las bendiciones y declaran el perdón, porque los sacerdotes son personas sacramentales que comunican la bendición y el perdón de Dios en el mundo. En la liturgia, los obispos y las obispas ordenan, confirman y presiden cuando están presentes porque los obispos son personas de liderazgo y unidad, juntando distintas congregaciones en el cuerpo más grande que es la Iglesia Episcopal. Y en la liturgia, los laicos leen las lecciones, administran el cáliz y portan la cruz y los ciriales porque los laicos están llamados a comunicar a Jesucristo, por palabra y obra, en formas grandes y pequeñas, en su vida diaria en el mundo.

Nuestras liturgias de ordenación proclaman lo que Pablo nos dice en Corintios y lo que Hechos nos dice sobre el comienzo de la iglesia: Somos un solo cuerpo, con muchos miembros. Cada miembro de la iglesia juega un papel importante e integral. Y podemos y debemos permitir que todas las personas, laicos, obispos, sacerdotes y diáconos, ejerzan sus dones particulares al servicio de la iglesia y del mundo.

Para la reflexión

* Según el libro de oración, "Los ministros de la iglesia son laicos, obispos, sacerdotes y diáconos". ¿Cuáles son los roles y responsabilidades de cada uno en la iglesia y en el mundo?

* ¿Cómo ves que se ejerce cada orden de ministerio en la liturgia?

* Mira los votos que hace un(a) sacerdote cuando se ordena en las páginas 428-429 de *El Libro de Oración Común*. ¿Qué notas sobre el alcance de estos votos? ¿Alguno de los votos te llama la atención?

* Piensa en la última visita del obispo o de la obispa a tu iglesia. ¿Cuáles son algunas de las formas en que podrías ver el ejercicio del ministerio del obispo, en la liturgia o de otra forma?

Marcando el paso del tiempo

Capítulo 9

Acepta las oraciones de tu pueblo

El oficio diario y la oración diaria

Omnipotente y eterno Dios, que gobiernas todas las cosas en el cielo y en la tierra: Acepta misericordiosamente las oraciones de tu pueblo y fortalécenos para hacer tu voluntad; mediante Jesucristo nuestro Señor. *Amén.*

—*El Libro de Oración Común*, p. 317

La oración fue una parte fundamentalmente importante de la vida y el ministerio de Jesús. Jesús comenzó su ministerio terrenal dirigiéndose al desierto para ayunar y orar (Lucas 4: 1-13). Pasó su última noche en la tierra orando en el jardín de Getsemaní (Marcos 14:32), y durante todo su ministerio, Jesús tomó tiempo para irse "solo a orar" (Mateo 14:23).

Y la oración no era solo algo que el mismo Jesús hizo; sino que también alentó a sus seguidores a orar. Jesús les cuenta a sus oyentes historias sobre "su necesidad de orar siempre" (Lucas

18:1), e incluso dedica tiempo a enseñar a sus seguidores a orar (Mateo 6:5-15).

Siguiendo el ejemplo y las palabras de Jesús, Pablo instruye a los cristianos a "orar sin cesar". Los primeros cristianos tomaron estas palabras en serio, continuando la práctica judía de la oración regular a ciertas horas del día y de la noche. De esta práctica de oración regular surgió la tradición del Oficio Divino, o Liturgia de las Horas, un conjunto de siete liturgias espaciadas durante el día, para que las oraciones fueran ofrecidas durante el día y la noche. En el siglo V, las comunidades de monjes y monjas se comenzaron a retirarse para poder dedicar sus vidas a orar el Oficio Divino. Esta tradición de oración continúa hoy, con comunidades religiosas que ofrecen oración casi constantemente.

En cada momento de cada día, gente de fe está orando con y por ti y por mí. Gracias a Dios por estos monjes y monjas de todo el mundo comprometidos a una vida de oración. Para algunos, la oración continua que Pablo describe es una realidad a través de los siglos y un ejemplo increíble de fidelidad.

Pero, ¿y el resto de nosotros? No todos somos llamados a una vida apartada exclusivamente para la oración (aunque si crees que es posible que lo estés, por favor levanta el teléfono y llama a tu monasterio más cercano, porque ¡tú eres un regalo y un signo para el mundo!). Pero ¿es la oración continua (o incluso diaria) pertenencia exclusiva de los "religiosos profesionales"?

Tomás Cranmer, el autor del primer *Libro de Oración Común*, no lo creía. Él creía que la oración diaria debía estar disponible para todas las personas, no solo para los sacerdotes o aquellos que vivían en monasterios. De hecho, es por eso que *El Libro de Oración Común* se llama "común", no porque sea ordinario, sino porque es una forma de oración disponible para todas las personas: es la oración en común. Cranmer quería hacer que la oración diaria fuera accesible para todos, así que simplificó el ciclo de oración de los monjes en dos oficios diarios: Oración Matutina y Oración Vespertina. En nuestro libro de oración, hemos agregado recientemente la oración del mediodía y las completas. En lugar de la totalidad del Oficio Divino: (oraciones cada tres horas a lo largo del día), el Oficio Diario del libro de oración ofrece una versión simplificada de cuatro servicios de oración: Oración Matutina, Oración del Mediodía, Oración Vespertina y Completas.

Al simplificar las horas de oración, Cranmer hizo algo radical. Trató de tomar la "oración continua" y convertirla en algo que no era solo para religiosos "profesionales", sino para todos. Uno de los grandes dones de *El Libro de Oración Común* es que ofrece patrones de oración que cualquier persona, ya sea sacerdote o laico, monje o mecánico, monja o enfermera, pueda usar. Si adoptas el hábito de orar durante todo el día, descubrirás el gran regalo de este ritmo. A veces, cuando deambulamos o nos alejamos de Dios, el próximo tiempo de oración nos brinda la oportunidad de acercarnos nuevamente a Dios, de volver al camino correcto.

> La palabra oficio proviene del latín *officium*, que significa literalmente servicio o deber. En el uso moderno, un oficio es simplemente otra palabra para describir un conjunto de oraciones estructuradas y se puede intercambiar por palabras como servicio, liturgia o rito. Todas estas palabras son formas diferentes de hablar sobre los diversos conjuntos de oraciones contenidas en *El Libro de Oración Común*.
>
> En la tradición anglicana, llamamos a estos ritos Oficio Diario porque estos son los oficios que debemos hacer diariamente, lo que los diferencia de los ritos como el Santo Bautismo y la Santa Eucaristía, oficios que usamos semanalmente u ocasionalmente.

Esta idea es tan central en el espíritu anglicano y episcopal que todos nuestros sucesivos Libros de Oración Común han incluido el Oficio Diario. Estas liturgias están destinadas a la oración privada y pública: las personas pueden reunirse para el Oficio Diario en iglesias o en hogares, las familias pueden orar juntas, o las personas pueden leer los oficios por su cuenta como parte de su disciplina de oración personal.

Todos los oficios (oración de la mañana, oración del mediodía, oración de la tarde y completas) siguen una estructura similar, aunque cada uno tiene oraciones únicas y características adecuadas a su hora del día. Cada oficio incluye:

1. **Invocaciones iniciales:** Estas pueden incluir una cita de las Escrituras de acuerdo al tiempo del año eclesiástico, un versículo inicial (frase corta dicha o cantada) con un diálogo entre el líder y la congregación, o ambos. Las invocaciones iniciales ayudan a establecer el tono de la adoración, enfocando nuestra atención en Dios y recordándonos temas claves en las estaciones del año de la iglesia.

2. **Salmos:** Los Salmos, el libro de oraciones de la Biblia, son el corazón de los oficios. Si rezas los oficios diariamente usando los salmos designados, leerás todo el salterio (el libro de los Salmos) en un mes. (Las personas también pueden elegir un ciclo de lectura de Los Salmos que dura siete semanas y omite algunos salmos). Algunos de los oficios tienen oraciones introductorias o un salmo invitatorio (para motivar) que se dice o canta antes de los salmos designados para el día. Al decir los salmos, participamos en una tradición de oración que se remonta a los comienzos de la Biblia, y nuestras voces se unen a los fieles a través de los siglos. Los Salmos dan expresión a toda la gama de emociones humanas: alegría y tristeza,

miedo y celebración, amor y pérdida; y ponen todas esas emociones en el contexto de la acción de Dios en el mundo y en nuestras vidas.

3. **Lecturas:** Todos los oficios tienen lecturas de la Biblia. Cada día tiene designados unos salmos, una lectura del Antiguo Testamento, una lectura de las cartas (o epístolas) y una lectura de los evangelios.

4. **Cánticos:** Todos los oficios tienen cánticos que se cantan o dicen después de cada lectura. Los canticos son himnos, poemas o canciones de alabanza tomadas directamente de la Biblia. Al decir o cantar los cánticos, entramos en la historia bíblica, uniendo nuestras voces y oraciones con Miriam y Moisés mientras cruzan el Mar Rojo; con Isaías mientras proclama las profecías del consuelo y la salvación de Dios; y con María cuando recibe las buenas nuevas del nacimiento de Jesús de parte del Ángel Gabriel. Al rezar los cánticos, escuchamos ecos entre los eventos de la Biblia y los eventos en nuestro tiempo y tomamos conciencia de la presencia constante de Dios en ambos.

5. **Oraciones:** Todos los oficios incluyen el Padrenuestro y una serie de oraciones adicionales. Hay sufragios (oraciones dialogadas), colectas (oraciones temáticas) específicas para la hora del día o designadas para ciertos días, y oraciones conclusivas. También hay espacios para que las personas ofrezcan sus propias oraciones de intercesión y acción de gracias. La inclusión de sufragios tradicionales y colectas junto con los tiempos de la oración no estructurada nos permite unir nuestros propios pensamientos y conversaciones con Dios con las oraciones que han sido rezadas por cristianos fieles a través de los siglos. Este tiempo de oración es una oportunidad para hablar con Dios y escuchar a Dios en una conversación sagrada.

La forma en que la iglesia determina qué pasajes de las Escrituras se leen está guiada por los leccionarios (calendarios de lecturas). Tener un calendario fijo de lecturas se remonta a la iglesia primitiva; aunque diferentes comuniones pueden seguir diferentes leccionarios, muchas tradiciones tienen un conjunto de lecturas designadas para los días de la semana y los domingos.

El Libro de Oración Común tiene dos leccionarios diferentes. Uno es el leccionario de los domingos, que se encuentra en las páginas 783-820. Llamado el Leccionario Común Revisado, estas lecturas se organizan en un ciclo de tres años, de modo que escuchemos las mismas porciones de la Biblia una vez cada tres años. Pero también hay un leccionario para el Oficio Diario, para que podamos escuchar diferentes lecciones en nuestras oraciones diarias y profundizar en nuestro estudio de la Biblia. El leccionario (o el calendario de lecturas) para Oficio Diario se encuentra en las páginas 822-888 de *El Libro de Oración Común*.

El leccionario de Oficio Diario es un ciclo de dos años; si lees las lecciones todos los días, leerás la mayoría (aunque no toda) la Biblia en el transcurso de dos años. Las lecciones designadas están diseñadas para dividirse durante el día, para que tengas lecturas para cada oficio. Por ejemplo, si dices la Oración Matutina y la Oración Vespertina a diario, puedes leer las lecturas del Antiguo Testamento y de la Epístola durante la Oración Matutina y guardar la lección del Evangelio para leerla durante la Oración Vespertina.

6. **Versículo final y responsorio:** Los oficios terminan con una oración y a menudo hay un versículo final de las Escrituras. La despedida nos recuerda que somos cimentados en la oración y luego enviados al mundo para adorar y servir a Dios en todo lo que decimos y hacemos.

La Oración Matutina y Vespertina son los dos pilares principales del oficio: son los servicios más largos y los más utilizados por personas y comunidades. Además de ser los componentes centrales descritos anteriormente, la Oración Matutina y Vespertina incluyen el Credo de los Apóstoles y una opción para la Confesión de Pecado.

Como puedes ver en esta sección de *El Libro de Oración Común*, hay numerosas opciones dentro de los servicios de oración. Puedes seleccionar las oraciones de apertura de una variedad de opciones para cada temporada: puedes elegir cuáles Cánticos dirás en respuesta a cada lectura; seleccionar las colectas que desees de una variedad de opciones y elegir si deseas incluir u omitir las partes opcionales. Las diferentes opciones pueden ser abrumadoras al principio. Pero rezar el Oficio Diario es como cualquier habilidad nueva; toma tiempo aprenderla, pero finalmente, se convierte en algo natural. La clave del Oficio Diario, como con cualquier disciplina, es la práctica. Mientras más lo rezas, más aprendes el ritmo ofrecido por estas oraciones, apreciando la variedad y encontrando consuelo en las cosas que rezas una y otra vez.

Si deseas orar el Oficio Diario, comienza por familiarizarte con el servicio. Siéntate y tómate un tiempo para leer sobre el Oficio Diario en *El Libro de Oración Común*. Lee las palabras en cursiva (llamadas las rúbricas): Dan instrucciones,

> Es posible que hayas oído hablar de un servicio en la Iglesia Episcopal llamado *Evensong* (Canto Vespertino), pero si miras *El Libro de Oración Común*, no encontrarás ese servicio nombrado en ninguna parte. Eso es porque *Evensong* es la Oración Vespertina pero con todas o la mayoría de las oraciones cantadas, ya sea por el coro o por la congregación. Cantar la Oración Vespertina de esta manera, es una antigua tradición anglicana, y muchas iglesias usan la forma de Oración vespertina del libro de oración de 1662 (el Libro de Oración Común aún en uso en la Iglesia de Inglaterra). Si bien el contenido es similar a nuestro libro de oración actual, el idioma es más formal y tradicional.

> Si encuentras las opciones en *El Libro de Oración Común* un poco confusas, y te gustaría una manera más fácil de probar el Oficio Diario, un número de recursos presentan el oficio en formas fáciles y accesibles. Si desea rezar el Oficio Diario en cualquier momento, en cualquier lugar, tanto el sitio web de Forward Movement (prayer.forwardmovement.org) como la aplicación Forward Day by Day, incluyen el oficio diario, y las oraciones ya están seleccionadas automáticamente para el día y la hora en que estás orando. O, para aquellos a los que les gusta el papel, el Libro del Oficio Diario, dos volúmenes compilados por Church Publishing, incluye las liturgias del Oficio Diario y las lecturas completas de cada día en un conjunto portátil. El libro *The Divine Hours [Las Horas Divinas]* de Phyllis Tickle tiene una versión de oración diaria para cada estación del año de la iglesia, simplificada y con la que es fácil orar.

desde cuáles de las partes son opcionales hasta las acciones a realizar en varios momentos de la liturgia. Para orar el Oficio Diario, todo lo que necesitas es *El Libro de Oración Común* y una Biblia, pero es posible que desees utilizar marcadores o cintas para marcar las lecturas, salmos y cánticos de cada día y así facilitar el proceso.

El Oficio Diario es una forma maravillosamente anglicana de orar: es una parte importante de nuestro patrimonio y un camino en el que nos conectamos a través del tiempo y el espacio con otros creyentes que han orado y están orando de la misma forma. Pero el Oficio Diario no es la única manera de orar usando *El Libro de Oración Común*. El libro de oración ofrece cientos de recursos maravillosos para orar. Estos incluyen:

❖ **Devociones Diarias para Individuos y Familias**: Se hallan en las páginas 102-110 de *El Libro de Oración Común*; estas devociones siguen la estructura básica del Oficio Diario, pero en una forma mucho más abreviada. Rezar estas simples devociones solo toma unos minutos cada día y puede ser una forma para que las familias o los individuos se arraiguen en la tradición de la oración.

❖ **Acción de gracias en las comidas**: Hacer una oración antes de comer es una de las maneras más fáciles de comenzar una práctica de oración. ¡Si lo haces todas las veces, de repente estás orando tres veces al día! Simplemente comienza por comprometerte a orar en cada comida, cada vez, ya sea que estés comiendo en casa o en un restaurante, ya sea que tu comida sea una cena larga o un bizcocho apurado mientras sales corriendo por la puerta. *El Libro de Oración Común* incluye opciones de acciones de gracias en las páginas 726 y 727, o puede usar una oración familiar u otra oración de agradecimiento.

❖ **Oraciones por los enfermos**: A menudo nos encontramos en la necesidad de orar cuando alguien que amamos está enfermo. En esas circunstancias, puede ser difícil saber qué decir o qué orar. En las páginas 379-383, *El Libro de Oración Común* tiene una variedad de opciones para diferentes circunstancias: oraciones antes de una operación, para un niño enfermo, para dormir, y muchas más.

❖ **Oraciones y acciones de gracias**: La parte posterior de *El Libro de Oración Común*, entre las páginas 700 y 733, ofrece una sección de oraciones y acciones de gracias. Estas páginas son un compendio de oraciones para diferentes situaciones y circunstancias. Se incluyen oraciones por un cumpleaños, por una elección cívica, por los pobres y desamparados, por la lluvia y docenas de otras circunstancias.

❖ **Las colectas del año de la iglesia**: Las colectas son las oraciones que se designan para cada domingo del año de la iglesia; generalmente se conectan con las lecturas del día o con el tema de ese tiempo litúrgico. Muchas de las colectas son apropiadas no solo para el domingo para el que están escritas, sino también para otros tiempos y circunstancias. Puedes encontrar las colectas en las páginas 124-180.

Otras formas de orar

El Libro de Oración Común contiene muchas bellas oraciones y colectas que se encuentran dentro de las liturgias de la iglesia. Hay tantas riquezas en este libro de oración que incluso aquellos que han sido sacerdotes durante décadas pueden encontrar nuevas y hermosas formas de orar.

¡Pero, por supuesto, las formas y oraciones de *El Libro de Oración Común* no son de ninguna manera las únicas formas de orar! Las oraciones pueden provenir de muchas fuentes: puedes usar oraciones estructuradas de otros libros o tradiciones, oraciones que hayas escrito tú mismo, o las que se te ocurran en el momento (esto a menudo se llama "oración espontánea").

De hecho, el Catecismo en *El Libro de Oración Común* dice que, "la oración es la respuesta a Dios, por pensamiento y obra, con o sin palabras" (784). Esa definición cubre una gran cantidad de terreno. Puedes orar usando una forma establecida como el Oficio Diario o una colecta, o puedes simplemente hablar con Dios de manera informal. Puedes orar con palabras o sin palabras. Puedes orar por pensamiento o por obras. No hay una postura correcta o establecida para la oración. Puedes orar parado, arrodillado o haciendo una reverencia. Puedes orar con los ojos abiertos o cerrados; puedes orar en el silencio de tu corazón o en voz alta con palabras. Puedes orar en una iglesia o puedes orar en tu cama antes de comenzar el día.

Casi cualquier acción, hecha intencionalmente, dirigida a Dios, puede ser una especie de oración. Puedes orar caminando, pintando o cantando. ¡Incluso manejando tu auto! Apaga la radio y ora por cada persona que veas (incluso las que te cortaron el paso), así como por aquellos en tu lista de oración. Lavando los platos, da gracias a Dios por todas las bendiciones que hacen esta acción posible (la comida que comiste, las manos que lo cultivaron y prepararon, el agua tibia, etc.). Lava los platos como si estuvieras lavando los pies de Jesús.

Lo importante no es cómo oras, sino que oras, y te esfuerzas por hacer que la oración sea parte de tu vida diaria. Dios recibe la misma cantidad de alegría de todas y cada una de las oraciones, ya sea que las ofrezca un monje que reza durante horas o una persona desesperada que se despierta por la mañana y solo dice: "¡Ayúdame!".

La oración no es una acción de una vez a la semana, algo que hacemos solo cuando nos reunimos en la iglesia los domingos. La oración debe ser una disciplina diaria, algo que hacemos con frecuencia y regularmente. También es algo que se vuelve más fácil, más instintivo y más arraigado, a medida que la practicas con más frecuencia. Ya sea que uses el Oficio Diario, las devociones diarias, tiempos de oración espontánea, caminatas de oración o cualquier otro tipo de oración, la forma que toman tus oraciones es menos importante que la frecuencia. Dios quiere relacionarse con nosotros de forma regular, todos los días. Una forma clave para profundizar nuestra relación con Dios es comprometernos con alguna forma de oración diaria. Y no hay tiempo como el presente. ¡Pruébalo!

Para la reflexión

✴ ¿Ha estado alguna vez en un servicio público de Oración Matutina, Oración Vespertina (recitada o cantada)? ¿Cómo fue esa experiencia? ¿Cómo se compara eso con la experiencia de la Santa Eucaristía?

✴ Al orar el Oficio Diario, participamos de una antigua tradición y nos unimos a los cristianos de todo el mundo que están orando de la misma forma. ¿Cómo podría esto ampliar nuestros horizontes de oración más allá de nosotros mismos y profundizar nuestra relación con Dios y con los demás?

✴ Lee la Oración de San Juan Crisóstomo que aparece en la página 65 de *El Libro de Oración Común*. ¿Qué te parece esta oración? ¿Qué te comunica?

✴ Piensa en tu propio hábito de oración diaria. ¿Hay formas de mejorar o expandir esta práctica?

Capítulo 10

Todos los tiempos son buenos para ti
El calendario de la iglesia y el año litúrgico

Dios todopoderoso, todos los tiempos son buenos para ti, y todas las ocasiones invitan tu tierna misericordia: Acepta nuestras oraciones e intercesiones que te ofrecemos hoy en este lugar, y en los días venideros; por Jesucristo, nuestro Mediador y Abogado. *Amén.*

—*El Libro de Oración Común*, p. 475

525,600 minutos: ¿cómo se mide, se mide un año? En luces del día, en puestas de sol, en medianoches, en tazas de café. En pulgadas, en millas, en risas, en la lucha ... ¿Cómo se mide un año en la vida?

La pregunta que plantea el exitoso musical de Broadway *Rent* es buena: ¿cómo se mide un año? En la infancia, la mayoría de nosotros mide nuestro tiempo por medio de las vacaciones. Cada día es una cuenta regresiva, para nuestros cumpleaños o las vacaciones de Navidad o las vacaciones de verano.

A mis hijas les encanta Halloween. En realidad, no tanto las golosinas (¡aunque también las disfrutan!), sino los disfraces. Desde el momento que se despiertan el 1º de noviembre, comienzan a hablar sobre lo que van a ser el próximo año. Las calabazas todavía están en el primer escalón de la entrada, la mayoría de los dulces todavía esperan ser consumidos, y el disfraz de Halloween de este año todavía está casi nuevo. Pero están tan emocionadas que no pueden esperar a que ocurra de nuevo. Durante todo el año, imaginan y planifican y organizan. Cambian de opinión sobre lo que van a usar aproximadamente 500 veces, pero no pasa una semana sin que sueñen con el Halloween del próximo año.

A medida que envejecemos, la forma en que medimos el tiempo por lo general cambia (aunque conozco a algunos adultos que todavía cuentan por sus cumpleaños o sus vacaciones favoritas). Muchos de nosotros medimos nuestro tiempo con el simple estándar secular del Día de Año Nuevo. El día en que nuestro calendario cambia de un año a otro; el día en que cambiamos la fecha en nuestros cheques. Los que trabajan en la agricultura también pueden medir el tiempo según las estaciones de crecimiento, la lluvia y el sol. En los Estados Unidos, un contador de impuestos orienta el año alrededor del 15 de abril. Y un maestro utiliza el comienzo del año escolar como punto de partida y el primer día de las vacaciones de verano como el reloj de cuenta regresiva.

Cómo medimos el tiempo dice algo fundamental acerca de cómo pensamos, lo que valoramos, lo que hacemos y lo que anhelamos. La forma en que medimos nuestro tiempo dice algo sobre lo que realmente nos importa.

El calendario del año de la iglesia

El calendario del año de la iglesia aparece cerca del comienzo de *El Libro de Oración Común* (15-33). Antes de aprender sobre cómo ser cristiano a través del Santo Bautismo o cómo adorar en nuestras celebraciones semanales de la Santa Eucaristía o cómo orar a diario, se nos muestra cómo los cristianos miden el tiempo.

En la vida cristiana, medimos nuestro tiempo no por las cosas que logramos o las cosas que debemos hacer. Medimos nuestro tiempo según lo que Dios ya ha hecho por nosotros en el nacimiento y la resurrección de Cristo Jesús. Nuestro calendario se orienta en torno a dos días especiales: la Pascua, el Domingo de la Resurrección; y Navidad, la Fiesta de la Natividad de Nuestro Señor.

Eso probablemente parezca obvio: la mayoría de la gente sabe que los dos grandes días santos del cristianismo son Navidad y Pascua, ¿no? Pero lo que quizás no sepas es que orientamos todo nuestro tiempo en relación a ellos.

Nuestro año nuevo no comienza el 1º de enero. Por el contrario, el año nuevo de la iglesia comienza el primer domingo de Adviento, que siempre es cuatro domingos antes del día de Navidad. Este comienzo del año cristiano nos llama a orientar nuestros días y nuestros años alrededor del nacimiento de Jesús. Como cristianos, nuestro año comienza mientras esperamos con expectativa y entusiasmo el nacimiento de Jesús.

La otra fecha crítica del año cristiano es la Pascua, el día en que celebramos la resurrección de Cristo. A diferencia de Navidad, que siempre cae el 25 de diciembre, la Pascua no tiene una fecha establecida. Se determina de forma tradicional de acuerdo a cuándo se produce la primera luna llena después del equinoccio de primavera del 21 de marzo. Así, la fecha real de Pascua cambia de año en año, oscilando entre el 22 de marzo y el 25 de abril. (*El Libro de Oración Común* incluye una tabla en las páginas 774-779 que enumera la fecha de Pascua de cada año entre 1900 y 2089).

Todo nuestro tiempo en la iglesia se mide desde y hasta el Día de la Pascua, la Fiesta de la Resurrección. El Miércoles de Ceniza, el comienzo de la Cuaresma es siempre 46 días antes del día de Pascua. El Día de Pentecostés, que marca el final de la temporada de Pascua, siempre es 50 días después del Día de Pascua. Y "la secuencia de todos los Domingos del Año de la Iglesia depende de la fecha del Día de Pascua" (15).

Todo sobre nuestro tiempo como cristianos depende de la Resurrección de Jesús, y junto con la Navidad, estas dos fechas primarias son los ejes de un rico ciclo de fiestas y días santos que encarnan nuestro calendario litúrgico.

Los tiempos litúrgicos

Celebrar Navidad y Pascua es solo el comienzo. Aunque estos son los dos días principales en el año cristiano, de ninguna manera son los únicos días importantes. La plenitud de la fe cristiana se siente cuando vivimos en todos los ciclos y tiempos del calendario de la iglesia y descubrimos las riquezas que poseen. La iglesia tiene tiempos del año, y al igual que nuestras estaciones seculares de invierno, primavera, verano y otoño, cada tiempo de la iglesia es distinta. Como el libro de Eclesiastés (y el grupo musical The Byrds) nos recuerdan, "en el mundo todo tiene su hora" y cada año volvemos a estas estaciones, ya que nos ofrecen comodidad en la familiaridad y la oportunidad de un crecimiento espiritual más profundo y rico.

Hay una variedad de formas en que podemos observar los diferentes tiempos en el año de nuestra iglesia a través de nuestra adoración. A menudo, *El Libro de Oración Común* ofrece sugerencias específicas de oraciones que son particularmente adecuadas para un tiempo determinado. A veces, ciertas palabras o frases ayudan a diferenciar los tiempos. Por ejemplo, durante el tiempo penitencial de la Cuaresma que conduce a la Pascua, nos abstenemos de la palabra "aleluya" en nuestra adoración, un recordatorio de que la alegría de la Pascua aún está por llegar. Además, las iglesias a menudo usan ciertos colores litúrgicos para decorar el santuario de acuerdo al tiempo en que se encuentre. Estos colores no están especificados en *El Libro de Oración Común*, sino que vienen a través de la tradición (algunas antiguas, otras más recientes). Por esta razón, diferentes iglesias pueden elegir usar diferentes colores. El **púrpura** se utiliza para designar penitencia y preparación; a menudo se usa durante la Cuaresma y el Adviento, tiempos de arrepentimiento y preparación. Algunas comunidades usan **azul** para Adviento, para diferenciarnos del tiempo de Cuaresma y marcar el Adviento como un tiempo de preparación y esperanza. Otras comunidades usan un **arreglo de Cuaresma**, una especie de tela de saco simple con acentos rojos y negros, para separar la Cuaresma como un momento de simplicidad. El **rojo** se asocia con el sacrificio y el Espíritu Santo y se usa típicamente para el Domingo de Ramos, Pentecostés, las fiestas de apóstoles y mártires, y las ordenaciones. El **blanco** y el **dorado** se usan para indicar gran alegría y celebración. Se usan para la Pascua, la Navidad, los bautismos, los funerales y las fiestas de los santos que no fueron mártires. El **verde** se asocia con nuestro crecimiento en la fe y se usa durante el tiempo después de Pentecostés, la parte más larga del año de la iglesia, y para cualquier otro momento en el que no se designe otro color.

La iglesia tiene siete tiempos: Adviento, Navidad, Epifanía, Cuaresma, Semana Santa, Pascua y la Temporada después de Pentecostés (que a veces se denomina Tiempo Ordinario). Si bien se orientan en torno a Navidad y Semana Santa, cada tiempo tiene un énfasis diferente que ayuda a enfocar nuestra vida espiritual. Hay momentos de espera y momentos de celebración, tiempos de oscuridad y tiempos de luz, tiempos de dolor y momentos de profunda alegría. Ser cristiano no se trata de ser feliz todo el tiempo, y no siempre es fácil. Las estaciones cambiantes del año de la iglesia nos recuerdan que hay lugar para todas nuestras experiencias en el camino cristiano.

El **Adviento**, el comienzo del nuevo año de la iglesia, es un tiempo de espera, preparación y expectativa. Al igual que la temporada de invierno en el Hemisferio Norte, es un momento de oscuridad cada vez más profunda, cuando contemplamos las sombras y el silencio, incluso mientras esperamos el amanecer de la luz desde lo alto, Jesús. Muchas iglesias usan una corona de Adviento como símbolo visible de esta idea, encendiendo una vela adicional cada semana de Adviento, que culmina en la vela de Cristo en el día de Navidad. Las lecturas de Adviento del Antiguo Testamento son del profeta Isaías, que profetiza acerca de la venida del Mesías, y las lecturas del evangelio son típicamente las de la historia de Juan el Bautista, primo y precursor de Jesús, quien nos dice que preparemos el camino para la venida de Cristo al mundo.

La **Navidad** comienza con la Fiesta de la Natividad de nuestro Señor (Día de Navidad), pero la Navidad no es simplemente un día. El tiempo de Navidad es de doce días (¡recuerda la famosa canción!) y concluye el 5 de enero. La Navidad es un tiempo para adorar en el trono del pesebre, para celebrar al recién nacido, Jesús, y para dar gracias por la Palabra hecha carne.

La Fiesta de la Epifanía (6 de enero) es el día en que recordamos la llegada de Los Magos o Sabios que siguieron una estrella para adorar a Jesús. Así comienza el Tiempo de **Epifanía**, que dura hasta el Miércoles de Ceniza. La Epifanía es la época en que recordamos que Jesús se reveló al mundo y a la gente. Durante esta temporada, escuchamos historias sobre la forma en que la Luz de Cristo se extiende hasta los confines de la tierra.

El tiempo de **Cuaresma** es un tiempo de disciplina y abnegación que comienza el Miércoles de Ceniza y dura hasta el Sábado Santo, por un total de cuarenta días, sin incluir los domingos. Los cuarenta días de la Cuaresma nos recuerdan los cuarenta años que los israelitas pasaron deambulando por el desierto y los cuarenta días que Jesús pasó en el desierto tentado por Satanás. La devoción de la Cuaresma debe ser un tiempo de preparación, no de castigo. Seguimos el ejemplo de Jesús, quien se preparó para su ministerio terrenal con un tiempo de oración y ayuno. Participamos de disciplinas y devociones que nos acercan a él de modo que estemos listos para caminar con él hacia Jerusalén y la cruz. Durante la Cuaresma a menudo rezamos la Gran Letanía (114) o leemos el Decálogo (Diez Mandamientos) en la página 272.

> Cada domingo es un día festivo celebrando la Resurrección de Cristo, incluso durante la Cuaresma. Es por eso que no contamos los domingos como parte de la Cuaresma. Si has renunciado a algún tipo de comida para la Cuaresma, por ejemplo, puedes comerla los domingos.

La **Semana Santa**, la semana desde el Domingo de Ramos hasta el Día de Pascua, es la conclusión del tiempo de Cuaresma. Durante esta semana, nuestras liturgias nos ayudan a caminar con Jesús a través de sus últimos días en la tierra, desde su entrada en Jerusalén hasta su última cena con sus amigos, pasando por la cruz y hasta la tumba.

El tiempo de **Pascua** comienza con la Gran Vigilia de Pascua, que tiene lugar en algún momento entre la puesta del sol del Sábado Santo (la noche anterior al Día de Pascua) y el amanecer de la mañana de Pascua. Pero la Pascua es una celebración demasiado grande para ser contenida en un día; en su lugar, celebramos en grande por cincuenta días que duran desde el Día de Pascua hasta el Día de Pentecostés. Es un momento en que nos regocijamos de manera formidable. En nuestra liturgia, agregamos aleluyas adicionales para expresar nuestro profundo gozo por la resurrección de nuestro Señor.

El tiempo después de Pentecostés abarca todos los domingos después del día de Pentecostés hasta el final del año de la iglesia. En el Día de Pentecostés, que cae cincuenta días después de la Pascua, es cuando recordamos la venida del Espíritu Santo entre los apóstoles, descrita en Hechos 2. En el Día de Pentecostés celebramos el Espíritu Santo, que inspiró y capacitó a los seguidores de Jesús para hacer la obra de Cristo en el mundo. A esta larga temporada también se la conoce como Tiempo Ordinario, no porque sea mundano, sino porque contamos los domingos usando "números ordinales" (Segundo Domingo después de Pentecostés, Tercer Domingo después de Pentecostés, etc.). Esta es una temporada para el crecimiento, para recordar que la larga caminata de la fe no siempre son eventos grandiosos, sino que está hecha de la vida cotidiana. El último domingo después de Pentecostés nos lleva al final del año de la iglesia. Luego nos dirigimos al Adviento para comenzar el ciclo nuevamente.

Año tras año, recorremos el año de la iglesia: desde la espera y anticipación del Adviento hasta la celebración de la Navidad, la difusión de la luz en la Epifanía, la contemplación y el arrepentimiento de la Cuaresma y la extraordinaria alegría de la Pascua, y durante la larga temporada posterior a Pentecostés, el "tiempo ordinario" de nuestro año de la iglesia. En todas estas temporadas estamos enfocados, no en nosotros mismos, sino en el nacimiento, la vida, la muerte y la Resurrección de Jesucristo.

Estas diferentes estaciones nos impiden atascarnos en una sola imagen de Dios. En el año de la iglesia, a veces recordamos y adoramos y celebramos al bebé Jesús nacido en el pesebre, y algunas veces recordamos y adoramos y celebramos a Jesús quebrantado, colgado en la cruz. No podemos escoger cuál Jesús nos gusta más; no tenemos la oportunidad de rehacer a Jesús a nuestra imagen o "empaquetar" a Jesús de la manera que sea simple y confiable para nosotros. El año de la iglesia nos invita a caminar con Jesús a través de todos los momentos y tiempos de su vida, y de todos los momentos y tiempos de nuestra propia existencia.

Fiestas, ayunos y días santos

Si bien los tiempos nos dan un ritmo general para nuestro año, dentro de estos tiempos hay fiestas y ayunos específicos, días santos que los cristianos están llamados a celebrar para aprender más sobre nuestra fe y sobre nosotros mismos.

El calendario de la iglesia ofrece cinco tipos de días especiales para observar y celebrar:

- Fiestas principales
- Domingos
- Días santos
- Días de devoción especial
- Días de observancia opcional

Las siete principales fiestas de la iglesia son los días más importantes del año. Ya has escuchado acerca de cuatro de ellas: Pascua, Navidad, Epifanía y Pentecostés. Las otras tres son: Día de la Ascensión (cuarenta días después del día de Pascua, que marca la conclusión de la vida terrenal de Jesús y su ascensión al cielo); Domingo de la Trinidad (el domingo siguiente al Día de Pentecostés, celebrando el regalo de la naturaleza triple de Dios: Padre, Hijo y Espíritu Santo); y el Día de Todos los Santos (1º de noviembre, recordando la multitud de Santas y Santos cuya santidad nos inspira y nos anima en la fe). La iglesia ha declarado que estos días tienen la mayor importancia y todos los cristianos deben esforzarse por observarlos.

La segunda categoría más importantes en el calendario litúrgico son los domingos. ¡Así es! Cada domingo es una fiesta importante en la iglesia cristiana. El libro de oración explica que "todos los domingos del año son fiestas de nuestro Señor Jesucristo". Así que no importa si es el Día de Pascua o estamos en medio de la Cuaresma, ya sea el Primer Domingo de Adviento o el Vigésimo Sexto Domingo después Pentecostés: cada domingo es una fiesta importante, una fiesta de nuestro Señor Jesucristo.

Ciertos momentos de la vida de Jesús son especialmente importantes cuando caen en domingo. El Santo Nombre, observado el 1º de enero, conmemora el día en que Jesús habría sido circuncidado y recibe un nombre. La Presentación se observa el 2 de febrero, cuarenta días después del nacimiento de Jesús, ya que Lucas 2:22-40 nos dice que fue cuando Jesús fue presentado en el templo; y la Transfiguración, el 6 de agosto, que observa el día en que Jesús fue transfigurado en la cima de la montaña (Mateo 17:1-9, Marcos 9:2-8, y Lucas 9:28-36).

El hecho de que los domingos sean los segundos días santos más importantes (después de las fiestas principales) nos recuerda que el cristianismo es una fe que se vive todos los días, semana tras semana, todo el año, no solo en los días grandes como Navidad y Pascua.

La tercera categoría de tiempo en el calendario son los Días Santos. Estos incluyen fiestas de nuestro Señor (días en que recordamos ciertas cosas importantes en la vida de

Jesús), otras Fiestas Mayores (días en que recordamos a los apóstoles, evangelistas, otros santos importantes de la vida de Jesús, y las fiestas nacionales (del Día de la Independencia y el Día de Acción de Gracias) y ayunos (Miércoles de Ceniza y Viernes Santo).

Estos días santos a menudo se llaman días de letra roja, porque los primeros calendarios en *El Libro de Oración Común* fueron impresos con estos días en tipografía de color rojo. En *El Libro de Oración Común* de hoy, estos días santos están impresos en negrita. Para todos estos días santos, *El Libro de Oración Común* proporciona una colecta (u oración) (páginas 153-162) y lecciones (páginas 781-820) para que nosotros, como individuos y como comunidad, podamos recordar estos días importantes en nuestras oraciones y lecturas.

Los días de devoción especial son diferentes del resto del calendario en el sentido de que no son una fecha única, sino una serie de días que los cristianos están llamados a observar "mediante actos especiales de disciplina y abnegación". La mayor parte de nuestro calendario está marcado por fiestas, o días de celebración. Los días de devoción especial, junto con el Miércoles de Ceniza y el Viernes Santo, nos dan el otro extremo del espectro del tiempo: ayunos o días de disciplina y abnegación. Nuestro calendario establece todos los días de semana de Cuaresma y Semana Santa, así como el Viernes Santo y todos los viernes del año como días de devoción especial.

Como cristianos, entendemos que estos días también son importantes para nuestra formación espiritual. Son días de disciplina, no en el sentido de golpearnos o flagelarnos, sino en el verdadero significado de la palabra: la disciplina se relaciona con la palabra "discípulo" y significa aprender o seguir. Cuando observamos los ayunos de nuestra iglesia, alejándonos del regocijo para abrazar la solemnidad,

> Si desea ver la lista completa de personas que la iglesia recuerda durante el año, puede buscar un libro llamado *Lesser Feasts and Fasts [Fiestas menores y ayunos]*. Al escribir este libro, esta es la versión más reciente de la lista oficial de observancias opcionales, que data del año 2006. Durante varios años, la Iglesia Episcopal usó un libro de prueba llamado *Holy Women, Holy Men [Mujeres santas, hombres santos]* con observancias aún más opcionales, pero ese libro ya no se usa. También hay un libro llamado *Una gran nube de testigos*. Este incluye historias de otras personas de fe y puede ser usado para propósitos devocionales. Puedes aprender más sobre los santos y nuestra conmemoración de ellos en el Capítulo 19.

aprendemos algo acerca de nosotros mismos y del mundo. La observación de los ayunos nos ayuda a celebrar nuestras fiestas aún más profundamente. Así como cada domingo es una fiesta de la Resurrección del Señor, un eco del Día de Pascua, también todos los viernes son días de disciplina especial, un eco del Viernes Santo.

Nuestro calendario es claro: la celebración y la resurrección son de primordial importancia. Las fiestas de gran alegría son las que figuran en primer lugar en nuestro calendario, y debemos orientar nuestro tiempo y nuestras vidas en dirección a ellas. Pero nuestra celebración debe dejar espacio para disciplina y abnegación, para contemplación y solemnidad, para el reconocimiento de que hay tanto dolor como alegría y lucha como celebración en la historia de Jesús y en la vida cristiana. Los días de devoción especial arraigan nuestro tiempo en esa conciencia.

Los días de observancia opcional completan la categoría final en el calendario de la iglesia. Se los encuentra en las páginas 18-30 de *El Libro de Oración Común*. Estos días conmemoran la vida de las Santas y los Santos, incluidos los primeros mártires como Perpetua y sus Compañeras, líderes de derechos civiles como Martin Luther King Jr. y teólogos como Tomás Cranmer. A cada una de estas personas, y a muchas otras, se les asignan días para que las recordemos, oremos por ellas y con ellas, y podamos obtener una vida más profunda en Cristo a través de su testimonio.

Los días de observancia opcional son abundantes en el sentido de que podríamos observar una fiesta o ayuno todos los días del año, si así lo decidimos. Estos días son como lo dice su título: opcionales, por lo que ningún cristiano está obligado a honrar estos días de una manera particular.

El calendario cristiano

En un ciclo de tiempos, fiestas y ayunos, el calendario de la iglesia articula cómo nosotros, como cristianos, marcamos el paso del tiempo.

- **El calendario nos dice cómo pensamos.** Los cristianos son personas que orientan toda su vida hacia Jesucristo; nuestro calendario se centra en el nacimiento, la vida, la muerte y la resurrección de nuestro Salvador.

- **El calendario nos dice qué valoramos.** La Navidad y la Pascua son de suma importancia, los días hacia los que toda nuestra vida deberían estar orientada. Pero cada domingo es también una fiesta grande e importante, y destaca la importancia de que vivamos como cristianos de forma cotidiana día tras día.

- **El calendario muestra nuestra intención.** O, lo que es más importante, nos dice que nuestro trabajo no es el foco de la vida; nuestras vidas se viven en respuesta agradecida a la obra que Dios ya hizo en Cristo Jesús.

Quizás lo más importante es que el calendario cristiano nos dice lo que anhelamos: nuestro año de la iglesia comienza con el Adviento, con el tiempo de anhelo y expectativa por la venida de Dios al mundo en la persona de Jesucristo. Incluso cuando recordamos el momento en que Dios entró en la historia en un establo en Belén, también anhelamos y anticipamos el momento en que Cristo volverá a nuestras vidas y al mundo, para atraer a todo el mundo hacia sí mismo. Esto es lo que somos y así es como medimos el paso del tiempo.

Para la reflexión

- ¿Cómo sería si todo nuestro tiempo y nuestras vidas estuvieran enfocadas en torno al nacimiento y la resurrección de Jesús en lugar de otras cosas?

- ¿Cuál es tu tiempo litúrgico favorito y por qué?

- ¿Cómo se marca el paso del tiempo litúrgico en tu iglesia? ¿Qué signos, símbolos o rituales observan como comunidad?

- ¿Cómo pueden todas las posibilidades de observancia (estaciones, fiestas, ayunos y días de devoción especial) profundizar nuestra relación con Dios?

Capítulo 11

Caminando por la vía de la cruz
Semana Santa y Pascua

Dios todopoderoso, cuyo muy amado Hijo no ascendió al gozo de tu presencia sin antes padecer, ni entró en gloria sin antes ser crucificado: Concédenos, por tu misericordia, que nosotros, caminando por la vía de la cruz, encontremos que ésta es la vía de la vida y de la paz; por Jesucristo nuestro Señor. *Amén.*

—*El Libro de Oración Común*, p. 191

Como humanos damos una enorme cantidad de peso a "las cosas postreras". La Fundación Make-a-Wish [Pide un Deseo] ayuda a niños con enfermedades terminales a "vivir sus sueños" antes de morir, y trabajan para cumplirles un último deseo. Los presos condenados a muerte escogen su última comida y se les pregunta antes de la ejecución si tienen algunas "últimas palabras". Cuando queremos saber qué valoran realmente las personas en sus vidas, preguntamos: ¿qué harías si este fuera tu último día en la tierra? Creemos, en algún nivel profundo, que las postreras cosas son de suma importancia y que se pueden decir mucho acerca de una persona en función de lo que harían en esos momentos finales de la vida.

La Semana Santa y la Pascua, los pináculos del año eclesiástico, son importantes en parte porque es cuando la comunidad cristiana recuerda la última semana de la vida de Jesús en la tierra: su entrada en Jerusalén el Domingo de Ramos, la Última Cena, la muerte en la cruz, el silencio del Sábado Santo y la celebración de la Vigilia Pascual y el Día de Pascua.

Las liturgias de Semana Santa son recordatorios, no en el sentido de pensar en lo sucedido como para que no se nos olvide, sino en el sentido de re-vivir, reencarnar, reconectarnos con ello para que podamos vivir por medio de estas experiencias y experimentarlas de manera renovada. A través de las liturgias de Semana Santa se nos brinda una oportunidad anual de caminar con Jesús en sus días finales de una manera real y poderosa.

Toda la Semana Santa es importante, pero el centro de atención está en los tres días santos: Jueves Santo, Viernes Santo y Vigilia Pascual. Juntos, estos días se llaman Triduo, que literalmente significa tres días. La celebración del Triduo es una de las costumbres más antiguas de la iglesia cristiana través del tiempo, a través de las denominaciones y en todo el mundo. Aunque nuestras celebraciones pueden diferir, la observancia y homenaje de estos santos días siempre nos conecta.

Domingo de Ramos

Egeria, una peregrina, describe una celebración del Domingo de Ramos a fines del siglo IV. Los cristianos se reunieron al otro lado del Monte de los Olivos, en un lugar llamado

Betfagé, donde leyeron juntos la historia de la entrada de Jesús en Jerusalén.

Caminaron hacia el Monte de los Olivos y bajaron la ladera hacia la ciudad.

Egeria nos dice que estos primeros cristianos agitaban ramas de palmera o de olivo, cantaban salmos (especialmente el 118) y gritaban la antífona: "¡Bendito el que viene en el nombre del Señor!".

Nuestra observancia del Domingo de Ramos, casi 2.000 años después, sigue el mismo patrón. El servicio, que se encuentra en el libro de oración en las páginas 189-192, generalmente comienza con la Liturgia de las Palmas, que comienza al aire libre o en otro lugar fuera del edificio de la iglesia. En esta parte del servicio conmemoramos la entrada triunfal de Jesús a Jerusalén, uno de los pocos eventos descritos en los cuatro evangelios (Mateo 21:1-11, Marcos 11:1-11a, Lucas 19:29-40, Juan 12:12-19). Leemos en voz alta la historia de uno de esos evangelios, y luego recreamos esa historia como comunidad, agitando nuestras propias ramas de palmas al caminar hacia el santuario, cantando o diciendo himnos de alabanza y alegría, incluyendo el estribillo "Bendito el que viene en el nombre del Señor",

> La liturgia del Domingo de Ramos es uno de los pocos lugares en *El Libro de Oración Común* donde las rúbricas (instrucciones) sugieren un himno específico; por lo general, la selección del himno se deja al clero en consulta con el músico de la iglesia. Pero en la página 189, el libro de oración sugiere cantar "Honor, loor y gloria" durante la procesión de las palmas. Este himno ha sido cantado desde al menos el siglo IX como parte de la liturgia del Domingo de Ramos. ¡Cuando cantamos este himno en particular, unimos nuestras voces con santos de épocas pasadas y continuamos una tradición que tiene 1.100 años!

y a menudo el Salmo 118 (las mismas palabras que Egeria nos dice fueron dichas en el cuarto siglo).

Después de la entrada a la iglesia, el servicio continúa como de costumbre hasta que llega el momento del Evangelio. *El Libro de Oración Común* llama a este día santo "Domingo de Pasión: Domingo de Ramos", porque es un día en el que recordamos no solo la entrada triunfal de Jesús en Jerusalén, sino también el resto de la narración de la pasión: la traición, el juicio, la crucifixión y la muerte de Jesús. Entonces, todos los años, en el Domingo de Ramos, leemos o cantamos el Evangelio de la Pasión. Escuchamos esta historia en el Domingo de Ramos tomada de los evangelios de Mateo, Marcos o Lucas. El Viernes Santo escucharemos nuevamente la narración de la Pasión, pero en ese día se lee siempre el Evangelio de Juan.

La lectura del Evangelio de la Pasión, el Domingo de Ramos y el Viernes Santo, es el único momento del año en que los laicos pueden leer el Evangelio y/o leerlo "por partes", con diferentes personas leyendo diferentes roles (en otras ocasiones, el Evangelio es leído en su totalidad por el clero ordenado, preferiblemente un diácono o una diácona, si hay alguno disponible). La lectura del evangelio no es una obra de teatro o una actuación; en cambio, en este drama sagrado, todos están invitados a entrar en la historia. Toda la congregación tiene un papel, tomando la parte de la multitud o el pueblo. Y la congregación no se sienta pasivamente, sino que se le ordena que se ponga de pie en el versículo que menciona la llegada de Jesús al Gólgota.

De esta manera, en el Domingo de Ramos, obtenemos una muestra de la narrativa completa de la Semana Santa, pasando de la alegría de la entrada triunfal de Jesús a Jerusalén a la devastación y pérdida en su muerte. Oímos las mismas voces que gritaban "Hosanna", poco después, gritando: "¡Crucifícalo!" Al participar de la liturgia, descubrimos que esas voces son nuestras, y encontramos nuestro lugar en la historia de Jesús.

La narrativa de la pasión del Domingo de Ramos no pretende reemplazar las celebraciones en la semana que comienza, especialmente los tres días más santos del Triduo. En cambio, el Domingo de Ramos nos da una visión general de lo que está por venir, de modo que a medida que avancemos durante la semana, podamos involucrarnos aún más profundamente en la historia.

Lunes Santo, Martes Santo, Miércoles Santo: Los días entre el Domingo de Ramos y el Jueves Santo se conocen simplemente como Lunes Santo, Martes Santo y Miércoles Santo. Cada día conmemora diferentes eventos de la última semana de vida de Jesús. El Lunes Santo escuchamos de Juan 12:1-11, la historia que cuenta la unción de Jesús en Betania de una manera que nos prefigura y nos prepara para la unción de su cuerpo después de la muerte. El Martes Santo escuchamos algunas de las predicciones de Jesús sobre su propia muerte en Juan 12:20-36. El Miércoles Santo

> Además de *El Libro de Oración Común*, la Iglesia Episcopal tiene otro libro oficial de liturgias y oraciones llamado *Ritual para Ocasiones Especiales*. Como sugiere el título, este libro contiene formularios para servicios que se usan con poca frecuencia u ocasionalmente. Aunque no se usan con frecuencia, las oraciones de este libro son una hermosa parte de nuestra tradición; hay liturgias hermosas para comisionar ministros laicos, para bendecir hogares, para el aniversario de un matrimonio, entre otras más. También incluye muchos servicios para diferentes tiempos litúrgicos: desde el Festival de Navidad (lo que en inglés se llama Lecciones y villancicos) hasta servicios para Cuaresma y Semana Santa, como las estaciones de la cruz, *tenebrae* (un servicio de luz y sombras típicamente observado el miércoles de la Semana Santa) e instrucciones para el lavatorio de los pies o una cena ágape para el Jueves Santo.

escuchamos la historia de Jesús prediciendo su traición por Judas (Juan 13:21-32). Estas historias del Evangelio de Juan preparan la escena para lo que vendrá en los últimos días de Jesús.

El Jueves Santo recordamos la comida final de Jesús con sus amigos antes de que fuera crucificado; a menudo llamamos a este acto la Última Cena. En cierto sentido, recordamos este evento cada semana cuando celebramos la Santa Comunión. Pero el Jueves Santo ofrecemos una conmemoración especial de esta comida, siguiendo el servicio en *El Libro de Oración Común* en las páginas 193-194 o *El Ritual para Ocasiones Especiales*, en las páginas 106-110. En la lectura de la epístola de 1 Corintios 11:23-26, Pablo describe la tradición de compartir el pan y el vino como el Cuerpo y la Sangre de Jesús. Como Pablo escribe: "De manera que, hasta que venga el Señor, ustedes proclaman su muerte cada vez que comen de este pan y beben de esta copa.". El Jueves Santo, recordamos no solo este momento en la vida de Jesús, su comida final con sus amigos, sino también su mandamiento a sus discípulos y a nosotros: "hagan esto en memoria de mí".

El Jueves Santo es el día en que recordamos de modo especial los mandamientos de Jesús, las cosas que Jesús nos ordenó que hiciéramos la noche antes de morir. Mateo, Marcos y Lucas cuentan historias similares de lo que Jesús hizo en esa noche, y sus descripciones de la Última Cena coinciden con lo que escuchamos de Pablo en 1 Corintios. El Evangelio de Juan cuenta otra historia e introduce otro mandamiento. La versión de Juan de la Última Cena no habla sobre el pan y el vino. En cambio, oímos acerca de Jesús arrodillado en el suelo lavando los pies de sus discípulos. Este es un ejemplo supremo de servicio de Jesús para con sus discípulos y para nosotros, ordenándonos que nos lavemos los pies los unos a los otros y que "nos amemos unos a otros como él nos ha amado".

En muchas congregaciones, el servicio del Jueves Santo continúa después de las lecturas y el sermón con la ceremonia del lavatorio de los pies. Algunas veces esto se hace simbólicamente: el clero u otros miembros del liderazgo de la parroquia lavan los pies de un número específico de personas (generalmente doce), o el clero lava los pies de todos los presentes. Pero tal vez, más apropiadamente, el lavatorio de pies debería ser hecho por todos, todos lavándose los pies los unos a los otros, para que todos participen y cumplan el mandamiento de Cristo: "Pues si yo, el Maestro y Señor, les he lavado a ustedes los pies, también ustedes deben lavarse los pies unos a otros" (Juan 13:14). La acción litúrgica de lavarse los pies simboliza que el servicio es algo que hacemos los unos por los otros: una mutualidad donde todos son servidos y todos son sirvientes.

Después de la ceremonia del lavatorio de los pies, el servicio continúa con la oración de los fieles y luego con la Santa Comunión. Esta es la última celebración de la Santa Eucaristía hasta la Gran Vigilia Pascual. Algunas iglesias eligen consagrar más pan y vino de lo necesario en este servicio, a fin de reservar parte del sacramento para el Viernes Santo. Si se reservan elementos adicionales se los lleva, a menudo mediante una solemne procesión, a una capilla separada u otro lugar fuera del santuario principal. El área donde se guarda el sacramento se llama el Altar del Reposo. En algunas congregaciones, las personas permanecen durante la noche para orar y hacer vigilia con el sacramento, como un eco de los discípulos a quienes Jesús pidió que permanecieran despiertos y oraran con él en el Jardín de Getsemaní.

Una vez que concluye la Santa Comunión, muchas comunidades observan la costumbre de desnudar el altar. Los miembros de la congregación quitan toda decoración y ornamentos de la iglesia y cubren todas las cruces visibles. Esto se puede hacer en silencio o con una recitación del Salmo 22.

Al despojar el santuario de sus decoraciones, recordamos el momento en la historia de la pasión cuando Jesús es despojado de sus vestiduras. Muchas comunidades concluyen lavando el altar y apagando la lámpara del santuario, el signo de la presencia continua de Cristo entre nosotros. Estas acciones preparan el santuario para la solemnidad del Viernes Santo y también nos ayudan a enfocarnos en lo que está sucediendo: Jesús y la Cruz, en lugar de todos las "decoraciones".

Después de que se desnuda el altar, los ministros y la gente se van en silencio. No hay despido o finalización del servicio. Este silencio invita a las personas a recordar que los servicios del Triduo son parte el uno del otro: son una liturgia continua que cuenta una historia continua. El Jueves Santo es el primer acto del Triduo; la historia continúa al día siguiente con nuestra memoria del Viernes Santo y el sábado por la noche o el domingo por la mañana con la Vigilia Pascual.

El Viernes Santo es el día en que los cristianos recordamos con nuestras oraciones y lecturas la Crucifixión de nuestro Señor y Salvador en la cruz. En este día, las personas y los ministros entran en silencio en una iglesia que está desprovista de adornos después del desmantelamiento del altar el Jueves Santo. La liturgia en este día, como la iglesia, se "desnuda" a lo esencial; es breve y solemne.

El servicio de *El Libro de Oración Común* (páginas 195-202) comienza con una colecta de apertura (oración) y lecturas. Entonces, al igual que el Domingo de Ramos, escuchamos una lectura de la pasión, esta vez del Evangelio de Juan. Una vez más, la pasión puede ser leída o cantada por laicos; diferentes personas pueden asumir roles específicos y la congregación puede participar como la multitud, poniéndose todos de pie en el versículo que menciona el Gólgota. Esta repetición de la pasión que escuchamos solo unos días antes ayuda a mantener fresca la historia e interactuar con ella de nuevo. Podemos notar las cosas que son las mismas entre las dos narraciones y meditar sobre las que son diferentes. Y nos alientan a encontrar nuestro propio lugar en la narración de una manera diferente cada vez.

Después de la pasión puede haber un sermón y/o un himno. Luego participamos en un tiempo prolongado de oración, utilizando la antigua tradición de las colectas solemnes. En estas oraciones, oramos por personas en todas partes: por nuestros propios pecados y redención, por la iglesia en todo el mundo, por todas las naciones y pueblos de la tierra, por todos los que sufren y están afligidos, y por los que no conocen a Dios. Estas oraciones nos recuerdan que el Viernes Santo no solo nos enfocamos en nuestro propio dolor o sensación de pérdida por la muerte de Jesús, sino que permitimos que ese dolor alimente nuestras oraciones y acciones en nombre del mundo entero.

El servicio del Viernes Santo puede terminar aquí, con un himno, el Padrenuestro o una oración final. Pero *El Libro de Oración Común* también incluye dos partes adicionales opcionales del servicio: la Veneración de la Cruz y la Santa Comunión del Sacramento Reservado. Las comunidades pueden usar una o ambas opciones para su observancia del Viernes Santo.

Para la Veneración de la Cruz, una cruz de madera se lleva a la iglesia y se coloca a la vista de la gente. El libro de oración incluye las palabras de himnos apropiados que se pueden cantar o decir, o la congregación puede elegir otro himno adecuado. Durante o después de los himnos, las personas pueden ofrecer "devociones apropiadas" a la cruz. En algunas comunidades, el pueblo se arrodilla ante la cruz en oración. Algunos pueden elegir tocar o besar la cruz, como un signo de devoción. En otras comunidades, la gente pone flores al pie de la cruz, de forma similar a como pondríamos flores en una tumba en un funeral. Todas estas opciones son diferentes formas en que las comunidades intentan honrar la santa cruz de Jesús con la cual nuestro Salvador redimió al mundo.

La última opción para el servicio del Viernes Santo es celebrar la Santa Comunión, pero de una manera inusual. La tradición exige que no consagremos el pan y el vino el

> Después de la muerte y resurrección de Jesús, los primeros cristianos comenzaron a venerar los lugares físicos donde Jesús pasó su último día en la tierra: desde el lugar de su juicio ante el Sanedrín, pasando por el lugar donde Simón de Cirene ayudó a Jesús a llevar la cruz, hasta el lugar donde fue crucificado y luego puesto en una tumba. Eventualmente, esta práctica se convirtió en un camino de peregrinación, llamado Vía Dolorosa o Vía Crucis, un camino por Jerusalén donde los fieles se detienen a orar en catorce estaciones para conmemorar los eventos en las horas finales de Jesús.
>
> Con el tiempo, aquellos que no podían viajar físicamente a Jerusalén pero querían tomar parte de este caminar a través de estos momentos santos, comenzaron la tradición de observar las Estaciones de la Cruz en otros lugares, colocando imágenes de las catorce estaciones a lo largo de un camino o alrededor de sus propias iglesias. Como un acto de devoción, los fieles pueden ir de una estación a otra, deteniéndose en cada estación para decir oraciones, escuchar reflexiones o lecturas, o cantar.
>
> Las catorce Estaciones de la Cruz tradicionales incluyen lugares específicamente mencionados en los evangelios y seis estaciones basadas en leyendas piadosas. Algunas comunidades usan un Vía Crucis bíblico, reemplazando las seis estaciones no bíblicas de modo que las catorce estaciones provengan directamente Biblia. *El Ritual para Ocasiones Especiales* de la Iglesia Episcopal incluye una liturgia para el Vía Crucis usando las catorce estaciones tradicionales. El Vía Crucis se usa a menudo los viernes durante la Cuaresma. Cuando se usa el Viernes Santo es un complemento, no un reemplazo, del servicio del Viernes Santo en *El Libro de Oración Común*.

Viernes Santo como una forma de recordar que Jesús estaba muerto, en la tumba, ausente de nuestra presencia en este día. Utilizando el pan y el vino puestos en reserva el Jueves Santo, el ministro realiza un simple servicio de comunión, ofreciendo el pan y el vino sin la tradicional oración de consagración. La comunidad come y bebe todo el pan y el vino que queda, para que no haya sacramento hasta que el pan y el vino sean consagrados por primera vez en la Pascua.

El servicio del Viernes Santo concluye con una simple oración, sin bendiciones ni despidos, y el pueblo se va en silencio. De esta manera, nos quedamos en la solemnidad de la ocasión. Pero también se nos recuerda que el Viernes Santo no es el final de la historia de Jesús o de este servicio sagrado. El Viernes Santo es el segundo acto del Triduo, que continuará y concluirá con la Gran Vigilia de Pascua.

Constando de una sola página (203) en *El Libro de Oración Común*, el servicio para el **Sábado Santo** es simple y breve. No hay celebración de la Santa Eucaristía en este día, un claro recordatorio de que Jesús está ausente, muerto y en la tumba. En cambio, el servicio consiste en una colecta, algunas lecturas y un breve himno del Oficio de Entierro (páginas 391-410). La liturgia no ofrece respuestas fáciles o declaraciones trilladas. En cambio, el ambiente del día es tranquilo e inmóvil, lo que refleja una vieja tradición que requería silencio durante todo el día.

La Gran Vigilia de Pascua es la expresión más completa de la vida cristiana y la alegría en nuestra peregrinación terrenal. Esta noche entramos en el corazón de nuestra fe. Comenzando en la página 205 de nuestro libro de oración; el servicio comienza en la oscuridad, un recordatorio de que lo que está por venir emerge de la oscuridad del Viernes Santo y el Sábado Santo, la cruz y la tumba. En la oscuridad, se enciende un fuego. Esto nos recuerda tanto la creación de la luz (el primer acto creativo de Dios) como la luz que se trae al mundo en la nueva creación de Jesucristo. Desde este fuego nuevo, encendemos el cirio pascual, que se erige como un símbolo de Cristo, tanto en su asociación con la luz como en la asociación del cirio con el bautismo. El diácono o la diácona lleva el cirio pascual en procesión, deteniéndose tres veces para aclamar la luz de Cristo. En algunos lugares, los miembros de la congregación tienen velas de mano que se encienden del cirio pascual, esparciendo el primer fuego nuevo en la congregación, llenando la iglesia con la luz de Cristo. El cirio pascual se lleva al frente del santuario, donde permanecerá durante los cincuenta días de Pascua.

Luego, un ministro canta o dice el *Exultet*, un antiguo himno que proclama la sustancia de la alegría pascual: "Alégrese y cante todo el orbe, claro con fulgor glorioso, pues el Rey eterno disipó a las tinieblas" (206). Este himno es una celebración ruidosa del inmenso poder exhibido en la resurrección, cuando la luz venció a la oscuridad, cuando el amor venció al pecado, y cuando la vida venció a la muerte. Una y otra vez el *Exultet* proclama: "Esta es la noche...", un recordatorio de que en este momento sagrado, el cielo es llevado a la tierra y el pasado se trae al presente mientras celebramos nuestra salvación como si fuera la primera vez.

El servicio continúa con una selección de historias del Antiguo Testamento; se leen al menos dos o hasta nueve lecturas. La lectura de Éxodo, cuando Dios saca al pueblo de la esclavitud en Egipto, siempre se lee. Las historias nos recuerdan todo el arco de salvación, la forma en que Dios ha estado presente y amado a la humanidad desde el comienzo de la creación. Después de cada lectura, las personas responden cantando un salmo o un cántico y rezando una colecta. De esta manera, escuchamos lo que Dios ha hecho, ofrecemos alabanza por la presencia de Dios en nuestro pasado y oramos por la presencia y acción continua de Dios.

> La palabra Pascual proviene de la palabra hebrea *Pesaj*, que significa pasar. Todos los años, en la Vigilia Pascual, escuchamos la historia de la liberación de Israel en el Mar Rojo (Éxodo 14:10-15:1), conectando nuestra liberación del pecado y la muerte en Jesucristo a la liberación que Dios hizo del pueblo de Israel librándolos de la esclavitud en Egipto.
>
> En la liturgia de la Vigilia Pascual, usamos un gran cirio pascual, cuya llama nos recuerda la columna de fuego que guió al pueblo de Dios en su viaje del cautiverio a la libertad (Éxodo 13:21). La última comida que Jesús comió con sus discípulos, que llamamos la Última Cena, se describe en tres de los evangelios como una cena de Pascua Hebrea y Jesús mismo a menudo se describe como el Cordero Pascual.
>
> De esta manera, la historia de la Pascua Hebrea en el Éxodo se ve como una parte de la historia de salvación que continúa en la muerte y la resurrección de Jesucristo. Para los cristianos, Jesús es nuestra Pascua. Al igual que en la antigua Pascua, el pueblo de Dios fue marcado para la liberación de la muerte, así que los cristianos creemos que estamos marcados en el Bautismo como propiedad de Cristo y, por lo tanto, somos rescatados de la muerte.

Después de las lecturas viene el momento del Santo Bautismo. La Gran Vigilia Pascual era en un tiempo el día principal para que los nuevos cristianos fueran bienvenidos en la iglesia a través del bautismo, y sigue siendo una gran ocasión para celebrar bautismos. Si no hay candidatos para el Santo Bautismo, los presentes renuevan sus propios votos bautismales, volviendo a comprometerse en esta noche santa a la vida de fe.

Luego viene el momento que todos hemos estado esperando: la Pascua se proclama gozosamente con las palabras: "¡Aleluya! Cristo ha resucitado". La gente responde: "Es verdad! El Señor ha resucitado. ¡Aleluya!" (214). Esta simple declaración proclama nuestra verdad más profunda como cristianos: la realidad de la resurrección de Jesucristo.

Después de proclamar con alegría la resurrección de Jesús tres veces, la congregación canta uno de los cánticos de celebración. El servicio continúa con la lectura de una epístola, un salmo, la lectura del evangelio, el sermón y la oración de los fieles. Luego, se prepara la mesa para la primera eucaristía de Pascua, una verdadera acción de gracias en la cual recordamos con alegría la Resurrección de Cristo y somos nutridos con el Cuerpo y la Sangre de Cristo para proclamarlo al mundo.

La Gran Vigilia Pascual es solo el comienzo; la celebración de la Resurrección de Cristo continúa en el resto de los servicios en el Día de Pascua. Además, la alegría de la Pascua es tan grande que ni siquiera se puede contener en un día. El Día de Pascua es solo el primer día del tiempo de Pascua, que comienza los **Grandes Cincuenta Días de Pascua**. El cirio pascual permanece encendido en el frente de la iglesia durante todo el tiempo, recordando la luz de Cristo que se proclamó en la vigilia y que continúa brillando. A lo largo del tiempo de Pascua, el servicio comienza con la misma proclamación de la resurrección de Cristo que escuchamos en la Gran Vigilia: "Aleluya. Cristo ha resucitado." De hecho, se rocían aleluyas adicionales durante el servicio de la Santa Eucaristía durante la temporada de Pascua: en la apertura, durante la Santa Eucaristía, y en la despedida. Aleluya es una palabra de gran celebración, un grito de alegría desenfrenada. Estos aleluyas adicionales no se agregan en otras épocas del año, por lo que sirven como una forma de establecer los Grandes Cincuenta Días de Pascua claramente y sin dudas como una ocasión de profunda alegría.

Las liturgias de la Semana Santa no son simplemente una lista de verificación, una obligación que los cristianos deben cumplir. En cambio, son una invitación a caminar más de cerca con Jesús, a entrar en la historia de la salvación de una manera única y poderosa. Los patrones de la oración son antiguos, y al caminar este camino sagrado nos unimos a los peregrinos de todo el mundo y a través del tiempo que también han elegido caminar con Jesús. En la Semana Santa nos movemos a través de todas las experiencias de la vida de Cristo, desde la emoción del Domingo de Ramos hasta el dolor y el sufrimiento del Viernes Santo y finalmente la alegría sin paralelo de la Resurrección de Jesús de entre los muertos en la Pascua. La observación de todas las liturgias de la Semana Santa es nuestra manera de estar con Jesús en las buenas y en las malas, en los altibajos de la vida. Al hacerlo, se nos recuerda que Dios en Jesucristo también está con nosotros, pase lo que pase.

Para la reflexión

* ¿Alguna vez has experimentado el Triduo completo (Jueves Santo, Viernes Santo, Gran Vigilia de Pascua) asistiendo a la adoración cada uno de esos días? ¿Cómo fue esa experiencia y cómo te moldeó? (Si nadie en tu grupo ha experimentado el Triduo, encuentra a alguien que lo haya hecho y pregúntale).

* Jesús nos ordena que nos lavemos los pies los unos a los otros y que lo recordemos con pan y vino, en el mismo pasaje. ¿Por qué crees que participamos de la Santa Eucaristía semanalmente pero nos lavamos los pies solo ocasionalmente?

* ¿Hay algún servicio de Semana Santa que te cueste? ¿Por qué es difícil? ¿Qué te puede decir esta incomodidad sobre tu vida de fe?

* ¿Qué momento de las liturgias de la Semana Santa es más poderoso e importante para ti, personalmente? ¿Por qué es ese momento particularmente importante?

* La iglesia toma el tiempo de Cuaresma muy en serio, y muchas personas adoptan las prácticas cuaresmales. ¿Cómo sería si asumiéramos las prácticas de la Pascua en serio? ¿Qué tipo de disciplinas o prácticas de Pascua puedes imaginar?

Capítulo 12

Jesucristo es la Resurrección y la Vida
El servicio de entierro

Dios Misericordioso, Padre de nuestro Señor Jesucristo, quien es la Resurrección y la Vida: Levántanos, humildemente te suplicamos, de la muerte del pecado a la vida de justicia; de modo que, cuando partamos de esta vida descansemos en él, y en la resurrección recibamos aquella bendición que pronunciará entonces tu muy amado Hijo: "Vengan, benditos de mi Padre, hereden el reino preparado para ustedes desde la creación del mundo". Concede esto, Padre de misericordia, por Jesucristo nuestro Mediador y Redentor. *Amén.*

—*El Libro de Oración Común*, p. 406

Escondido al final del Orden para un Entierro hay un gran tesoro de *El Libro de Oración Común*. Es una nota que dice:

> La liturgia por los difuntos es una Liturgia Pascual. Todo su significado se halla en la resurrección. Debido a que Jesús fue resucitado de entre los muertos, nosotros también seremos resucitados. Por tanto, la liturgia se caracteriza por su alegría, en la confianza de que "ni la

> muerte ni la vida, ni ángeles ni principados ni potestades, ni lo presente ni lo porvenir, ni lo alto ni lo profundo, ni ninguna otra cosa creada nos podrá separar del amor de Dios que es en Cristo Jesús Señor nuestro". Sin embargo, esta alegría no hace anticristiana la aflicción humana. El mismo amor que tenemos los unos por los otros en Cristo produce una profunda tristeza cuando la muerte nos separa. Jesús mismo lloró ante la tumba de su amigo. Por tanto, al mismo tiempo que nos regocijamos porque algún ser amado ha entrado a la presencia íntima de nuestro Señor, compartimos la tristeza de los que lloran. (410)

Esta nota establece el contexto de lo que los episcopales creen acerca de la muerte y cómo honramos a los muertos en nuestras liturgias fúnebres. Estas hermosas palabras nos recuerdan que, para los cristianos, la muerte de un ser querido es un momento conflictivo: experimentamos una inmensa alegría y un profundo dolor. Celebramos el hecho de que la persona que murió ha ido a la presencia más cercana de Jesús. Pero también lamentamos nuestra pérdida, así como Jesús lloró la pérdida de su amigo Lázaro (Juan 11:28-37). Nuestra experiencia de la muerte se encuentra en medio de esta tensión: amor y pérdida, alegría y dolor, celebración y luto. Las liturgias fúnebres episcopales equilibran estas emociones: celebran la vida resucitada de quien ha muerto y al mismo tiempo honran el dolor de quienes lloran.

El servicio para el entierro de los difuntos es el último servicio de *El Libro de Oración Común* en la sección "Oficios Pastorales" del libro de oración. Esta sección incluye la Confirmación, el Matrimonio, el Nacimiento de un Niño, la Reconciliación de un Penitente, la Ministración a los Enfermos y el Entierro. Estos ritos significan para muchos los hitos de nuestro viaje por la vida. En estos oficios se nos recuerda que Dios en Cristo camina con nosotros en la vida y la alegría, en la muerte y en el dolor.

Los ritos funerarios se hallan en las páginas 390-410, y tienen dos formas: El Rito de Entierro y el Orden para un Entierro. Las dos formas siguen en gran medida la misma estructura.

Notas sobre el servicio

Los servicios comienzan con una lista de rúbricas o pautas para la celebración. Aunque estos pueden parecer detalles mundanos, estas notas proporcionan información importante sobre cómo las acciones simbólicas en los funerales expresan lo que creemos acerca de la muerte. Una de las primeras frases aclara que la muerte de un miembro de una iglesia debe ser informada al ministro de la congregación, y que "el lugar apropiado para celebrar el Rito de Entierro de los bautizados es la iglesia". Los funerales en la iglesia no son solo para aquellos que dan dinero a la congregación o reservados para aquellos que fueron muy activos y asistieron a los servicios con frecuencia. Todos los cristianos bautizados, sin importar la edad, la denominación o cuánto asistieron a la iglesia, son debidamente enterrados por la iglesia. No importa si la persona no ha estado en la iglesia mucho tiempo; no importa si la persona que falleció tenía una relación difícil o complicada con la fe (¿no la tenemos todos?). La iglesia está aquí para darle la bienvenida a casa, sin condiciones.

Las notas dicen que el servicio debe celebrarse "cuando la congregación tenga la oportunidad de estar presente". Este es un recordatorio importante que es parte del don y la responsabilidad de la comunidad cristiana de "llevar las cargas los unos a los otros" (Gálatas 6: 2). El servicio de sepultura no es un acto privado para la familia de la persona que ha fallecido. Es un servicio de la iglesia, una oportunidad para que la comunidad cristiana se reúna para orar, tanto por la persona que ha muerto como por la familia que ahora está en duelo.

Las notas continúan diciendo que el ataúd debe cerrarse antes del servicio y cubrirse con una palia. Una palia es una tela, generalmente blanca, que se extiende sobre el ataúd. Este detalle es un recordatorio de que ante Dios todos tenemos el mismo aspecto. No importa si la persona tenía dinero para el ataúd más caro o si solo podía permitirse el lujo de ser enterrado en una caja de cartón; en la muerte, todos estamos cubiertos por el amor de Jesús, vestidos con el blanco del bautismo, y llevados a la iglesia el día de nuestra sepultura como miembros amados del Cuerpo de Cristo.

A continuación las notas describen los diferentes roles que las personas asumen en el servicio: un sacerdote normalmente preside, pero un diácono o lector laico puede dirigir el servicio si no hay un sacerdote disponible. Las lecciones del Antiguo Testamento y de la Epístola deberían ser leídas por laicos; esta es una oportunidad para que los miembros de la familia o amigos participen en el servicio de una manera significativa.

Incluso antes de que comience el servicio, es habitual que el celebrante reciba al cuerpo y lo guíe hacia la Iglesia o hacia la tumba. De hecho *El Libro de Oración Común* incluye una hermosa serie de oraciones para la "Recepción del Cuerpo" en la página 388, en las que el sacerdote ora tanto por la persona que ha muerto como por los que lloran. Al recibir el cuerpo y guiarlo hacia la iglesia y luego a la tumba, el celebrante ofrece un recordatorio de que la persona que murió no viaja sola: los santos y santas fieles que han ido antes están presentes con el difunto, y Jesús mismo guía el camino a través de la muerte y la tumba y hacia la vida eterna.

Después de las notas, entramos al servicio en sí. Examinaremos específicamente el Rito de Entierro (páginas 391-408), pero los puntos teológicos y pastorales son similares en ambos ritos.

El Rito de Entierro

El servicio comienza con todos de pie mientras el cuerpo es introducido a la iglesia. Durante esta entrada, se dice o canta uno de los himnos impresos en las páginas 391-392, o un himno, salmo u otro canto. El servicio continúa de manera similar a un servicio dominical regular, con oraciones y lecturas seleccionadas de las Sagradas Escrituras. Las oraciones se centran en la realidad del dolor y la importancia de nuestro ministerio, como iglesia reunida, para amarnos y apoyarnos unos a otros en estos momentos. Las lecturas, al igual que los himnos que comenzaron el servicio, ayudan a recordar la alegría de la Resurrección, mientras que también pretenden consolar a los que lloran. En todas estas cosas el enfoque está en Dios, no en la persona que murió, y sabemos y proclamamos que no hay ningún lugar adonde podamos ir que Jesús no haya ido ya, ni siquiera a la muerte y la tumba. Si el servicio incluye la comunión, se debe ofrecer una lectura del Evangelio.

Después de las lecturas puede haber una homilía por un sacerdote, un miembro de la familia o un amigo. Una homilía no es un elogio. Mientras que un elogio es un discurso en alabanza de una persona, una homilía es un reflejo de las Escrituras que se han leído. Esta es una distinción importante, porque, aunque la homilía puede y debe ser personal, no se centra exclusivamente en la persona que murió, sino en la conexión entre la vida de esa persona y los pasajes de la Biblia que acaban de leerse.

El servicio puede continuar con el Credo de los Apóstoles. Este credo, que se usa en los servicios bautismales, nos recuerda la conexión entre la muerte y el bautismo: cada uno es una entrada a una vida nueva y diferente.

A partir de aquí, el servicio para el entierro puede tomar uno de dos caminos. Si el servicio de entierro no incluye la comunión, continúa con el Padrenuestro y la Oración de los Fieles u otras oraciones adecuadas, y luego salta a la oración comendatoria y la sepultura para finalizar el servicio. Si el servicio funeral incluye la comunión, continúa con la Oración de los Fieles.

Las familias, en consulta con su sacerdote, pueden tomar la determinación de incluir o no la Santa Comunión como parte del funeral. A veces, la situación puede hacer que la comunión sea difícil o divisiva. Pero en la mayoría de los casos, la comunión es una poderosa e importante parte del servicio de Entierro. Después de todo, en Santa Eucaristía nos unimos con ángeles y arcángeles y con la comunión de las santas y los santos, todos aquellos que han ido antes, incluido quien enterramos este día. Comunión significa "junto con" y compartir la comunión en un entierro en medio de la tristeza puede ser una forma importante de unirse con el que ha fallecido y con la comunidad reunida, apoyándose unos a otros en el dolor.

Sea como fuera, el servicio continúa con la Oración de los Fieles, oraciones que se refieren específicamente a la muerte del amigo de Jesús, Lázaro, hermano de Marta y María (Juan 11:1-44). Cuando Lázaro murió, Jesús lloró tan abiertamente que las personas a su alrededor lo vieron como una señal de su profundo amor. Luego, en medio de su dolor, Jesús resucitó a Lázaro de entre los muertos y lo devolvió a la vida. Esta historia, mencionada en las oraciones, nos recuerda tanto la forma en que Jesús mismo experimentó el dolor como el poder que Jesús tiene para elevarnos a todos a la vida nueva.

Luego el servicio continúa con la paz y el ofertorio del pan y el vino, como en un servicio eucarístico regular. En la oración eucarística, el celebrante ofrece el Prefacio por la Conmemoración de los Fieles Difuntos: "Por nuestro

> **¿Cómo es el cielo?**
>
> Cuando pensamos en el cielo, muchos de nosotros imaginamos a San Pedro en las puertas, calles pavimentadas con oro, y pasarnos la eternidad descansando y haciendo cosas que disfrutamos con aquellos que amamos y perdimos. Sin embargo, la mayoría de estas ideas sobre el cielo provienen de la cultura popular, no de la Biblia o nuestra tradición de oración. Las puertas nacaradas y las calles de oro vienen del Apocalipsis de Juan (21:21), pero son solo una pequeña parte de una visión más grande llena de imágenes poéticas y metáforas. Ni el Apocalipsis ni ningún otro pasaje bíblico describe el cielo como un lugar para nuestra comodidad, disfrute y ocio. En cambio, la Biblia dice:
>
> - Lo más memorable del cielo es la cercanía a la presencia de Dios, y nuestra actividad en el cielo no será jugar sino adorar y alabar a Dios (Apocalipsis 7:9-17 y 5:11-14).
> - El cielo no es solo para la humanidad; a través de Cristo, toda la creación está siendo redimida (Romanos 8:19-23).
> - Jesús habla principalmente sobre el reino de los cielos en parábolas (Mateo 13:24-47). A través de la metáfora y la historia, Jesús compara el Reino de los Cielos con cosas pequeñas pero valiosas, cosas que crecen y se multiplican, cosas que son ordinarias y sorprendentes.
> - Jesús repetidamente dice que el Reino de los Cielos está "cerca" (Mateo 4:17, 10:7) y "entre nosotros" (Lucas 17:20). El Nuevo Testamento continúa este entendimiento, describiendo el cielo como algo que ya está aquí, ya comenzado, y a lo que actualmente pertenecemos (Efesios 1:9-10, Filipenses 3:20).
>
> La descripción bíblica del cielo está llena de misterio y metáfora, invitándonos a pensar en el cielo de maneras nuevas y diferentes.

Señor Jesucristo; quien se levantó victorioso de la muerte, y nos fortalece con la bendita esperanza de la vida eterna. Pues, para tu pueblo fiel, oh Señor, la vida cambia, más no termina; y cuando nuestro cuerpo mortal yazca en muerte, haya preparado para nosotros una morada eterna en el cielo" (270). Este prefacio, como muchos de los elementos de la liturgia, refuerza nuestra comprensión de la muerte: como cristianos proclamamos que en la muerte nuestra vida cambia, no termina. El que ha muerto continúa, incluso ahora, en una nueva vida en Jesucristo.

Después de la Santa Comunión el servicio continúa con una oración que se encuentra en la página 400, que nos recuerda que compartir la comunión es cómo "nos diste las primicias de tu banquete celestial". Luego, el celebrante y otros ministros ocupan sus lugares junto al cuerpo para la comendatoria. La oración comendatoria es nuestro envío de esta persona, encomendándola a Dios. Afirmamos nuestra creencia en Dios, el Dios que nos creó y a quien regresamos. Y escuchamos que se enfoca en la alegría de la resurrección incluso en medio del dolor de la muerte: "Aun en la tumba elevamos nuestro canto: Aleluya, aleluya, aleluya".

El celebrante de frente al cuerpo dice la oración de la parte inferior de la página 401. Esta oración nombra la verdadera identidad de cada uno de nosotros: siervo, oveja, cordero, pecador, redimido, santo. Se nos recuerda que el difunto no era perfecto, pero Dios también lo ama, igual que a nosotros.

El servicio concluye con una bendición, y luego se canta o se dice un himno mientras se retira el cuerpo de la iglesia. De esta manera, el servicio termina como comenzó, afirmando nuestro enfoque en Jesucristo, quien nos guía a cada uno de nosotros a través de la muerte y la tumba y hacia el Paraíso.

Sepultura

Aunque el servicio en la iglesia ha terminado, el entierro no. La parte final del rito de entierro es la sepultura; las oraciones que decimos cuando el cuerpo del difunto se coloca en su lugar de descanso final. El servicio de sepultura es breve, con solo unos pocos himnos y oraciones. Normalmente se realiza donde el cuerpo se sepulta: en la tumba si el cuerpo está siendo enterrado o en el columbario si las cenizas se depositan en un nicho. De esta manera, vamos con los difuntos hasta el final de su viaje en esta tierra, acompañándolos amorosamente con oraciones hasta la tumba. Cuando el cuerpo es colocado en la tumba o las cenizas son enterradas, el celebrante dice una oración encomendando a la persona que ha muerto a Dios y entregándola a la tierra. Las instrucciones especifican: "mientras se arroja tierra sobre el ataúd", una conexión importante con las palabras de las Escrituras de que los humanos fueron creados de la tierra y volvemos a ella. El servicio concluye con el Padrenuestro y otras oraciones, y luego el celebrante ofrece el despido.

Estas palabras finales del servicio comienzan con las mismas palabras que proclamamos en Pascua: "¡Aleluya! Cristo ha resucitado. ¡Es verdad! El Señor ha resucitado. ¡Aleluya!". De esta manera, terminamos con un enfoque en la Pascua, en la alegría, en la Resurrección de Cristo de entre los muertos.

> Los ritos fúnebres de la Iglesia Episcopal ofrecen una gran cantidad de espacio para diferentes prácticas. Algunas personas prefieren tener sus cuerpos preservados y enterrados en un ataúd; otros eligen ser cremados antes del entierro. Ambos son completamente aceptables en la Iglesia Episcopal. La oración para el entierro incluye "el suelo, la profundidad, los elementos o su lugar de descanso", una gran variedad de opciones que permiten el entierro en el suelo, el entierro en el mar o el entierro en un columbario. Muchas iglesias tienen un columbario, una colección de nichos, ya sea en el suelo o en una pared o banco, donde las cenizas de la cremación pueden ser enterradas en la propiedad de la Iglesia.

Su significado

Ahora que entendemos algunas de las complejidades del servicio de entierro, ¿qué significan? ¿Qué aprendemos sobre lo que creen los episcopales al explorar cómo oramos frente a la muerte?

En primer lugar, y tal vez lo más importante, nuestras oraciones reflejan nuestra creencia y nuestros sentimientos frente a la muerte: una combinación de alegría y pena, celebración y tristeza. Cuando planifico funerales, a menudo las familias me dicen: "No queremos que sea triste. Queremos celebrar la vida de nuestro ser querido". Por otro lado, he encontrado familias que están tan ahogadas por el dolor que no pueden ver ni experimentar ninguna alegría. El servicio episcopal intenta ayudar a las personas a encontrar un término medio que reconozca ambas realidades. Sí, celebramos la alegría de la resurrección, proclamamos aleluyas y afirmamos que cuando alguien muere, su vida cambia, no termina. Pero también repetidamente rezamos en voz alta la realidad de nuestro dolor y pérdida, recordando que Jesús mismo lloró por la pérdida de su amigo. Es al mantener ambas cosas en tensión, al nombrar y honrar tanto la alegría como el dolor, que vivimos la plenitud de nuestra fe y humanidad y encontramos la paz que Dios nos promete.

En segundo lugar, se nos recuerda que, incluso en medio del dolor y la muerte, estamos rodeados por la iglesia, la comunidad cristiana. Una y otra vez el servicio funerario enfatiza la importancia de la comunidad reunida. Como cristianos, es increíblemente importante que vayamos a los funerales, que amemos y apoyemos a los que están afligidos. Incluso hoy, décadas más tarde, mi padre recuerda a todas las personas que asistieron al funeral de su madre. Pero así como la muerte no es el final de la vida, tampoco el funeral es el final del duelo. Es importante recordar a aquellos que están afligidos, no solo el día del entierro sino también en las semanas y meses venideros. En los servicios funerarios a menudo les recuerdo a las personas que elijan una fecha en el calendario en una semana, un mes o algunos meses para llamar y visitar a los que están de duelo.

El servicio funerario, como las otras prácticas de *El Libro de Oración Común*, sostiene nuestras creencias sobre la muerte. Cada componente del servicio nos recuerda que la muerte es un paso en el camino y no su final, que es un momento de alegría y dolor. Esta comprensión debería hacernos menos temerosos de hablar y reconocer la muerte, la nuestra y la de nuestros seres queridos. Vivimos en una cultura que desafía a la muerte y que niega la muerte, donde los productos que te hacen vivir más tiempo o verte más joven llenan nuestros anuncios publicitarios y nuestros estantes. Pero como cristianos, estamos llamados a ser honestos acerca de la muerte. Jesús habla mucho sobre la muerte, y nuestras liturgias reconocen la realidad de la muerte. Para un cristiano, la muerte no es el enemigo sino un momento en el camino de la vida. Cuando comenzamos a hablar sobre la muerte honestamente, comenzamos a liberarnos del miedo. Y también podemos planear y discutir con nuestras familias la forma en que queremos vivir y la forma en que esperamos morir.

Planear para el futuro

Uno de los mejores regalos que le podemos dar a nuestras familias es planear nuestro servicio fúnebre. La gente a menudo se resiste a esta idea porque les suena morbosa, pero es importante: nos ayuda a reconocer la realidad de nuestra mortalidad, y es una ayuda increíble para nuestras familias. Cuando alguien muere, la familia a menudo se paraliza de dolor. Intentar tomar muchas decisiones sobre los servicios funerarios puede ser abrumador. Y aquellos que nunca han hablado con sus seres queridos sobre la muerte pueden dar vueltas, preguntándose: "¿Qué querría [mi madre]?" "No sé qué himnos le gustaban [a mi padre]". El duelo ya es una experiencia desgarradora sin agregar el dolor de la indecisión y la incertidumbre. Y cuando las personas participan en un servicio que fue planificado con acuerdo del que ha fallecido, sienten conexión y consuelo, escuchando el Espíritu Santo de Dios hablando a través de las lecturas y los himnos.

Quizás todo lo que creemos acerca de la muerte y todo lo que se ha expresado en las oraciones de nuestro servicio funerario se resume mejor en el más conmovedor de todos los sermones de Pascua escrito por San Juan Crisóstomo:

> Que nadie tema la muerte,
> pues la muerte del Salvador nos ha liberado de la misma.
>
> El Señor destruyó la muerte cuando la padeció.
> El Señor venció al infierno cuando descendió a él.

Puede parecer sorprendente hablar sobre escribir testamentos en un libro sobre creencias y prácticas cristianas. Puedes pensar que un testamento es un documento legal en lugar de religioso. Pero, de hecho, *El Libro de Oración Común* dice que es "el deber que tienen los padres cristianos de proveer con prudencia al bienestar de sus familias; y del deber que tienen todas las personas de hacer testamento, mientras gozan de salud, arreglando la disposición de sus bienes temporales, no descuidando, si les es posible, el dejar legados para obras religiosas y caritativas" (367). El acto de hacer un testamento es un acto teológico: nos ayuda a pensar sobre todas las riquezas que nos han sido dadas y cómo podemos compartirlas con Dios y con las generaciones futuras. Hacer un testamento nos ayuda a enfrentar la muerte, clara y honestamente, mientras aún gozamos de buena salud y no estamos motivados por el miedo. Y hacer un testamento es un regalo, una oportunidad para hablar con nuestras familias y amigos sobre las cosas que realmente importan, sobre nuestra fe, nuestras esperanzas y nuestros sueños.

El Señor amargó el infierno cuando este saboreó su cuerpo.

Isaías lo anticipó cuando dijo:
"El Infierno fue amargado cuando te encontró en él".

El infierno ha sido amargado porque ha sido anulado.
El infierno ha sido amargado porque ha sido burlado.
El infierno ha sido amargado porque ha sido destruido.
El infierno ha sido amargado porque ha sido encadenado.

El infierno recibió un cuerpo, y era Dios.
El infierno tomó tierra y encontró el cielo.
El infierno tomó lo que estaba viendo, y fue superado
        por lo que no vio.

¡Muerte! ¿Dónde está tu poder?
¡Infierno! ¿Dónde está tu victoria?

Cristo resucitó y fuiste aniquilado.
Cristo resucitó y los demonios cayeron.
Cristo resucitó y los ángeles se regocijaron.
Cristo resucitó y la vida vino a todos.
Cristo resucitó y los sepulcros se vaciaron de sus muertos.

Cristo resucitó de entre los muertos
llegando a ser el Primogénito de los muertos.

A él sea la gloria y el poder por los siglos de los siglos. *Amén*.

Para la reflexión

* Si nos enfocamos solo en la esperanza cristiana de la resurrección, entonces negamos la realidad del dolor cuando perdemos a los que amamos. Si nos enfocamos solo en el dolor, entonces ignoramos la promesa de la esperanza cristiana de la vida eterna. ¿Cómo equilibra la liturgia de entierro la esperanza y el dolor? ¿Cómo hacemos esto en nuestras propias vidas?

* El cielo, tal como se describe en la Biblia, es notablemente diferente de la idea del cielo que a menudo describe la cultura popular. ¿De qué manera la descripción bíblica del cielo te desafía, te consuela o te conmueve?

* *El Libro de Oración Común* establece claramente que "los cristianos bautizados sean debidamente enterrados por la Iglesia" (468). ¿Por qué crees que es importante que los cristianos sean sepultados por la iglesia en lugar de otro lugar, como una funeraria?

* ¿Has planeado tu propio funeral? Si lo has hecho, ¿cómo es? Si no lo has hecho, ¿por qué no?

Creencias básicas

Capítulo 13

Congregados en unidad
Los credos

Concede, oh Dios de misericordia, que tu Iglesia, congregada en unidad por tu Espíritu Santo, manifieste tu poder entre todos los pueblos, para gloria de tu Nombre; por Jesucristo nuestro Señor, que vive y reina contigo y el Espíritu Santo, un solo Dios, por los siglos de los siglos. Amén.

—*EL Libro de Oración Común*, pp. 148-149

Las reglas son cosas interesantes. Ver una lista de reglas es ver una lista de errores que las personas han cometido. En su esfuerzo por ayudarnos a entender la extraña lista de reglas que aparecen en las cartas de San Pablo a la iglesia, uno de mis profesores del seminario ofreció este ejemplo: Supongamos que, dentro de miles de años, los arqueólogos encuentran una piscina pública. El propósito del gran agujero de concreto en el suelo podría no estar claro para ellos, pero los arqueólogos sabrían dos cosas gracias a la lista de reglas que encontrarían cerca de la piscina. Era un lugar donde estaba prohibido correr y zambullirse. Y también sabrían que las personas seguramente querían correr y zambullirse, de ahí la necesidad de reglas contra tales acciones.

Los credos no son leyes, sino reglas de la fe. Los credos son, como dice el Catecismo del libro de oración, "declaraciones de nuestras creencias básicas acerca de Dios" (744). ¿Por qué tenemos estas declaraciones particulares? En varias ocasiones, la iglesia ha sido sacudida por la controversia y el desacuerdo, y sus líderes se han reunido para resolver cuestiones básicas de fe. Por lo tanto, tenemos credos o resúmenes de la fe. Los credos hablan especialmente de aquellos asuntos que fueron controvertidos en el momento en que se escribieron, y la mayoría de esas controversias se relacionaban con la creencia en la Santísima Trinidad. Nuestros credos, por lo tanto, en su mayoría, hablan de Dios Padre, Hijo y Espíritu Santo. Muchos otros elementos importantes de la fe se dejan de lado, temas vitales como la guerra y la paz, el papel del clero y los laicos en la iglesia, la protección de los más vulnerables o el pecado de acumular grandes riquezas. Así que volvemos a los credos para encontrar nuestra orientación sobre quién es Dios, pero también debemos darnos cuenta de que otros asuntos muy importantes de nuestra doctrina no se resuelven en nuestras declaraciones de fe.

Usamos dos credos regularmente en nuestra adoración. Los domingos y en las fiestas principales, cuando celebramos la Santa Eucaristía, decimos juntos el Credo Niceno. Cuando decimos la oración de la mañana o de la tarde, bautizamos a nuevos cristianos o enterramos a los muertos, decimos el Credo de los Apóstoles.

Según la tradición, los doce artículos de fe en el Credo de los Apóstoles fueron escritos por los mismos apóstoles, y cada apóstol contribuyó con una declaración. Los eruditos de hoy generalmente creen que no fue así como surgió el credo, pero existe un amplio desacuerdo en cuanto a su edad o incluso si es más antiguo o no que el Credo Niceno. Lo más importante que debemos observar es que el Credo de los Apóstoles está profundamente conectado con el Santo Bautismo. Desde tiempos muy antiguos, este credo fue utilizado cuando se bautizaban nuevos cristianos. Hoy continuamos esta práctica incorporando el Credo de los Apóstoles en nuestro Pacto Bautismal en un formato de preguntas y respuestas cada vez que bautizamos a alguien o renovamos nuestras promesas bautismales. El Credo de los Apóstoles también se usa cuando rezamos el Oficio Diario (ver el Capítulo 9), especialmente en la oración de la mañana y de la tarde. Finalmente, usamos el Credo de los Apóstoles en los funerales. Así, la peregrinación terrenal de un cristiano comienza y termina con el Credo de los Apóstoles.

En este capítulo exploraremos el Credo Niceno; ese credo es en gran medida una expansión de contenido similar a lo dicho en el Credo de los Apóstoles. Si tienes curiosidad sobre las declaraciones individuales o artículos del Credo de los Apóstoles, solo busca la línea correspondiente del Credo Niceno en la explicación que sigue.

El Credo Niceno lleva el nombre de Nicea, el lugar donde la iglesia celebró un concilio ecuménico (reunión mundial de obispos) en el año 325. En respuesta a ciertas creencias divergentes acerca de Jesús, en esa conferencia los obispos ratificaron el Credo Niceno. Este fue luego modificado y ampliado en 381, y esta segunda versión es esencialmente la que los cristianos de todo el mundo han dicho durante más de 1.600 años y todavía dicen cada domingo.

Nuestros credos nos enseñan acerca de nuestra fe en Dios. Todos los credos principales están organizados en líneas trinitarias, por lo que hay secciones sobre Dios Padre, Dios Hijo y Dios Espíritu Santo. Los credos generalmente no profundizan en otros asuntos: ¿Pueden los cristianos pelear en las guerras? ¿Quién puede ser ordenando o quién se puede casar? Estos y otros asuntos importantes de la fe no son resueltos por los credos. En cambio, los credos se enfocan en la divinidad y la humanidad de Jesucristo. Se enfocan en Dios Padre como creador de todo lo que existe. Y describen la naturaleza y el papel del Espíritu Santo. Especialmente en el Credo de Nicea, las palabras sobre la relación del Dios Trino (Dios en tres personas) han sido elegidas con mucho cuidado. Todo esto está diseñado para ayudarnos a evitar decir o enseñar cosas que podrían llevar a error. Por ejemplo, si exagero la humanidad de Jesús, entonces él ya no es Dios y por lo tanto no puede ser proclamado como el Salvador del mundo. Por el contrario, si enfatizo demasiado la divinidad de Jesús, entonces su humanidad podría ser vista como una ilusión y así Dios no ha habitado entre nosotros como dicen las Escrituras.

Muchos han observado que es bueno que el Credo Niceno venga inmediatamente después del sermón en nuestras celebraciones eucarísticas: así si el predicador se ha salido de las vías teológicas, el credo nos vuelve a encarrilar. El credo ciertamente nos recuerda cada semana lo que la iglesia enseña y cómo debemos creer, pero es más que eso. Dicho un poco antes de reunirnos ante el altar, el credo también se puede entender como un recordatorio de quién es Dios (Padre, Hijo y Espíritu Santo) mientras nos preparamos para deleitarnos con la presencia de Cristo. Como un antídoto contra la posible idea de que nuestra celebración se centra en nosotros mismos, el credo nos recuerda la naturaleza eterna de Jesucristo. Jesús no es solo un buen tipo que aparece cuando decimos algunas oraciones; él es el Hijo Unigénito de Dios, y nos ama a nosotros y a toda la creación desde tiempos remotos; redime, no solo a aquellos que podemos ver a nuestro alrededor, sino también a aquellos en todo tiempo y espacio. El credo nos recuerda cuál es el panorama más general.

La gente a veces se preguntará acerca de una frase u otra del credo. "No estoy seguro del nacimiento virginal". "¿Es Dios realmente todopoderoso?" "¿Qué significa que Jesús será nuestro Juez?" A veces, estas preguntas se susurran furtivamente, como si nadie más en la congregación se hiciera estas preguntas. Pero, por supuesto, las personas que toman en serio su fe y su intelecto inevitablemente tendrán preguntas serias sobre nuestra fe y nuestro mundo y nuestro lugar en medio de todo esto. Muchas de estas preguntas tienen una pregunta subyacente: "¿Realmente tengo que creer todo esto que decimos?".

> Si está interesado en explorar cuestiones de fe, un buen recurso es *Faithful Questions: Exploring the Way with Jesus [Preguntas fieles: Explorando el camino con Jesús]*, que trata sobre la importancia de cuestionar nuestra fe. *Faithful Questions* también ofrece orientación sobre cuestiones importantes como quién es Jesús o qué ocurre cuando oramos. Este libro es publicado por Forward Movement y está disponible en Forward Movement o en tu librería local.

Podemos y debemos usar nuestro intelecto para sondear la profundidad de nuestra fe (cómo, por qué, qué, dónde, cuándo, quién), pero también deberíamos estar preparados para unir nuestras voces con las de todas las generaciones que nos han precedido y que han enseñado las creencias fundamentales de nuestra fe.

Una forma de entender la función de los credos es a través de la alegoría del metro patrón que usan los carpinteros. Podemos usar los credos para medir lo que escuchamos y determinar si representa o encaja con las enseñanzas de la iglesia. Si un predicador dijera que Jesús no resucitó de la muerte en Pascua, podemos rechazarlo inmediatamente como una enseñanza falsa, porque los credos (declaraciones universales de fe) son claramente enfáticos cuando dicen que Jesús realmente resucitó de entre los muertos. Esto no significa que no podamos hacer preguntas sobre exactamente qué sucedió en la mañana de Pascua. De hecho, una lectura detallada de los evangelios revela que los propios discípulos de Jesús estaban confundidos después de que Jesús resucitó de entre los muertos. ¿Quién no lo estaría?

El Credo Niceno

Echémosle un vistazo al Credo Niceno. Esta será una revisión muy breve. Para un tratamiento más detallado, recomendamos *The Creed: What Christians believe and why it matters [Los Credos: Lo que los cristianos creen y por qué es importante]* escrito por Luke Timothy Johnson.

> Creemos en un solo Dios,
> Padre todopoderoso,
> creador de cielo y tierra,
> de todo lo visible e invisible.

El inicio del credo no es realmente muy complicado. Afirmamos que Dios Padre hizo todo lo que existe, en todas partes. Decir que Dios hizo todo tiene implicaciones significativas en cómo tratamos al mundo en el que vivimos, como veremos en el Capítulo 21. También podemos observar que esta versión del credo que aparece en el Rito II, dice: "Creemos", que es como se encuentra en las versiones más antiguas del credo. Más tarde, gran parte del cristianismo mundial prefirió decir "creo" y todavía podemos encontrar esa versión en nuestra liturgia del Rito I. Si bien al decir "nosotros" se enfatiza nuestra profesión común de fe, también se evita la responsabilidad personal. Decir "nosotros" enfatiza que estamos declarando no solo nuestras propias creencias sino también las creencias de toda la iglesia. Esto puede ayudarnos a veces si nos cuesta personalmente aceptar partes de los credos, sabiendo que realmente estamos articulando la fe ideal de toda la iglesia. Por el contrario, cuando digo "Creo", eso me recuerda que tomo las riendas de mi propia vida de fe y creencias. Prueba decir el credo usando ambas formas y considera las ventajas o desventajas de cada una.

> Creemos en un solo Señor, Jesucristo,
> Hijo único de Dios,
> nacido del Padre antes de todos los siglos:
> Dios de Dios, Luz de Luz,
> Dios verdadero de Dios verdadero,
> engendrado, no creado,
> de la misma naturaleza que el Padre,
> por quien todo fue hecho.

Casi todos los sermones que he escuchado sobre Jesús se refieren a su vida terrenal. Y sin embargo, el credo tiene ocho líneas sobre la vida eterna de Jesucristo. Todo lo que aparece en estas líneas del credo ocurrió antes de que naciera Jesús. Hacer estas afirmaciones enfatiza la inmensidad del amor de Dios por nosotros. Para hacer eco de las palabras de San Juan, "En el principio era la Palabra, y la Palabra era Dios..." (Juan 1:1). Es ver a Jesús no solo como una persona que vivió en Tierra Santa hace 2,000 años, sino como el centro de la historia de salvación de Dios para toda la creación y para nosotros.

Puede ser arriesgado privilegiar una frase sobre otra, pero las palabras "de la misma naturaleza que el Padre" son especialmente importantes. Esto significa que Jesucristo y su Padre son iguales y de un solo tipo. En términos simples y prácticos, decir que Jesús y su Padre tienen la misma naturaleza nos impide decir erróneamente que Jesús es menos que las otras personas de la Santísima Trinidad.

Algunas de estas frases ("Luz de Luz") son respuestas a controversias específicas que se desencadenaron en el mundo bizantino antiguo cuando se creó el credo. Estas palabras y frases vale la pena explorarlas en profundidad, pero por ahora, observemos cómo el Jesús del credo es mucho más grande que el Jesús borroso e impreciso que a veces imaginamos.

> que por nosotros
> y por nuestra salvación
> bajó del cielo:
> por obra del Espíritu Santo se encarnó de María,
>   la Virgen,
> y se hizo hombre.

Estas líneas dice mucho sobre Jesús y sobre nosotros. ¿Por qué Jesús vino a vivir con nosotros? "Por nosotros y por nuestra salvación". ¿Cómo fue esto posible? "Por obra del Espíritu Santo". Y, por supuesto, no podemos pasar por alto el don de María en todo esto. No como una mujer tímida y retraída, sino valiente, María aceptó la invitación de Dios de llevar a Dios en Jesucristo al mundo. Debido a nuestra admiración de que Dios se encarnara en forma humana, durante mucho tiempo ha sido tradición, entre algunos anglicanos, inclinarse o incluso arrodillarse mientras se cantan o se pronuncian estas palabras sobre la encarnación.

Hace varios años, yo estaba enseñando una clase básica en una congregación, y se me ocurrió hacer una pregunta: "¿Alguien puede decir lo que significa 'encarnado'?". Silencio. Nadie tenía idea. Encarnado es en realidad una palabra muy importante. (Y este es un buen recordatorio de que no debemos repetir ociosamente las frases litúrgicas de memoria; ¡debemos asegurarnos de que sepamos lo que estamos diciendo!)

Encarnado viene de la misma raíz que la palabra carne, de la misma manera que la usaríamos en el menú de un restaurante. Decir que Jesús es Dios encarnado es decir que Jesús es Dios hecho carne. Esto descarta la idea de que nuestro Dios esté alejado de nosotros o de alguna manera no comprenda la experiencia humana.

> Por nuestra causa fue crucificado
> en tiempos de Poncio Pilato:
> padeció y fue sepultado.
> Resucitó al tercer día, según las Escrituras.

Poncio Pilato era un oficial del imperio romano. Su historia se cuenta en los cuatro Evangelios, y hay menciones de él en otros lugares. Es absolutamente extraordinario que solo él y María (la Madre de Dios) sean nombrados en los credos. Solo se mencionan dos humanos; María trajo a Jesús a esta vida terrenal, y Pilato desempeñó un papel clave en terminar la vida terrenal de Jesús. Al repetir el nombre de Pilato cada semana, nos estamos recordando a nosotros mismos de la historicidad de Jesucristo. Pilato es una persona real cuya identidad y existencia la arqueología ha verificado. Pilato es una persona real, contaminada por el mismo pecado y el mismo miedo que nos habita a todos. Invocamos su nombre semana tras semana, cimentando a Jesús en la realidad histórica y exponiendo el doloroso abismo entre nuestros pecados y el temor y el amor y la esperanza de Dios.

Profesamos que Jesús murió y resucitó a una vida nueva. Esta es una de las afirmaciones centrales del cristianismo. Si no afirmáramos su resurrección, podríamos cometer el error de pensar que Jesús es simplemente un maestro. Sin esta afirmación de que Jesús realmente murió por nosotros, podríamos cometer el error de pensar que el amor de Dios por nosotros es limitado. Morir por otro es la máxima expresión de compromiso, y la muerte de Jesús demuestra el compromiso de Dios con nosotros y nuestra salvación.

> Subió al cielo
> y está sentado a la derecha del Padre.
> De nuevo vendrá con gloria
> para juzgar a vivos y muertos,
> y su reino no tendrá fin.

Muchos episcopales no se preocupan mucho por la ascensión de Jesús al cielo. Muchas iglesias ni siquiera tienen un servicio entre semana para conmemorar este evento central que ocurre un jueves cuarenta días después del Domingo de Pascua. En la ascensión, Jesús regresa al cielo para estar con Dios. Tal vez no celebramos más la ascensión porque nos preocupa la mecánica del evento en vez del motivo.

Antes de regresar a Dios, Jesús bendice a sus seguidores. Él les promete que el Espíritu permanecerá con ellos (y por este medio, con nosotros) mientras que el ministerio de Jesús continúe. La ascensión es de alguna manera el comienzo de nuestro propio ministerio de ser las manos y los pies de Cristo en nuestro mundo, sirviendo al mundo en su nombre.

El credo habla ahora sobre el juicio. A la gente cómoda no le gusta pensar en el juicio y las consecuencias. Pero ponte en el lugar de alguien nacido en Darfur o alguien cuya familia se extinguió en el Holocausto u otro de los muchos genocidios de los últimos cien años. El juicio justo puede parecer muy diferente para aquellos que vieron más maldad de la que la mayoría de nosotros podemos imaginar.

El universalismo, la idea de que todos son juzgados favorablemente, de que la salvación es universal, funciona mejor para aquellos que no quieren enfrentar las consecuencias. Pero la enseñanza del Evangelio es clara: Dios un día nos juzgará a nosotros y a todas las personas.

La parábola de Lázaro y el hombre rico nos da una idea de este juicio (Lucas 16:19-31). En la parábola, un hombre rico se niega a ayudar a un mendigo llamado Lázaro. Cuando el hombre rico y el pobre mueren, el hombre rico descubre que ha sido condenado a una vida entre las llamas, mientras que el pobre ha sido llevado al paraíso. El hombre rico pregunta si el pobre hombre puede ayudarlo, pero le dicen que ya ha disfrutado el placer en su vida terrenal y no recibirá ayuda en la eternidad. Al igual que el hombre rico, de forma rutinaria yo he dejado atrás al pobre y al necesitado, ignorando sus súplicas. Para mí hablar del juicio es hablar del juicio que enfrentaré por no honrar a Cristo en las personas más vulnerables. Nuestra oración puede y debe ser para pedir misericordia, para nosotros mismos y para todo el mundo.

Seremos juzgados, pero por Dios (¡y no los unos por los otros!). Afortunadamente, el juicio de Dios está por encima de nuestro rango; así podemos enfocarnos en nuestra propia salvación y anhelar la misericordia de Dios.

> Creemos en el Espíritu Santo,
> Señor y dador de vida,
> que procede del Padre y del Hijo,
> que con el Padre y el Hijo
> recibe una misma adoración y gloria,
> y que habló por los profetas.

La tercera persona de la Santísima Trinidad, el Espíritu Santo, a menudo se olvida. Tendemos a orar a Dios Padre o a Dios Hijo mucho más frecuentemente de lo que oramos a Dios Espíritu Santo. Solo una vez al año, en el Día de Pentecostés, la mayoría de nosotros recordamos al Espíritu Santo.

El Espíritu Santo es el "dador de vida" ya que el Espíritu estuvo presente desde el momento de la creación y continúa siendo una de las formas en que Dios nos anima con su presencia. El credo nos recuerda, en caso de que lo olvidemos, que el

Espíritu Santo es digno de adoración y alabanza. Finalmente, el credo enfatiza cómo los profetas a través del tiempo han sido la voz del Espíritu Santo. Esto es importante porque nos recuerda que el Espíritu es eterno (y no solo ahora en el presente), y que Dios a veces elige hablar a través de las personas. Puedes leer más sobre el Espíritu Santo en el Capítulo 23.

> Creemos en la Iglesia,
> que es una, santa, católica y apostólica.
> Reconocemos un solo Bautismo
> para el perdón de los pecados.
> Esperamos la resurrección de los muertos
> y la vida del mundo futuro. Amén.

Esta sección del credo tiene una de las líneas más controvertidas. En la versión original del Credo Niceno, se decía que el Espíritu procedía del Padre. Punto final. Varios siglos después de que el credo fuera ratificado, la Iglesia en Europa comenzó a insertar otra frase, "y del Hijo." Para desenredar esta controversia necesitaríamos escribir otro libro, así que solo diremos esto: Que se agregue o no "y el Hijo" tiene un efecto en nuestra comprensión de la relación entre Dios Padre, Dios Hijo y Dios Espíritu Santo. Decir de dónde procede es describir la fuente del poder y del ser, y esto afecta la relación entre las personas de la Trinidad.

Los defensores de cada posición argumentarán que "su" posición es la única correcta. Los anglicanos han comenzado gradualmente a moverse hacia la línea más antigua. Los obispos de la Comunión Anglicana han instado a todos los anglicanos a omitir "y el Hijo" en los libros de oración futuros, y, de hecho, nuestra propia Iglesia Episcopal ha omitido la frase en los materiales complementarios de adoración *Enriching Our Worship [Enriqueciendo nuestra adoración]*. Esto es muy complicado, pero lo mencionamos porque guerras se han librado por esto y porque el lenguaje puede cambiar un poco en la liturgia moderna a medida que esta controversia continúa desarrollándose, afortunadamente sin derramamiento de sangre.

Aquí profesamos nuestra fe en la Iglesia Universal. Llamamos a la iglesia *santa* porque creemos que Jesucristo mismo es la cabeza de ella, y que nosotros, sus discípulos, llevamos a cabo su ministerio bajo la guía del Espíritu Santo. Llamamos a la iglesia *católica* porque a pesar de nuestras muchas diferencias, casi todos los cristianos reconocen los bautismos realizados por casi todos los demás cristianos. Llamamos a la iglesia *apostólica* porque estamos obligados a enseñar y practicar la tradición que nos fue transmitida, remontándonos hasta los apóstoles.

Y terminamos nuestra recitación del Credo Niceno con una declaración de esperanza, esperanza de una vida eterna con Dios.

Los credos son una mezcla de reglas de fe, declaraciones doctrinales, poemas religiosos y frases llenas de lo que esperamos que todos los cristianos confiesen sobre su fe. El lenguaje es meticulosamente preciso y sin embargo comprensible para cualquiera. Si los credos parecieran difíciles, ten paciencia. Si parece que los dominas, dales más tiempo y estudio. Nuestros credos son dones: nos enseñan acerca de nuestra fe, y mientras los estudiamos, enriquecen y expanden esa misma fe.

Para la reflexión

- La práctica cristiana ha variado con las declaraciones del credo; a veces los credos han dicho "creo" y otras veces "creemos". ¿Cuáles son las ventajas y desventajas de cada forma de recitar el credo?

- A todos los cristianos que mediten sobre su fe les costará a veces comprender algunas partes de ella. ¿De qué manera decir un credo ayuda o dificulta nuestro esfuerzo por comprender nuestra fe?

- Los credos abordan los temas del juicio y el fin de la historia; sin embargo, estos a menudo no son parte de nuestras conversaciones diarias de fe. ¿Por qué es importante que estos temas estén en los credos?

- Busca el Credo de los Apóstoles en la página 59 y el Credo Niceno en la página 280 de *El Libro de Oración Común*. ¿Qué diferencias notas entre los dos credos? ¿Cuál credo prefieres y por qué?

Capítulo 14

Para nuestra enseñanza
La Biblia

Bendito Señor, tú que inspiraste las Sagradas Escrituras para nuestra enseñanza: Concede que de tal manera las oigamos, las leamos, las consideremos, las aprendamos e interiormente las asimilemos, que podamos abrazar y siempre mantener la esperanza bendita de la vida eterna, que nos has dado en nuestro Salvador Jesucristo; que vive y reina contigo y el Espíritu Santo, un solo Dios, por los siglos de los siglos. *Amén.*

—*El Libro de Oración Común*, 152

Cuando me inscribo en alguna conferencia religiosa, a menudo me piden que identifique mi denominación. Por lo general hay una lista que muestra siempre los mismos grupos: católica, metodista, bautista, episcopal, etc. Recientemente, sin embargo, encontré una lista que me detuvo en seco. Cuando me pidieron que identificara mi denominación, me dieron tres opciones: católica, protestante o bíblica. Miré la pantalla por un largo rato, mientras pensaba cómo identificarme. Quería simplemente escribir "¡Sí!". Sí, soy católico, protestante y bíblico. Necesitaba una cuarta opción: "Me corresponden las tres".

La verdad es que a los episcopales nos corresponden las tres. Somos católicos (una palabra que, en esencia, simplemente significa universal o disponible para todos). La identidad católica de la Iglesia Episcopal se expresa a través de nuestros obispos y sacramentos de una manera que se conecta con las creencias y prácticas históricas de la iglesia desde sus comienzos; nos une a los cristianos de hoy de todo el mundo. Y somos protestantes, incorporando muchas de las mejores ideas de la Reforma Protestante a nuestras creencias y prácticas, incluida nuestra afirmación de que la Biblia contiene todas las cosas necesarias para la salvación y nuestra creencia de que tanto la Biblia como nuestras oraciones deben estar al alcance de todas las personas. De hecho, la Iglesia Episcopal a menudo se define como la vía media, el término medio entre el catolicismo romano y el protestantismo. La vía media no significa "todo vale", sino más bien es el puente entre estas dos posiciones. Ser una iglesia de vía media significa que aceptamos la riqueza sacramental de nuestra herencia católica romana así como la riqueza teológica de la Reforma Protestante.

Pero quizás, sobre todo, la Iglesia Episcopal es una iglesia bíblica. La Biblia juega un papel central en nuestras creencias y prácticas. Visita cualquier congregación episcopal un domingo y compruébalo por ti mismo: tomamos la lectura de la Biblia muy en serio. Nuestra liturgia incluye cuatro lecturas diferentes de la Biblia: el Antiguo Testamento, los Salmos, el Nuevo Testamento y el Evangelio. Después de las lecturas del Antiguo Testamento y del Nuevo Testamento, proclamamos "Palabra del Señor", un recordatorio de que estas no son solo historias bonitas, sino palabras santas e inspiradas que provienen de Dios. El Evangelio a menudo recibe un lugar especial; muchas iglesias tienen una procesión del evangelio, en la que el libro del evangelio se lleva en alto hacia el centro de la iglesia, flanqueado por ciriales y acompañado por un canto. Las personas en la iglesia típicamente se dan vuelta para seguir mirando el libro del evangelio; esa es una señal de que orientamos nuestros cuerpos y nuestras vidas hacia las buenas noticias de Jesucristo.

Y las lecturas no son los únicos lugares en los que escuchamos las palabras de las Escrituras: las palabras de nuestra liturgia también vienen de la Biblia. Aproximadamente el 70 por ciento de *El Libro de Oración Común* son fragmentos de la Biblia; el libro de oración no solo incluye todo el libro de los Salmos, sino que incluso muchas de las oraciones y respuestas más queridas y hermosas de la liturgia también provienen directamente de la Biblia. Nuestro saludo inicial, "El Señor sea con ustedes", viene de Ruth 2:4; El Padrenuestro es de Mateo 6:9-13, el Sanctus o "Santo, santo, santo", viene de Isaías 6:3 y Mateo 21:9, y las palabras que se dicen en cada Santa Eucaristía son de 1 Corintios 11:24-25. Además, la mayoría de las frases e imágenes de nuestras colectas semanales y plegarias eucarísticas vienen directamente de

> En las páginas 483-698, *El Libro de Oración Común* contiene todo el libro de los Salmos, a menudo llamado el Salterio. Cantar o recitar los Salmos como parte de la oración individual y la adoración comunitaria ha sido parte de la práctica judía durante miles de años y parte de la liturgia cristiana desde los primeros días. Las ediciones españolas anteriores de nuestro libro de oración utilizaron una adaptación de la versión Reina-Valera de los Salmos.
>
> Nuestro *Libro de Oración Común* español actual contiene una traducción original de los Salmos que tiene más correspondencia con la que aparece en el libro de oración en inglés. Notarás pequeñas diferencias entre el salterio y la versión *Dios Habla Hoy* u otras traducciones de la Biblia, pero el fraseo y la división de los versículos hace que el Salterio del libro de oración sea especialmente adecuado para la lectura y el canto. En la página 484 se incluyen sugerencias para una variedad de formas diferentes de cantar o recitar los salmos en la adoración.

la Biblia. Como episcopales, la Biblia está en toda nuestra liturgia: desde las Escrituras que leemos hasta las oraciones que decimos, la Biblia está profundamente arraigada en todo lo que hacemos.

La importancia de leer la Biblia

La pregunta no es si los episcopales leen y honran la Biblia, ¡lo hacemos! La pregunta es cómo los episcopales leen y honran a la Biblia. Encontramos la respuesta en un lugar algo sorprendente: nuestros servicios de ordenación.

Nuestro *Libro de Oración Común* incluye tres servicios de ordenación: para obispo u obispa, presbítero o presbítera y diácono o diácona. En cada servicio la persona que se ordena hace votos y promesas que son específicos de cada ministerio en particular. Pero al comienzo de cada servicio de ordenación, las tres órdenes hacen la misma declaración, que incluye esta frase: "Declaro solemnemente que creo que las Sagradas Escrituras del Antiguo y Nuevo Testamento son la Palabra de Dios, y que contienen todo cosas necesarias para la salvación …" (415). Esta declaración es tan importante que *El Libro de Oración Común* instruye que se debe proporcionar como un documento impreso, y cada ordenando y ordenanda debe firmar la declaración durante la ceremonia, a la vista de todos los presentes (415).

Entonces, ¿qué nos dice esto acerca de cómo los episcopales leen y entienden la Biblia? Primero, la declaración comienza con la frase "Las Sagradas Escrituras del Antiguo y Nuevo Testamento". Esta es una distinción importante: muchos cristianos se enfocan mucho en el Nuevo Testamento, y a menudo excluyen el Antiguo Testamento. Y algunos cristianos le dan más crédito al Antiguo Testamento que el Nuevo Testamento. Como episcopales, afirmamos claramente que tanto el Antiguo como el Nuevo Testamento forman parte de las Sagradas Escrituras. No descartamos ni desechamos las historias del Antiguo Testamento. La revelación de Dios a la humanidad comienza con Génesis 1: 1, y la historia del gran amor de Dios por nosotros es constante y coherente a través del Antiguo y el Nuevo Testamento. El Antiguo Testamento es la Biblia que Jesús leyó, conoció y amó. Y así nos habla a nosotros también.

En segundo lugar, los episcopales decimos que las Sagradas Escrituras del Antiguo y Nuevo Testamento son "la Palabra de Dios". Proclamamos esta misma frase en nuestros servicios de adoración como respuesta a la lectura de las Escrituras. Esto significa que creemos que la Biblia es más que historias con moralejas bonitas: es la Palabra de Dios. En el Catecismo, lo explicamos así: "P[regunta]: ¿Por qué llamamos a las Sagradas Escrituras la Palabra de Dios? R[espuesta]: Las llamamos Palabra de Dios porque él inspiró a sus autores humanos, y todavía nos sigue hablando por medio de la Biblia"(746). La Biblia es la Palabra de Dios porque fue inspirada por Dios cuando fue escrita y porque, cuando escuchamos estas palabras hoy, nosotros también podemos ser inspirados por Dios. La respuesta en el Catecismo también reconoce el componente humano: autores humanos escribieron la Biblia, y oyentes humanos escuchan estas palabras hoy. Pero estas palabras no solo tienen el componente humano; no son simplemente historias escritas por seres humanos sobre Dios, sin la participación de Dios. Son, de alguna manera misteriosa que no podemos cuantificar ni entender, inspiradas por Dios. De este modo, las Escrituras son humanas y santas; son escritas y escuchadas por las personas. Y tanto aquellos que las escribieron como estos que las escuchan fueron y están inspirados por Dios.

Finalmente, el voto hecho por los ordenandos proclama que las Sagradas Escrituras "contienen todas las cosas necesarias para la salvación". Esto es importante: las personas no necesitan ningún conocimiento adicional más allá de la Biblia para aprender sobre la salvación de Dios. Como episcopales, no es necesario que hayamos leído o rezado *El Libro de Oración Común* o que creamos algunas ideas promovidas por otro libro o fuente. La Biblia es nuestro texto principal. ¿Podemos aprender, conocer y experimentar a Dios de otras maneras y en otros lugares? ¡Por supuesto que sí! Pero las cosas adicionales no son necesarias. Los fundamentos de la fe cristiana se transmiten en la Biblia, y los episcopales no están obligados a creer o suscribirse a nada que no esté en la Biblia.

La Biblia, literalmente

De la liturgia, los votos de ordenación y el Catecismo, vemos que los episcopales toman la Biblia en serio. Pero eso no significa que leamos la Biblia literalmente.

La verdad es que nadie lee la Biblia literalmente, ni siquiera las personas que afirman que sí lo hacen. En Juan 8:12, Jesús dice: "Yo soy la luz del mundo". Si tomáramos eso literalmente, significaría que creemos que Jesús resplandeció, que emanó luz. Si Jesús resplandecía literalmente, los discípulos nunca hubieran necesitado luz o velas; ¡Simplemente habrían puesto a Jesús en medio de la habitación y lo habrían usado para leer! Obviamente, Jesús no quiso decir esta frase literalmente. Quería que escucháramos estas palabras como una imagen convincente para que pudiéramos entenderlo a él y su presencia en el mundo de una forma nueva a través del simbolismo de la oscuridad y la luz.

No hay forma de tomar las Escrituras de manera literal. Cada lectura de la Biblia requiere que interpretemos lo que estamos leyendo, que decidamos cómo entendemos las imágenes que usa la Biblia, que examinemos qué es metáfora y qué es descripción objetiva, qué es imagen y qué es mandato. Pero aunque no tomamos literalmente cada palabra de la Biblia (¡Recuerda, nadie lo hace!), tomamos la Biblia muy en serio. Y creemos que la Biblia es real y verdadera. Creemos que la Biblia contiene historias reales sobre personas reales que tuvieron experiencias reales con Dios en el mundo real. Y creemos que la Biblia es completamente, profundamente verdadera. La Biblia nos dice la verdad sobre nosotros mismos, sobre el mundo y sobre Dios. A menudo esa verdad se cuenta a través de la metáfora y la poesía que no es literal. Y quizás tengamos que esforzarnos un poco para entender su significado y comprender completamente lo que Dios nos está diciendo.

Comprender la Biblia seriamente en vez de hacerlo de modo literal es difícil. Hacemos este trabajo, en parte, al aprender más sobre la Biblia, para poder comprenderla e interpretarla mejor. Por ejemplo, sería útil para nosotros reconocer la Biblia no como un solo libro, sino como una biblioteca o colección de sesenta y seis libros encuadernados en un solo volumen.

El Antiguo Testamento, a veces llamado la Biblia Hebrea, se compone de tres secciones principales: la Torá o el Pentateuco, los Profetas y los Escritos.

- **La Torá** (también llamada el Pentateuco) incluye los primeros cinco libros de la Biblia: Génesis, Éxodo, Levítico, Deuteronomio y Números.

- **Los Profetas** incluyen a los profetas mayores, como Isaías y Jeremías, y los doce profetas menores: los libros proféticos más cortos como Miqueas y Habacuc.

- **Los Escritos** incluyen textos históricos, como Crónicas; escritos poéticos como los Salmos; y escritos sapienciales como los Proverbios y el Cantar de los Cantares.

El Nuevo Testamento se compone de cuatro secciones.

- **Los Evangelios** incluyen Mateo, Marcos, Lucas y Juan.

- **El Libro de los Hechos** cuenta la historia de las iglesias primitivas y la obra del Espíritu Santo.

- **Las Epístolas** incluyen las cartas de Pablo y otros de los primeros misioneros cristianos.

- **El Apocalipsis de Juan**, el último libro de la Biblia, es el relato de la visión mística que tuvo Juan del juicio final de Dios.

Además, los anglicanos también incluyen los Apócrifos, una colección de libros entre el Antiguo y el Nuevo Testamento (llamados libros deuterocanónicos). Estos libros han sido incluidos en algunas ediciones de la Biblia desde el siglo V y fueron escritos al mismo tiempo que muchos de los otros libros en la Biblia. Tanto la Iglesia Católica Romana como la Comunión Anglicana incluyen los Apócrifos en la Biblia, aunque no reciben el mismo estatus que el Antiguo y el Nuevo Testamento, en los que están de acuerdo todas las denominaciones. Sin embargo, los pasajes de los Apócrifos se leen de vez en cuando en la adoración como parte de nuestro leccionario, y nuestra iglesia acepta que los Apócrifos son útiles para la enseñanza y el aprendizaje.

Los libros del Antiguo Testamento, el Nuevo Testamento y los Apócrifos fueron escritos por diferentes personas, en diferentes lugares, en diferentes tiempos, y en diferentes idiomas. Algunos de estos libros fueron escritos en hebreo, algunos en griego, otros en arameo. No solo son los idiomas diferentes, sino también los géneros literarios. La Biblia no está escrita en un solo género literario. Algunos libros son históricos, algunos son poéticos, otros hablan de leyes, algunos son proféticos, algunos son narrativos, algunos son cartas o epístolas. ¡Hay diferentes géneros literarios incluso dentro de un mismo libro! De un versículo a otro, la Biblia puede cambiar de poesía a prosa, de una comparación a un mandato.

Todas estas variaciones, incluido el estilo, el tono y los autores, requieren una lectura cuidadosa para comenzar a entender e interpretar la Biblia. Entonces, ¿cómo leen los episcopales la Biblia? Una de las colectas en *El Libro de Oración Común* nos da una idea sobre cómo entender e interpretar la Biblia. Dice:

> Bendito Señor, tú que inspiraste las Sagradas Escrituras para nuestra enseñanza: Concede que de tal manera las oigamos, las leamos, las consideremos, las aprendamos e interiormente las asimilemos, que podamos abrazar y siempre mantener la esperanza bendita de la vida eterna, que nos has dado en nuestro Salvador Jesucristo; que vive y reina contigo y el Espíritu Santo, un solo Dios, por los siglos de los siglos. *Amén.* (152)

Esta oración nos muestra cómo podemos y debemos leer la Biblia como episcopales: comienza con un recordatorio de que las Sagradas Escrituras se originan y se fundamentan en Dios. Dios hizo que se escribiera la Biblia. Y Dios lo hizo "para nuestro aprendizaje". Dios escribió la Biblia para nosotros. La Biblia es fundamentalmente una relación; es una conversación, una comunicación, entre Dios y la humanidad. Además, la Biblia existe para que podamos aprender más sobre Dios y más sobre nosotros mismos, sobre nuestra historia y quiénes somos hoy, sobre aquellos que han seguido a Dios y aquellos que han fallado, y sobre aquello a lo que, como seguidores de Jesús, se nos llama a tomar y aquello que estamos llamados a entregar.

Aprendiendo sobre Dios

Al creer que las Sagradas Escrituras son un regalo de Dios para nosotros, y que están escritas para que podamos aprender, nos encontramos con el próximo desafío: ¿Cómo emprendemos este aprendizaje? La colecta anterior menciona seis acciones específicas para que podamos estudiar la Biblia para conocer a Dios.

Oír: solemos pensar en la Biblia como un libro que leemos, pero esta colecta nos recuerda que la primera forma en que nos encontramos con la Biblia es escuchándola. Antes de que estas palabras fueran escritas, gran parte de la Biblia era una tradición oral, historias contadas a través de generaciones para que la gente recordara las obras poderosas de Dios. Hay una razón por la que decimos que la Biblia "habla".

Cada semana, cuando nos reunimos como comunidad, escuchamos la lectura de la Biblia en voz alta en nuestro servicio de la Santa Eucaristía. Es importante que, en la medida de lo posible, tratemos de escuchar las palabras en lugar

---

Oír

La colecta nos recuerda que la primera y principal manera en que encontramos las Escrituras es escuchándolas en comunidad, en nuestra adoración, leyéndolas en voz alta y proclamándolas como la "Palabra del Señor".

Consejos para escuchar las Escrituras:

- Guarda tu boletín e intenta escuchar activamente en lugar de leer. Esto puede ser incómodo o difícil, pero sigue intentándolo. Siempre puedes ir a tu casa y leer el texto bíblico más tarde; este es el momento de intentar escucharlo.

- Si tiene problemas auditivos, siéntate en un lugar que te facilite la audición, tal vez hacia el frente. Si tu iglesia ofrece dispositivos de escucha asistida, úsalos.

- Practica la escucha activa. Realmente intenta enfocarte en lo que se dice. Cierra los ojos si eso te ayuda a escuchar mejor.

de leerlas en nuestros boletines o Biblias. Leer es una actividad individual; cada persona se enfoca individualmente en su propio papel. Escuchar es una actividad comunitaria; toda la comunidad se enfoca en una sola voz, proclamando en voz alta la Palabra del Señor. Las diferentes voces de los lectores, que leen en voz alta las lecciones en el servicio de adoración, nos recuerdan las diferentes voces de los autores de la Biblia. El escuchar la lectura de la Biblia en voz alta puede ayudarnos a oír cosas que de otro modo podríamos pasar por alto o a ser sorprendidos por una lectura familiar que entendemos de una nueva manera.

Incluso el esforzarnos por escuchar, o el escuchar de manera imperfecta, puede ayudarnos, enseñándonos sobre la belleza y la dificultad de la Biblia. ¿Qué palabras oíste, incluso si no las escuchaste todas? ¿A dónde se fue tu mente si te costaba mantenerte enfocado? ¿Cómo puedes disciplinarte para que puedas escuchar y oír mejor? ¿De qué manera escuchar la Biblia en comunidad cambia la forma en que la entiendes?

Leer: Por supuesto, escuchar las Escrituras en voz alta en la adoración no es la única forma en que nos encontramos con la Biblia. También podemos leer la Biblia nosotros mismos,

> **Leer**
> Para leer la Biblia, necesitas una Biblia que puedas leer. Si ya tienes una Biblia que te gusta, ¡léela! Si te cuesta leer o entender tu Biblia, prueba con una Biblia diferente. Algunas personas prefieren una traducción como *Dios Habla Hoy*, que es una versión moderna de las Escrituras. Otras personas disfrutan de una Biblia de estudio, como *La Biblia de Jerusalén*, que incluye notas útiles y resúmenes para que puedas aprender más sobre la Biblia. Si tienes problemas para leer la Biblia, ¡prueba *La senda: Un recorrido por la Biblia*! Usando extractos de *Dios Habla Hoy*, *La senda* presenta el arco narrativo de la Biblia del Génesis al Apocalipsis y es publicada por Forward Movement.

como individuos. En nuestro mundo moderno, es fácil olvidar lo extraordinario y radical que es esto. Durante siglos, muy pocas personas podían leer la Biblia, ya que la mayoría de la población era analfabeta. Y todavía menos personas podían comprar copias de la Biblia, ya que la Biblia era escrita a mano sobre materiales preciosos que eran increíblemente caros. Durante mucho tiempo, leer e interpretar la Biblia era un privilegio reservado para la élite rica y educada. Los reformadores y los misioneros lucharon y murieron para que podamos tener acceso a leer la Biblia en nuestros propios hogares, en nuestros propios idiomas. Gracias a su obra, en nuestro tiempo, la gente común puede tomar en sus manos y leer por sí misma la Santa Palabra de Dios.

Se espera no solo que escuchemos breves secciones de la Biblia leídas en voz alta una vez a la semana durante el servicio de adoración, sino que también leamos la Biblia todos los días. No se trata de hacer una de las dos cosas, sino ambas. Escuchamos la lectura de la Biblia en voz alta en la adoración, y también leemos la Biblia por nosotros mismos. Vamos a casa durante la semana y leemos las mismas Escrituras que escuchamos el domingo; tal vez notaremos diferentes aspectos al leerlas que podríamos haber pasado por alto al escucharlas. Podemos y debemos leer otras partes de la Biblia: el contexto de los pasajes que escuchamos, a fin de encajarlos en una narración más amplia, u otras partes de la Biblia que no oímos en voz alta en la iglesia. No es suficiente solo escuchar las Escrituras leídas en voz alta en la iglesia el domingo. Estamos llamados a dar el paso siguiente, un compromiso más profundo: leer la Biblia nosotros mismos, por nuestra cuenta.

Considerar: A continuación, se nos recuerda que no solo leemos o escuchamos las Escrituras de manera casual o descuidada. Se nos recuerda que las consideremos. Considerar, en este sentido, significa observar o prestar atención a algo. No deberíamos echarle un vistazo a la Biblia para marcar "leer la Biblia" de nuestra lista de cosas por hacer. En cambio, estamos llamados a prestar mucha atención a lo que estamos leyendo y a notar cosas que son interesantes o confusas, edificantes o molestas. Leer la Biblia con este tipo de cuidado y atención es más exigente que simplemente pasar la vista por las palabras, pero también es más gratificante. Con esta práctica deliberada de considerar las Escrituras, comenzamos a notar cosas nuevas en la Biblia, y a escuchar las palabras que nos hablan con más fuerza.

> **Marcar**
>
> A algunas personas les gusta marcar sus Biblias, hacer anotaciones en los márgenes, resaltar o subrayar palabras clave y escribir observaciones y preguntas. Otra manera de asegurarnos que estamos prestando atención a un texto bíblico es leerlo más de una vez. Lee el texto la primera vez y fíjate qué palabra o frase te llama la atención. Léelo de nuevo y ve qué más descubres. Léelo una tercera vez y fíjate cómo te está hablando el texto. Volver al texto una y otra vez es una manera de estar más atento a lo que dice y a lo que Dios te está diciendo a través de las palabras.

Aprender: A continuación, nuestra colecta nos dice que estamos llamados a aprender las Escrituras. Este es el siguiente paso en el proceso de estudio de las Escrituras. Sería demasiado fácil escuchar o leer la Biblia y decirnos a nosotros mismos: "Ah, eso es interesante", y luego detenernos allí. Estamos llamados a más que eso. Estamos llamados a aprender, a cambiar, a crecer en respuesta a lo que escuchamos y leemos en la Biblia. Aprender, en su definición más simple, significa "adquirir conocimientos o habilidades mediante el estudio, la práctica, la enseñanza o la experiencia de algo".

Cuando aumentamos nuestra frecuencia de lectura y profundizamos nuestro estudio de La Biblia, ganamos más

> ### Aprender
> La mayoría de las iglesias tienen oportunidades de formación para adultos y niños. Asiste a la formación los domingos por la mañana ("escuela dominical") o inscríbete en un estudio bíblico durante la semana, un grupo de lectura u otra clase de formación. Podemos aprender mucho no solo de la Biblia, sino también de los demás, cuando tratamos la formación cristiana como un esfuerzo que dura toda la vida.
>
> Hay muchos recursos maravillosos disponibles para aprender sobre la Biblia por tu cuenta. Una buena Biblia de estudio es un gran comienzo. Los comentarios bíblicos pueden ayudarte a profundizar aún más en la palabra de Dios. Consulta la sección de recursos al final de este libro o pide sugerencias a tu sacerdote.

conocimiento sobre ella y nos convertimos en intérpretes más hábiles del texto sagrado. Siempre que leemos la Biblia un y otra vez, aprendemos algo nuevo. Leemos las palabras de la Biblia, y luego las estudiamos, buscando más profundamente en la Biblia similitudes y conexiones. También podemos poner las palabras de la Biblia en práctica, aprendiendo a través de la experiencia.

Con demasiada frecuencia, a los cristianos (quizás especialmente a los episcopales) se les ha enseñado que la "escuela dominical o el catecismo" es solo para niños, y que la confirmación es la graduación del aprendizaje en la iglesia. Nada más lejos de la verdad. El aprendizaje es un esfuerzo de toda la vida. Como cristianos, somos llamados constantemente a aprender más sobre nuestra fe, descubriendo nuevas formas de entender las Escrituras y conectarnos con Dios. La Biblia es lo suficientemente rica como para que podamos aprender cosas nuevas cada vez que la leemos, y podemos escuchar a Dios hablándonos de maneras nuevas y diferentes.

Asimilar interiormente: Descubrir la Biblia no es solo un ejercicio mental, un proceso cerebral de pensar y evaluar. El quinto mandato de nuestra colecta, el de asimilar interiormente las Escrituras, nos recuerda que encontrar la Biblia es una actividad de todo el cuerpo. En nuestra adoración los domingos, ingerimos el alimento literal de la comunión: el pan y el vino se convierten en el Cuerpo y la Sangre de nuestro Señor Jesucristo, alimentándonos en cuerpo y alma. También nos alimentamos de la Palabra de Dios. A lo largo de la Biblia se nos dice que las palabras de las Escrituras tienen una cualidad nutritiva, que saben a miel (Salmo 119:103). El Pastor Eugene Peterson, autor de *Cómete este libro*, explora las palabras de Dios al profeta Ezequiel, cuando Dios le ordena a Ezequiel: "Trágate ahora este escrito" (Ezequiel 3:3). Peterson usa estas palabras como una metáfora sobre la forma en que los cristianos están llamados a interactuar con la Biblia: comiéndonos las palabras,

---

Asimilar interiormente

Este paso es, quizás, el más difícil, porque no es un ejercicio intelectual. Para asimilar interiormente la Biblia, estamos llamados a ser cambiados, a ser transformados por ella. Cuando leemos la Biblia, no podemos simplemente preguntarnos: "¿Qué he aprendido?". En cambio, debemos preguntarnos: "¿Cómo me está llamando a cambiar?".

La asimilación toma tiempo; tenemos que regresar a la Biblia una y otra vez, para roerla (como un perro a un hueso). Asimilar interiormente significa volver a los pasajes antiguos de la Biblia y ver si nos hablan de nuevas maneras.

Una manera de asimilar la Biblia más profundamente, para unirnos más a ella, es memorizarla. Elige tu versículo o versículos favoritos de la Biblia. Léelos una y otra vez todos los días, hasta que te los hayas aprendido de memoria. Luego elige otro fragmento y haz lo mismo. Pronto habrás asimilado muchas partes de las Escrituras que te empoderarán y nutrirán.

royendo como un perro a un hueso, masticándolas una y otra vez para ver qué nuevo alimento pueden ofrecer los últimos pedazos pegados al hueso. Esa idea es precisamente la que nuestra colecta proclama, que estamos llamados no solo a escuchar, leer, considerar y aprender la Biblia, sino también a asimilarla interiormente. Cuando comemos algo, lo ingerimos, y se convierte en nuestro alimento y sustancia. La Biblia está destinada a actuar de esa manera en nosotros. Se nos pide que nos alimentemos de la Biblia, que esta nos sostenga y nos transforme para que podamos convertirnos en lo que ella proclama.

Abrazar y siempre mantener: Nuestra colecta concluye con una frase final activa, "abrazar y siempre mantener". Esta frase final no es un mandato, sino una esperanza. La Biblia es la historia del gran amor de Dios por nosotros, una historia llena de esperanza, una historia que ofrece el regalo y la promesa de la vida eterna. La esperanza de Dios es que abracemos lo que se nos ha ofrecido. Si dedicamos el tiempo para hacer nuestra parte, para seguir estas acciones detalladas por la colecta, escucharemos la historia de Dios, quien nos ama, quien nos abraza como sus hijas e hijos amados, y quien se aferra a nosotros, incluso cuando deambulamos y andamos vagabundos. En respuesta, Dios nos llama a corresponder recíprocamente lo que Dios ya ha hecho por nosotros: abrazar y siempre mantener el don de Dios en Cristo, la bendita esperanza de la vida eterna.

Para la reflexión

* ¿Alguna vez te has sentado y leído la Biblia entera, o una buena parte de ella? Si es así, ¿Cómo fue tu experiencia? Si no lo has hecho, ¿por qué no?

* ¿Quién es tu personaje favorito de la Biblia? ¿Por qué?

* Como respuesta a las lecturas bíblicas en la adoración, proclamamos "Palabra del Señor… Demos gracias a Dios" porque entendemos que la verdad de las Escrituras está contenida en la totalidad de la Biblia, incluso cuando las lecturas son difíciles o incómodas. ¿Cómo podemos aceptar textos difíciles o desafiantes como la Palabra de Dios?

* En nuestra liturgia, leemos la Biblia desde un atril, usando un libro "de tamaño y dignidad apropiados" para que la palabra de Dios se proclame a partir de un símbolo apropiado. Muchas parroquias tienen procesiones en las que llevan el libro del evangelio al centro de la congregación con cantos o ciriales. ¿Cómo afectan estas acciones nuestra relación con la Biblia?

Capítulo 15

Continuamente dedicados a buenas obras
Salvación y gracia

Te rogamos, oh Señor, que tu gracia siempre nos preceda y acompañe, para que continuamente nos dediquemos a buenas obras; por Jesucristo nuestro Señor, que vive y reina contigo y el Espíritu Santo, un solo Dios, ahora y por siempre. *Amén.*

—*El Libro de Oración Común*, p. 151

Convertirse en cristiano, y más específicamente en episcopal, puede hacerte sentir que necesitas un diccionario. Nuestro *Libro de Oración Común* está lleno de palabras bellas, pero no muy usadas, tales como: inestimables, sinceras, oblaciones, penitentes, etc. Y las iglesias tienen su propio vocabulario, que es casi un lenguaje distinto: al vestíbulo lo llamamos "nártex"; los trajes elegantes que usan los clérigos son "vestimentas"; los que ayudan al sacerdote durante la misa son "los acólitos". Al principio, es probable que tengas muchas preguntas y

> Si quieres conocer más sobre las palabras poco familiares o extrañas que usamos en la iglesia, hay en inglés algunos recursos excelentes: echa un vistazo a *Episcopal Handbook*, *An Episcopal Dictionary of the Church* [Manual Episcopal, un diccionario Episcopal de la Iglesia], o el *Oxford Dictionary of the Christian Church* [Diccionario de Oxford de la Iglesia Cristiana] para aprender más. El sitio web de la Iglesia Episcopal (www.episcopalchurch.org/es) también tiene un glosario muy completo. Forward Movement ofrece algunos folletos en español, incluyendo recursos para ti o para compartir con otros: *Bienvenidos a la Iglesia Episcopal* y *Costumbres y prácticas de la Iglesia Episcopal*. ¡Y siempre puedes preguntarle a tu sacerdote!

que tengas que dedicar algún tiempo a buscar palabras en un diccionario o en línea.

Algunas de las palabras que usamos en la iglesia son difíciles, no porque no las conozcamos, sino porque su significado es tan rico y profundo que requieren exploración y discusión. La salvación y la gracia son dos de estas palabras. Son fundamentales para el vocabulario de nuestra fe, y las decimos muy a menudo; sin embargo, puede tomar toda una vida entenderlas completamente.

Ser salvos

De jovencita, asistía cada verano a un campamento cristiano en las montañas de Carolina del Norte. Era un lugar maravilloso y hermoso, donde podía hacer cosas divertidas como ir de excursión, remar en canoa y practicar el tiro con arco. También era un lugar santo e inspirador donde me acerqué más a Dios a través de la adoración diaria, el estudio de la Biblia y las devociones nocturnas. Los domingos por la noche todos los campistas y consejeros se reunían alrededor de la fogata para cantar canciones, y las mujeres del grupo más antiguo de campistas daban testimonios. Cada verano escuchaba a mujeres jóvenes de diferentes lugares y orígenes hablar apasionada y poderosamente sobre las formas en que se habían encontrado con Dios en Cristo.

Con el paso de los años, fui ascendiendo desde el grupo más joven de campistas hasta el más viejo, y finalmente fue mi turno. Se esperaba que yo me pusiera de pie frente a mis compañeros campistas y brindara mi testimonio. Y no tenía idea de qué decir.

Mis amigas y demás campistas habían contado sus historias inspiradoras sobre cómo fueron "salvadas". Algunas habían hablado de cómo habían sido salvadas de la impotencia o la desesperanza. Otras contaron cómo fueron liberadas de la adicción o el abuso. Algunas tuvieron experiencias tangibles de Jesús resucitado o físicamente sintieron el Espíritu Santo. Otras habían viajado con padres misioneros para servir a los marginados y a los empobrecidos en los países más remotos del mundo.

Yo era una chica blanca de clase media que tuvo una infancia sin incidentes. Era una fiel episcopal que me sentía más cómoda con oraciones antiguas que profecías extemporáneas. Yo era la hija mayor por excelencia: Tenía buenas calificaciones, seguía todas las reglas y nunca preocupé a mis padres. Nunca me había pasado algo emocionante o importante. Y mientras trataba de preparar mi testimonio, no tenía idea de qué decir. ¿Qué tipo de historia podía contar?

Pero mientras oraba y leía la Biblia, me di cuenta de algo: Jesús me había salvado de creer que tenía que ser o podría ser "lo suficientemente buena" para garantizarme la salvación. Jesús me salvó de creer que tenía que (o incluso podría) ganarme el amor de Dios siendo siempre perfecta. Como una niña sobresaliente era, mi mantra en la vida había sido trabajar duro, hacer lo mejor, ser perfecta. Pero el evangelio de la salvación es que no hay nada que yo pueda hacer (o dejar de hacer) que haga que Dios me ame más o menos.

Me había pasado la mayor parte de mi vida tratando de merecer el amor de Dios, creyendo, en algún lugar muy profundo, que necesitaba ser buena y hacer cosas buenas para que Dios me amara.

Conozco a muchas personas que creen lo mismo que yo creía: que deben ganarse el amor de Dios trabajando más duro, mejorando, siendo perfectos. Y esa creencia es debilitante: tratar de ganarse el amor de Dios es agotador. Lleva a vidas llenas de esfuerzos sin fin, al sentimiento constante de "no ser suficiente". Ser salvada de esta idea inútil no es menos (y no más) milagroso que muchas otras historias de salvación que he escuchado a través de los años. Estaba esclavizada a la idea de que podía ganarme el amor de Dios, y necesitaba desesperadamente ser salvada de tratar de ser "lo suficientemente buena". Ser liberada de estas expectativas de perfección me permitió crecer más profundamente en mi fe, descubrir el amor de Dios que no conoce límites, y comenzar a servir a Dios, no por obligación o temor, sino por alegría y gratitud. Al darme cuenta de que nunca podría ser lo suficientemente buena como para ganarme el amor de Dios (y nunca podría fallar lo suficiente como para perderlo), fui liberada. La idea de que Jesús nos salva de intentar salvarnos a nosotros mismos es un principio central de nuestra fe. Otra palabra para eso es gracia.

Gracia

En *El Libro de Oración Común*, el Catecismo define la gracia como "el favor de Dios para con nosotros, que no hemos ganado ni merecido. Por medio de la gracia Dios perdona nuestros pecados, ilumina nuestras mentes, aviva nuestros corazones y fortalece nuestras voluntades" (750). Esta definición nos señala un par de ideas clave sobre la gracia.

Salvación y gracia

La primera es que la gracia no se puede ganar y por lo tanto es inmerecida. Este es un concepto fundamental pero difícil de comprender completamente. Vivimos en una cultura que valora el esfuerzo personal, y con frecuencia nos dicen que "Dios ayuda a quien se ayuda a sí mismo". Sin embargo, ninguna de estas ideas se encuentra en la Biblia y, de hecho, son contrarias a las Escrituras y las enseñanzas cristianas. Las personas no reciben la gracia porque se portan bien o trabajan mucho o hacen las cosas bien. La gracia de Dios no se enfoca en absoluto en nosotros ni en nuestras acciones: la gracia de Dios atañe la bondad de Dios, su amor y su favor. La gracia se enfoca en Dios, no de nosotros. No hay nada bueno que podamos hacer para ganar el amor de Dios, y nada malo que podamos hacer para dejar de recibir el amor de Dios. La gracia es la promesa de que el amor de Dios es un obsequio para nosotros, sin importar cuánto nos equivoquemos o con qué frecuencia fallemos en hacer el bien.

Siéntate a meditar eso por un momento. Deja que te cale profundamente. Dios te ama, sin importar lo que hayas hecho o dejado de hacer. No hay nada que haga que Dios te ame más o menos. Eso, en pocas palabras, es la gracia. Es una noticia increíblemente buena para todos nosotros, ya que ninguno de nosotros es perfecto; y sin embargo, todos nosotros recibimos la gracia de Dios como un regalo (Romanos 3:23-24).

Pero ahí es donde está la sutileza: este sorprendente e increíble regalo de la gracia de Dios es para todos—no solo para ti. Recibes el amor de Dios incluso cuando no lo mereces. Y también lo recibe tu enemigo, o la persona que crees que es perezosa, o la persona con la que estás en desacuerdo. La gracia es un obsequio para todos, no solo para aquellos que nos gustan o con quienes estamos de acuerdo. A veces lo más difícil de la gracia es creer que Dios nos la ofrece, y otras veces lo más difícil de la gracia es darse cuenta de que Dios también se la ofrece a todos los demás.

Salvos del pecado

El don inmerecido de la gracia de Dios es algo maravilloso. Porque si somos honestos con nosotros mismos, sabemos que no merecemos el regalo del amor de Dios, y que, sin importar cuánto lo intentemos, nunca podríamos hacer lo suficiente para ganarlo. La verdad es que el mundo en el que vivimos está quebrantado. Y las personas que nos rodean están quebrantadas. Y nosotros mismos, en nuestro interior, estamos quebrantados.

Estamos quebrantados porque no hacemos las cosas que sabemos que debemos hacer, y hacemos las cosas que sabemos que no debemos hacer. Actuamos con egoísmo, mezquindad y juzgamos a las personas. Actuamos por prejuicio, miedo o ira. A veces no es nuestra acción, sino nuestra inacción lo que nos preocupa: estamos demasiado ocupados, demasiado distraídos o cansados, y no hacemos las cosas buenas, importantes y santas que sabemos que debemos hacer. Y a veces, el problema no es nuestra acción o nuestra inacción, sino nuestra actitud. Hacemos las cosas correctas por los motivos equivocados. O podemos actuar correctamente, pero tenemos pensamientos poco caritativos. Otra palabra para todo este quebrantamiento, en nosotros mismos y en el mundo, es el pecado.

Cosas hechas y dejadas de hacer

Nuestro libro de oración define el pecado como "seguir nuestra voluntad en lugar de la voluntad de Dios, deformando así nuestra relación con él, con las otras personas y con toda la creación" (741). Algunas veces pecamos a través de acciones directas, como lastimar a otra persona o malgastar los recursos que se nos han confiado. En otras ocasiones pecamos al no actuar, como por ejemplo, cuando nos negamos a defender a los oprimidos. Incluso algo tan inocente como comprar un nuevo teléfono podría ser materia de pecado, porque las condiciones de trabajo de quienes hicieron el teléfono pueden ser intolerables y las materias primas para fabricar ese teléfono podrían ser a expensas del daño ambiental en países que nunca visitaremos. Parecería que nuestra propia participación en la vida (y en los sistemas de comercio y opresión) puede llevarnos a pecar.

Crecí pensando que pecar era casi lo mismo que no ser amable con alguien, pero el pecado es mucho más profundo que eso y mucho más difícil de evitar. La razón para evitar el pecado es porque nos separa de Dios y de otras personas. Rechazar el pecado es elegir la unión con Dios y nuestro prójimo. Pero no podemos hacerlo por nuestra cuenta. Necesitamos el don gratuito de la gracia de Dios para evitar el pecado y ser perdonados de los pecados que inevitablemente cometemos.

La gracia malentendida

Dado que la gracia es un regalo de Dios, podríamos inclinarnos a verla como una licencia (un permiso abierto) para hacer lo que queramos. Si Dios nos ama sin condiciones, entonces mientras hayamos orado y pedido perdón a Jesús, deberíamos poder hacer lo que queramos y todavía "entrar al cielo", ¿verdad? Bueno, no exactamente.

En el Nuevo Testamento, leemos en la Carta de Santiago,

> Hermanos míos, ¿de qué le sirve a uno decir que tiene fe, si sus hechos no lo demuestran? ¿Podrá acaso salvarlo esa fe? Supongamos que a un hermano o a una hermana les falta la ropa y la comida necesarias para el día; si uno de ustedes les dice: «Que les vaya bien; abríguense y coman todo lo que quieran», pero no les da lo que su cuerpo necesita, ¿de qué les sirve? Así pasa con la fe: por sí sola, es decir, si no se demuestra con hechos, es una cosa muerta (Santiago 2:14-17).

Esta es la razón por la cual la segunda parte de la definición en el Catecismo dice: "Por medio de la gracia Dios perdona nuestros pecados, ilumina nuestras mentes, aviva nuestros corazones y fortalece nuestras voluntades" (750). El don de la gracia de Dios es activo y poderoso; la gracia obra en nuestras mentes, nuestros corazones y nuestras voluntades para iluminarnos, estimularnos y fortalecernos. Esperamos que el poder de la gracia de Dios que obra en nosotros nos cambie, vivifique e inspire, para que podamos trabajar en nombre del reino de Dios en el mundo.

Ahora bien, esto no es un ojo por ojo y diente por diente; no se trata de que Dios nos haya dado el don de la gracia y tengamos que pasar el resto de nuestras vidas pagando ese don a través de nuestro servicio, amor o trabajo. Eso no sería un regalo, sería un préstamo. La gracia es un regalo, un don gratuito. No podemos hacer nada para ganarlo, y no podemos hacer nada para que Dios nos lo quite. Pero podemos (y debemos) vivir nuestras vidas en respuesta a ese amor. El don de la gracia de Dios es tan asombroso que nos urge a hacer cosas buenas: no porque tengamos que hacerlo, sino porque queremos hacerlo, no por deber sino por amor. De hecho, cuando Dios nos creó, su plan era que viviéramos vidas de amor y servicio en respuesta a su gracia.

Pablo escribe: "Pues por la bondad de Dios han recibido ustedes la salvación por medio de la fe. No es esto algo que ustedes mismos hayan conseguido, sino que es un don de Dios. No es el resultado de las propias acciones, de modo que nadie puede gloriarse de nada; pues es Dios quien nos ha hecho; él nos ha creado en Cristo Jesús para que hagamos buenas obras, siguiendo el camino que él nos había preparado de antemano" (Efesios 2:8-10). Las palabras de Pablo son asombrosas. El don de la gracia de Dios nos permite convertirnos en aquello que fuimos creados para ser y lograr lo que fuimos creados para hacer.

En el Génesis, Dios miró a la humanidad y dijo que lo creado estaba "muy bien" (1:31). Fuimos creados buenos y creados para una vida de generosidad, amor, bondad y alegría en relación con Dios, la humanidad y la creación.

Salvos con un propósito

Una de las razones por las lidié tanto con mi testimonio cuando era adolescente era porque tenía un conocimiento limitado de la salvación. Pensaba que la salvación era ser liberada de algo: las personas se salvan de la adicción o el abuso, o en mi caso, de la confianza extrema en mí misma y la autosuficiencia. Y eso es cierto: Jesús nos salva del pecado y la muerte y de todas las otras condiciones y modos de pensar que nos esclavizan.

Pero Santiago y Pablo y muchos otros testigos de la Biblia y la tradición cristiana nos recuerdan que también somos salvos con un propósito. Somos salvos para una vida abundante, salvos para servir a Dios y al pueblo de Dios, salvos para edificar el reino de Dios tanto en la tierra como en el cielo. *Sozo*, la palabra griega para salvación, contiene una gran cantidad de significado, más allá de simplemente ser salvado de un daño o un peligro. *Sozo* significa salud y plenitud, bienestar en el sentido más profundo de esa palabra. La salvación en la Biblia describe la plenitud de vida.

Cuando limitamos la salvación y la gracia a la vida en el cielo, una vida libre de pecado y muerte, solo obtenemos parte del significado. La salvación de Jesucristo atañe la vida eterna en el cielo, pero también atañe la vida eterna que comienza ahora. En el servicio de la Santa Eucaristía en *El Libro de Oración Común*, los ministros distribuyen el pan y el vino mientras dicen esta oración: "El Cuerpo (Sangre) de nuestro Señor Jesucristo te guarde para la vida eterna". ¿Te has detenido a pensar alguna vez en ese verbo: "guardar"? Puede parecer una palabra pequeña, pero es una gran declaración teológica. "Guardar" nos recuerda que ya hemos comenzado a experimentar la vida eterna, aquí y ahora. Cuando nos nutrimos con el Cuerpo y la Sangre de Cristo en la Eucaristía, se nos mantiene y se nos sostiene en nuestra vida eterna, que ya está en marcha.

Desde el momento en que recibimos la gracia de Dios, estamos siendo salvos con un, propósito, llenos de la gracia de Dios que ilumina nuestras mentes, despierta nuestros corazones y fortalece nuestras voluntades. Nuestra salvación se vive en este mundo así como en el mundo por venir. La gracia de Dios encuentra expresión en las obras que hacemos en nombre de Dios, no porque tengamos que hacerlas, sino porque queremos hacerlas, y porque Dios, obrando en nosotros, puede hacer infinitamente más de lo que podamos pedir o imaginar.

Para la reflexión

✶ En la Iglesia Episcopal no solemos escuchar sermones sobre el pecado y la salvación; no es un lenguaje que usemos cómodamente. ¿Cuál crees que sea la causa de esto?

✶ En este capítulo escuchamos sobre cómo somos salvos de algo y salvos con un propósito. ¿De qué has sido salvado(a) y para qué has sido salvado(a)?

✶ Hay dos aspectos de la gracia que pueden ser difíciles de aceptar. Uno es realmente creer que Dios nos ama completamente, sin condiciones. El otro es que Dios también ama a todos los demás completamente, sin condiciones. ¿Cómo interpretas estos aspectos difíciles de la gracia?

✶ Cuenta una historia de una ocasión en la que tuviste una experiencia personal de la gracia de Dios.

Capítulo 16

Acepta y cumple nuestras peticiones
Oración

Padre celestial, tú has prometido escuchar lo que pidamos en Nombre de tu Hijo: Acepta y cumple nuestras peticiones, te suplicamos, no como te lo pedimos en nuestra ignorancia ni como lo merecemos por nuestro pecado, sino como tú nos conoces y amas en tu Hijo Jesucristo, nuestro Señor. *Amén.*

—*El Libro de Oración Común*, p. 317

En cierto sentido, todo lo abarcado en este libro trata sobre la oración. Hemos visto las liturgias, que son las oraciones estructuradas de la Iglesia Episcopal. Hemos reflexionado sobre cómo oramos cuando nos reunimos como comunidad para la eucaristía, el bautismo y otras celebraciones especiales. Y en el Capítulo 9 exploramos en profundidad el Oficio Diario, la forma de orar "anglicana" por excelencia.

Pero hasta ahora, esta discusión ha sido sobre nuestras "oraciones", las palabras y formas específicas que usamos cuando oramos. En este capítulo daremos un paso atrás y hablaremos más sobre la oración (en lugar de oraciones):

qué es la oración (y qué no es), para qué sirve la oración, y diferentes formas de orar, más allá del conjunto de las liturgias de nuestra iglesia.

Según el Catecismo, "la oración es la respuesta a Dios, por pensamiento y obra, con o sin palabras" (748). ¡Esa es una definición increíblemente amplia! La oración incluye nuestros pensamientos y nuestras acciones; oramos tanto con palabras como sin ellas. Cualquier respuesta a Dios, cualquiera que sea su forma, es un tipo de oración. Si bien es maravilloso entender que el campo de la oración es muy amplio, también puede ser desalentador pensar en la oración tan ampliamente. Afortunadamente, el Catecismo continúa, describiendo siete tipos particulares de oración: adoración, alabanza, acción de gracias, arrepentimiento, oblación, intercesión y petición. Al observar más de cerca estos tipos particulares de oración, aprendemos sobre lo que es la oración y las diferentes formas a las que se nos llama a orar.

Tipos de oración

El Catecismo comienza la descripción de los principales tipos de oración con dos tipos que pueden ser desconocidos. La **adoración** es "la elevación del corazón y la mente hacia Dios, sin pedir nada sino gozar de su presencia" (749). Esta podría ser una forma sorprendente de pensar sobre la oración, porque la adoración no consiste en un tipo específico de acción o un cierto conjunto de palabras, sino más bien en una actitud, una orientación de nuestros corazones y mentes arraigada en disfrutar la presencia misma de Dios. Esta actitud de orientación está relacionada (pero es ligeramente diferente) al siguiente tipo de oración. La **alabanza**, el acto de glorificar a Dios por la bondad de Dios, es una parte fundamental de lo que somos como humanos. Es importante notar que la alabanza no es dar gracias a Dios por las cosas que Dios ha hecho por nosotros (eso es acción de gracias, de lo que hablaremos a continuación). La alabanza es simplemente expresar admiración por quién es Dios. "Alabamos a Dios, no para obtener algo, sino porque el Divino Ser nos inspira a alabarle" (749).

El tercer tipo de oración, estrechamente relacionado con los dos primeros, es la **acción de gracias**: dar gracias a Dios "por todas las bendiciones de esta vida, por nuestra redención y por todo lo que nos acerca más a él" (749). A menudo las oraciones de acción de gracias son más específicas que las de adoración o alabanza; pasamos de adorar y alabar a Dios por ser Dios a dar gracias a Dios por cosas, acciones o experiencias particulares en nuestras vidas y las vidas de quienes nos rodean.

Estos primeros tres tipos de oración descritos en el Catecismo son oraciones de alegría. Esto es esencial para nuestra práctica de oración, enraizando nuestra relación con Dios en una actitud de reverencia, gozo y celebración. Por supuesto, el asombro y la alegría no son todo. Debido a que vivimos en un mundo que está quebrantado por el pecado, y nosotros mismos estamos lejos de ser perfectos, nuestras oraciones no son exclusivamente palabras de celebración y alegría. Una parte esencial de la oración es ser honesto con Dios sobre nuestros fracasos: esas son las oraciones de **penitencia**. "En la penitencia confesamos nuestros pecados y, en todo lo posible, hacemos restitución con la intención de enmendar nuestras vidas" (749). Las oraciones de penitencia nos permiten mirarnos honestamente a nosotros mismos, a nuestras vidas y nuestras deficiencias, para poder reconocer lo que hemos hecho mal y esforzarnos por hacerlo mejor en el futuro. En las oraciones de penitencia nos sometemos a Dios, confiando en la promesa de que Dios nos perdonará y renovará, de modo que las peores partes de nosotros mismos no nos definan. Es entonces, después de reconocer honestamente nuestras deficiencias, que estamos listos para entregarnos completamente a Dios en oraciones de **oblación**. "La oblación es la ofrenda de nosotros mismos, nuestras vidas y trabajos, en unión con Cristo, para los propósitos de Dios" (749). Como agradecimiento por todo lo que Dios ha hecho en nosotros y por nosotros, nos ofrecemos al servicio de Dios y de los propósitos de Dios en el mundo.

Los últimos dos tipos de oración descritos en el Catecismo son probablemente los más familiares. En las oraciones de **intercesión**, traemos "ante Dios las necesidades de otros" (857). Específicamente, las formas de las oraciones de los fieles en *El Libro de Oración Común* nos instruyen interceder por: "La Iglesia Universal, sus miembros y su misión; la nación y sus autoridades; el bienestar del mundo; los intereses de la comunidad local; los que sufren y los atribulados; los difuntos"(305). Esta lista nos recuerda la amplitud que nuestras oraciones por los demás pueden y deben tomar. La intercesión no es meramente rezar por nuestra familia y amigos cercanos que han pedido nuestras oraciones (aunque eso es importante); nuestras intercesiones deberían extenderse al bienestar de la comunidad y, de hecho, del mundo entero. Se nos ordena orar particularmente por aquellos que sufren y tienen problemas, nuestros amigos y familiares inmediatos, y aquellos que quizás no conozcamos. En nuestras oraciones de intercesión, nos enfocamos más allá de nosotros mismos y a toda la familia humana; recordamos del mandato de Jesús de amar a nuestro prójimo como a nosotros mismos.

Finalmente, nuestro Catecismo nos habla de las oraciones de **petición**. "En la petición le presentamos nuestras propias necesidades, para que se haga su voluntad" (749). Presentar nuestras necesidades a Dios es una parte importante de la oración; Dios desea profundamente una relación con nosotros, y ser honesto con Dios sobre nuestros deseos es una parte fundamental de nuestra relación con Dios. No debemos rehuir nombrar nuestras necesidades ante Dios en oraciones de petición. Y sin embargo, como nos recuerda esta definición, la petición presenta nuestras necesidades *para que se haga la voluntad de Dios.*

Frecuentemente creemos que la oración como si Dios fuera una especie de máquina expendedora; creemos que si simplemente "ponemos nuestro dinero" (es decir, nuestras oraciones), obtendremos nuestra barra de chocolate (es decir, lo que sea que estemos pidiendo). El Catecismo nos recuerda que la oración es más amplia y profunda. Ciertamente oramos para nombrar nuestras necesidades ante Dios. Pero también oramos para regocijarnos en la presencia de Dios, para alabar el mismo ser de Dios, para agradecer a Dios por las bendiciones de nuestra vida, para pedir perdón por las cosas que hemos hecho mal, ofrecernos más plenamente al servicio de Dios y hacer peticiones no solo por nosotros sino también en nombre del mundo entero. Y en nuestras peticiones, no oramos para obtener lo que creemos que queremos (para nosotros mismos o para otros). Oramos, así como Jesús mismo lo hizo frente a la muerte, para que se haga la voluntad de Dios.

Una de mis formas favoritas de describir la oración es decir que "la oración es una conversación que tiene lugar en una relación". De hecho, mi relación con Dios en la oración se parece mucho a mi relación con mi cónyuge.

- ❖ A veces, mi esposo y yo pasamos tiempo simplemente disfrutando el uno de la presencia del otro. No tenemos que decir ni hacer nada; podemos simplemente sentarnos en un silencio cómodos y estar juntos. Eso se parece un poco a la adoración.

- ❖ Y a veces le digo a mi cónyuge, a través de mis palabras o en mis acciones, que estoy profundamente agradecida, no por algo específico que ha hecho, sino simplemente por lo que es: por su generosidad y consideración. Estoy abrumada de agradecimiento de que él esté en mi vida. Eso se parece un poco a la alabanza.

- ❖ También es importante, para la salud de nuestra relación, que le dé las gracias a mi cónyuge regularmente. A veces expreso gratitud por las grandes cosas que hace y, a veces, por las pequeñas cosas que son fáciles de pasar por alto; eso es como la oración de acción de gracias.

- ❖ A menudo necesito disculparme con mi esposo porque hice algo mal u olvidé hacer algo que se suponía que debía hacer. Intento (aunque a menudo no lo hago) hacer que esas disculpas sean reales y no solo palabras vacías; cuando realmente me he equivocado, me esfuerzo por corregirlo. Eso es similar a la penitencia.

- ❖ Cuando mi cónyuge expresa frustración o se siente abrumado o necesita algo, le digo: "¿Cómo te puedo ayudar?". A veces entro y ayudo sin siquiera preguntar. Me ofrezco para apoyo y asistencia, comoquiera que pueda. Eso es algo así como la oblación.

- ❖ Y, por supuesto, mi relación con mi esposo implica pedir cosas, para mí o para otros. Cuando necesito ayuda, recurro a mi cónyuge para obtener apoyo y asistencia. Algunas veces esa asistencia es ayudarme a "arreglar" un problema o lograr un objetivo. Pero a menudo el apoyo que busco es consejo, consuelo, reafirmación y fortaleza en medio de mis penurias. Buscar la ayuda de mi cónyuge, cualquiera que sea la forma que tome, es similar a la intercesión y la petición.

En cierto nivel, de eso se trata la oración: es una conversación que tiene lugar en una relación. Implica hablar y escuchar. Implica momentos de silencio cómodo y disfrutar de la presencia del otro. Implica palabras y acciones. Implica tanto ofrecer como recibir ayuda. Involucra dar y recibir (y a veces solo estar juntos).

La verdad es que mi relación con mi esposo (o con cualquier persona) *necesita* todos estos tipos diferentes de interacción para ser saludable. Nuestra relación se vería seriamente dañada si abordara cada interacción con una agenda de cosas a lograr. No sería una relación sana si solo hablara con mi cónyuge cuando quisiera o necesitara algo de él, si me enojara si él no hiciera exactamente lo que quiero todo el tiempo, si nunca le diera las gracias o me disculpara, o si me relacionara diariamente con él como si solo estuviéramos intercambiando favores.

Lo mismo es cierto en nuestra relación con Dios. La oración es un tipo de interacción con Dios; se trata de relacionarse con Dios en la riqueza de la adoración, la alabanza, la acción de gracias, la petición, la oblación y la intercesión. La oración es una conversación que tiene lugar en una relación.

¿Por qué oramos?

Una de las preguntas que me hacen con más frecuencia como sacerdote es: "¿Realmente funciona la oración?" A menudo esta pregunta surge en respuesta a una situación de profundo dolor: una persona ha orado fervientemente por algo que no sucedió: tal vez una promoción de trabajo que nunca llegó o una esperanza que nunca se realizó o incluso la curación física para un ser querido que murió. Estas preguntas son dolorosas y difíciles; son preguntas que los creyentes a lo largo de las edades han preguntado una y otra vez: cuando nos acercamos a Dios en oración, ¿realmente tiene algún efecto? ¿La oración importa?

Cómo respondemos esa pregunta depende de lo que pensemos sobre *qué es* y *para qué sirve* orar. Si creemos que la oración es como una máquina expendedora, donde ponemos nuestro dinero y recibimos un producto a cambio, entonces nos desilusionamos cuando no obtenemos lo que "pagamos". Si pensamos que la oración es como una tarea, algo que hacemos para ganar dinero o estatus o aclamación, entonces nos frustramos cuando no somos recompensados por nuestro trabajo y buen comportamiento. Si pensamos en la oración como un mensaje de voz que le dejamos a Dios y luego esperamos que Dios nos conteste con una "respuesta" a nuestro pedido, entonces nos enojamos si nunca recibimos una llamada telefónica.

Pero pensar en la oración como una conversación que tiene lugar en una relación cambia fundamentalmente la forma en que abordamos la oración, y cambia el significado del "éxito". ¿Qué pasa si el objetivo de la oración no es simplemente poner nuestro dinero y obtener lo que queremos, sino entablar una conversación real y profunda con Dios? Entonces la oración funciona no cuando obtenemos lo que queremos, sino cada vez que entablamos una conversación y establecemos una relación.

La oración funciona porque es importante, en cualquier relación, ser honesto, decir lo que realmente queremos, deseamos y necesitamos. El acto de acercarnos a Dios en oración, de nombrar lo que anhelamos, establece por sí mismo una relación. Funciona porque, en el acto de orar, somos cambiados; nos damos cuenta de que no estamos solos, sin importar cuán solos nos sintamos. Encontramos fortaleza o consuelo o al menos liberación de los sentimientos que se han acumulado dentro de nosotros. A veces, cuando estoy hablando con mi esposo, solo necesito que me escuche. Digo cosas como: "No necesito que arregles esto, solo necesito que me escuches". Al final de nuestra conversación, puede que no haya ningún cambio en la situación, en la realidad exterior del mundo; nada se habrá "arreglado". Y, sin embargo, la conversación ha "funcionado" porque me han escuchado. La oración es muy parecida.

Eso no quiere decir que la oración *solo* nos cambie a nosotros y nuestras actitudes (aunque si eso sucede, ¡también es un milagro!). El testimonio de las Escrituras es claro: Dios a veces interviene milagrosamente para cambiar las circunstancias: Dios protege al pueblo cuando lo saca de Egipto (Éxodo 14), alimenta a los israelitas con maná del cielo (Éxodo 16), sana a los enfermos y los cojos (Mateo 9:18-34) y libera a los prisioneros (Hechos 16:25-34). Los seguidores de Jesús continúan sanando a las personas en el nombre de Cristo (Hechos 5:12-16). Las oraciones en nuestro *Libro de Oración Común* reflejan la realidad de que creemos que Dios interviene con acciones poderosas en el mundo, y podemos y debemos pedir la presencia y el poder de Dios.

Pero así como la oración toma muchas formas, el resultado de la misma puede ser muy variado. Algunas veces lo que se cambia es el resultado o la circunstancia: la persona por la que oramos se sana o se cumple el deseo más profundo de nuestro corazón. Algunas veces lo que se cambia es nuestra actitud o enfoque: somos fortalecidos o consolados o mejor capacitados para enfrentar los días venideros, o recibimos una idea para que sepamos lo que estamos llamados a ser o hacer, independientemente de las circunstancias. Algunas veces, lo que se cambia es el corazón, la mente o las acciones de otra persona, y ese cambio nos impacta. Algunas veces lo que se cambia es nuestra relación con Dios: encontramos nuevas formas de relacionarnos con Dios o una nueva dimensión en la manera de conversar y acompañarnos.

La oración es poderosa, pero también misteriosa. Debemos abordar cualquier certeza moral sobre la oración con temor y temblor. Podemos hacernos mucho daño a nosotros mismos y a los demás si pretendemos saber con precisión cómo funciona la oración: cualquier creencia o afirmación de que "debe haber sido la voluntad de Dios" o "si solo hubiera orado más o más fuerte" saca a la oración fuera del contexto de una conversación en una relación y la pone en el contexto de una obligación o intercambio; ese es un contexto profundamente defectuoso que daña nuestra capacidad de relacionarnos con Dios. Hay muchas maneras de orar, hay muchos resultados en la oración, y la relación de cada uno con Dios en la oración es diferente. Gran parte de la oración está más allá de nuestro conocimiento y control.

¿Cómo oramos?

Aunque nunca podemos saber exactamente cómo funciona la oración, podemos (y debemos) aprender a orar. La oración, como cualquier disciplina espiritual, es cuestión de práctica. No siempre se sentirá natural las primeras veces que lo hacemos. Es posible que tengamos que experimentar con nuevas formas de oración para encontrar las que nos ayuden a profundizar nuestra relación con Dios.

En el Capítulo 9 exploramos el Oficio Diario, una de las formas más esencialmente anglicanas de orar. Y hacia el final del capítulo, señalamos recursos diferentes dentro de *El Libro de Oración Común* para la oración. Pero, por supuesto, hay cientos de formas de orar más allá de las que están en nuestro libro de oración. Puedes orar caminando en un laberinto, usando rosarios, o creando iconos o arte. Puedes usar diferentes formas de oración, desde el concepto ignaciano del Examen hasta la Oración Contemplativa y la *Lectio Divina*. Puedes orar arrodillado o sentado o de pie o en movimiento. Puedes orar con tu voz o en silencio. No existe una forma de oración única para todos.

En cambio, hay una gran variedad de formas diferentes de orar, diferentes métodos para entablar una conversación con Dios.

Pero sea cual sea el método que utilices para la oración, lo importante es participar en la relación, creando un tiempo y un espacio para encontrarte con Dios en oración. Y hay algunas cosas específicas que puedes hacer para mejorar tu relación con Dios en la oración:

- ❖ Comienza por lo pequeño. Si nunca has orado antes, puede parecer abrumador al principio. Si comienzas diciendo que vas a hacer el Oficio Diario completo por la mañana, al mediodía y por la noche, entonces es posible que te hayas puesto una meta demasiado alta (aunque si lo haces, ¡es el camino a seguir!). Lo importante de comenzar una vida de oración es comenzar en alguna parte. Podría ser empezar a hacer la acción de gracias en las comidas, o la oración matutina todos los días, o una sesión de estudio semanal, o cualquier otra forma. Elije una disciplina de oración que desees probar y pruébala. Comprométete a hacerlo diariamente por un período de tiempo. Luego, cuando ya te sientas cómodo, pasa más tiempo en oración o agrega otro componente.

- ❖ Hazlo. Si la oración es una conversación que tiene lugar en una relación, ¡entonces tienes que hacerlo para que la conversación pueda suceder! La verdad es que Dios está allí, siempre esperando y esperanzado que vamos a orar. Tal vez lo más importante que podemos hacer es programar un momento para la oración, y luego hacerlo, incluso cuando otras cosas llenan el calendario, incluso si es difícil o incómodo. Haz un espacio en tu calendario (todos los días) para Dios. Y luego cumple con ese compromiso.

❖ Sigue intentándolo. Las relaciones dan mucho trabajo, ¡pregúntale a cualquiera que haya estado casado por mucho tiempo! Tu relación con Dios no es diferente. Habrá algunos baches en el camino. Puedes probar una práctica de oración que realmente odias o descubrir que la forma en que has estado orando durante mucho tiempo tal vez no funcione para ti. Prepárate para cambiar tu práctica de oración y probar cosas nuevas. Pídele ayuda a un sacerdote o a un amigo de confianza si la necesitas.

Una de las colectas de *El Libro de Oración Común* dice esto:

Omnipotente y sempiterno Dios, tú estás siempre más presto a escuchar que nosotros a orar, y a ofrecer más de lo que deseamos o merecemos: Derrama sobre nosotros la abundancia de tu misericordia, perdonándonos todo aquello que perturba nuestra conciencia, y otorgándonos aquello que no somos dignos de pedirte, sino por los méritos y mediación de Jesucristo, nuestro Salvador; que vive y reina contigo y el Espíritu Santo, un solo Dios, por los siglos de los siglos. *Amén.* (150-151)

Dios siempre está listo para escucharnos cuando oramos y anhela darnos más de lo que deseamos o merecemos. Nos toca a nosotros entablar esa conversación, responder en adoración, alabanza, acción de gracias, penitencia, oblación e intercesión al Dios que está esperando y anhelando entrar en relación más profunda con cada uno de nosotros.

Para la reflexión

✣ *El Libro de Oración Común* identifica siete tipos diferentes de oración: adoración, alabanza, acción de gracias, penitencia, oblación, petición e intercesión. Nombra un ejemplo de cada tipo de oración.

✣ ¿Cuál de los siete tipos de oración es más difícil para ti personalmente? ¿Por qué?

✣ ¿Cuál de los siete tipos de oración es la más cómoda para ti personalmente? ¿Por qué?

✣ En este capítulo, hablamos de la oración como una "conversación que tiene lugar en una relación". ¿Cambia esa definición la forma en que piensas acerca de la oración? ¿Por qué o por qué no?

La iglesia

Capítulo 17

Ese maravilloso y sagrado misterio
La iglesia

Dios de poder inmutable y luz eterna: Mira con favor a toda tu Iglesia, ese maravilloso y sagrado misterio; por la operación eficaz de tu providencia lleva a cabo en tranquilidad el plan de salvación; haz que todo el mundo vea y sepa que las cosas que han sido derribadas son levantadas, las cosas que han envejecido son renovadas, y que todas las cosas están siendo llevadas a su perfección, mediante aquél por quien fueron hechas, tu Hijo Jesucristo nuestro Señor; que vive y reina contigo, en la unidad del Espíritu Santo, un solo Dios, por los siglos de los siglos. *Amén.*

—El Libro de Oración Común, p. 200

Bob oraba en la iglesia donde yo trabajaba como músico. Cada semana, después del servicio, Bob se quedaba en la iglesia a solas, para orar con Jesús. Había estado haciendo esto por años. Cada semana conversábamos: por lo general me contaba un chiste inocente y hablábamos un poco. Pero también hablábamos sobre la oración. Me dio mi primer rosario porque quería que conociera los dones de la presencia de Dios que él disfrutaba. Un día me enteré de que iba a jubilarse de su trabajo en la fábrica después de décadas de trabajo. La semana siguiente, comencé nuestra conversación diciendo: "¡Bob! ¿Qué hiciste en tu primer día como jubilado, con tanto tiempo libre?". Sin perder un momento, dijo: "Fui a una misa a las 7:30 de la mañana para agradecerle a Dios por más de cuarenta años de trabajo y buena salud. ¿Qué más haría?".

He pensado muchas veces en Bob y en nuestra conversación a lo largo de los años. Bob veía la iglesia como el centro de su vida de oración, y de su vida entera. Me pregunto cuántos años tardó en llegar a este punto. O tal vez nació con este carisma, este don santo. De cualquier forma, su vida es un modelo para todos nosotros: la iglesia debe ser central en nuestras vidas. Cuando tengamos que dar gracias o peticiones que hacer a Dios, haríamos bien en venir a la iglesia.

Es tentador pensar en la iglesia como un lugar donde encontramos la comodidad, un lugar para ser afirmados y consolados. Aunque estas cosas pueden suceder de vez en cuando, la iglesia no es realmente eso. En términos más simples, la iglesia es la comunidad de los seguidores de Jesús. En términos más generales, las personas de todo el mundo que pretenden seguir a Jesús se reúnen en una sola iglesia mundial. Localmente, cuando hablamos de "nuestra iglesia", realmente nos referimos a la comunidad de personas con quienes nos reunimos para seguir a Jesús.

La iglesia no es una comunidad ordinaria. Las Escrituras prometen que Dios permanece en la iglesia, en toda su gloria y en su vida y problemas ordinarios. La iglesia tiene una gran variedad, porque una gran variedad de personas son sus miembros. San Pablo lo expresa así:

El cuerpo humano, aunque está formado por muchos miembros, es un solo cuerpo. Así también Cristo. Y de la misma manera, todos nosotros, judíos o no judíos, esclavos o libres, fuimos bautizados para formar un solo cuerpo por medio de un solo Espíritu; y a todos se nos dio a beber de ese mismo Espíritu.

Un cuerpo no se compone de un solo miembro, sino de muchos. Si el pie dijera: «Como no soy mano, no soy del cuerpo», no por eso dejaría de ser del cuerpo. Y si la oreja dijera: «Como no soy ojo, no soy del cuerpo», no por eso dejaría de ser del cuerpo. Si todo el cuerpo fuera ojo, no podríamos oír. Y si todo el cuerpo fuera oído, no podríamos oler. Pero Dios ha puesto cada miembro del cuerpo en el sitio que mejor le pareció. Si todo fuera un solo miembro, no habría cuerpo. Lo cierto es que, aunque son muchos los miembros, el cuerpo solo es uno.

El ojo no puede decirle a la mano: «No te necesito»; ni la cabeza puede decirles a los pies: «No los necesito.» Al contrario, los miembros del cuerpo que parecen más débiles, son los que más se necesitan; y los miembros del cuerpo que menos estimamos, son los que vestimos con más cuidado. Y los miembros que consideramos menos presentables, son los que tratamos con más modestia, lo cual no es necesario hacer con los miembros más presentables. Dios arregló el cuerpo de tal manera que los miembros menos estimados reciban más honor, para que no haya desunión en el cuerpo, sino que cada miembro del cuerpo se preocupe por los otros. Si un miembro del cuerpo sufre, todos los demás sufren también; y si un miembro recibe atención especial, todos los demás comparten su alegría. (1 Corintios 12:12-26)

Las diferencias que podemos imaginar (raza, género, opinión política, orientación sexual, situación económica) quedan de lado en el bautismo, cuando somos injertados en el Cuerpo

de Cristo, la iglesia. Y, sin embargo, ese cuerpo sagrado, la iglesia, nos toma a cada uno de nosotros en nuestra diversidad. No escondemos ni negamos quiénes somos cuando somos injertados en la iglesia, sino que damos fruto siendo de la forma en que Dios nos ha creado, y la iglesia brilla radiante cuando sus miembros se reúnen en su unidad y diversidad. Otro aspecto de esta metáfora del cuerpo es que entendemos que la iglesia nos necesita a cada uno de nosotros en nuestra diversidad. Necesitamos personas con muchos dones y pasiones, y cada uno de nosotros hace su parte para que el cuerpo esté sano. Así como San Pablo habla de un cuerpo que necesita sus miembros, también la iglesia necesita muchos miembros. Para tener una iglesia, por ejemplo, necesitamos pastores, profetas y maestros.

La metáfora del cuerpo es una forma de entender la iglesia, pero hay otras. También articulamos nuestras creencias sobre la iglesia en nuestros credos. Por ejemplo, en el Credo Niceno, decimos que la iglesia es una, santa, católica y apostólica. Las respuestas son nítidas e incisivas en el Catecismo (746):

P. ¿Por qué se describe la Iglesia como una?

R. La Iglesia es una porque es un Cuerpo, bajo una Cabeza, nuestro Señor Jesucristo.

Con tantas denominaciones en el mundo, la idea de la iglesia como un cuerpo unificado puede ser difícil de entender. Pero a pesar de que las denominaciones tienen muchas diferencias, la gran mayoría de los cristianos reconocen los bautismos de otras iglesias y reconocen a otros cristianos como parte de la iglesia universal.

P. ¿Por qué se describe la Iglesia como santa?

R. La Iglesia es santa porque el Espíritu Santo mora en ella, consagra a sus miembros y los guía a efectuar la obra de Dios.

Cuando decimos que la iglesia es santa, no decimos que la iglesia es perfecta. ¡Lejos de eso! Ya que la iglesia está llena de seres humanos, siempre estará llena de errores. Aun así, creemos que la presencia de Dios permanece en la iglesia y que la voluntad de Dios se lleva a cabo a través de la iglesia.

    P. ¿Por qué se describe la Iglesia como católica?

    R. La Iglesia es católica porque proclama toda la Fe a todos los pueblos, hasta el fin de los tiempos.

Católica significa más o menos lo mismo que universal, por lo que la iglesia católica es la iglesia universal en todo el mundo. Cuando la gente dice "católico", suele estar hablando de una denominación particular, con sede en Roma. Pero muchos otros cristianos usan el término católico para describir una iglesia que es universal. Nos entendemos a nosotros mismos como parte de esa iglesia universal y comprometidos la teología y la práctica de esa iglesia más amplia.

    P. ¿Por qué se describe la Iglesia como apostólica?

    R. La Iglesia es apostólica porque continúa en la enseñanza y comunión de los apóstoles, y es enviada a llevar la misión de Cristo a todos los pueblos.

Decir que la iglesia es apostólica significa que continúa en la tradición de los apóstoles, que su fe y sus prácticas están enraizadas en aquello que los seguidores de Jesús enseñaron y practicaron. La palabra apóstol proviene del griego, y literalmente significa uno que es enviado. Por lo tanto, hablar de una iglesia apostólica es también hablar de una iglesia que continuamente sale al mundo a proclamar las buenas noticias de Cristo y compartir el amor de Dios.

La misión de la iglesia

Además de explicar la definición de la iglesia, el Catecismo también articula la misión de la iglesia: "La misión de la Iglesia es restaurar a todos los pueblos a la unión con Dios y unos con otros en Cristo" (747). A primera vista, esto puede sonar un poco como que la función de la iglesia es ser amable, porque la unidad es agradable. Sin embargo, si nos fijamos con más detenimiento se nos revela una realidad mucho más compleja y desafiante de nuestra misión en la iglesia.

Por un lado, para ser restaurados a la unidad, debemos reconciliarnos. Para reconciliarnos, tenemos que saber quiénes somos y por qué no hemos sido restaurados a la unidad. En la reconciliación, como en la recuperación, el primer paso es admitir que tenemos un problema. Para reconciliarnos entre nosotros y restaurar la unidad que Dios quiere para nosotros, primero debemos reconocer las formas en que no hemos logrado ser las personas que Dios nos ha llamado a ser. Imagínatelo como una amistad que está distanciada. No puedo restaurar una amistad rota si no puedo ver cómo se dañó la amistad y qué papel jugué en la ruptura. Además, a menos que esté dispuesto a cambiar mis acciones para evitar la misma ruptura de nuevo, la amistad no se restaura mediante una simple disculpa. En otras palabras, si deseo ser restaurado a la unidad con Dios y con los demás, tengo que tomármelo en serio. No hay nada fácil en esta restauración. Necesito la ayuda de la iglesia y la guía del Espíritu si voy a reconocer quién soy y qué he hecho y luego vivir una nueva vida en Cristo.

Otra frase también es crítica en nuestra misión como iglesia: "Todas las personas". Si el trabajo de la iglesia es restaurar a todas las personas a la unidad con Dios y entre sí mismas en Cristo, necesitamos salir a hacer evangelismo, contarle a la gente las Buenas Noticias de Dios en Cristo e invitarlos a ser parte del cuerpo de Cristo, la iglesia. Si permanecemos dentro de los edificios de nuestra iglesia, no podemos llevar a cabo nuestra misión mundial de curación, sanación y restauración.

Una visión anglicana de la iglesia

Los cristianos estamos de acuerdo en más cosas que en las que estamos en desacuerdo. Y así pasa con la iglesia. Los anglicanos estamos de acuerdo con la mayoría de los cristianos en que la iglesia es antigua, universal, santa, etc. Sin embargo, hay algunos carismas únicos o especiales en la comprensión anglicana de la iglesia.

Consideramos a Canterbury, Inglaterra, como nuestra patria espiritual. Demos un paso atrás y veamos nuestra historia. A raíz una serie de discusiones entre el rey de Inglaterra y el Papa, la iglesia en Inglaterra se independizó de Roma. Este fue el resultado de una división que llevaba largos años fraguándose, una en la que las iglesias inglesas y celtas habían estado en desacuerdo con otras. Acontecimientos como la necesidad del rey de divorciarse (y la negativa del papa a otorgarle el divorcio), junto con el fomento de las reformas luterana y calvinista, finalmente causaron que el rey Enrique VIII rompiera sus vínculos con Roma. Cuando esos primeros cristianos anglicanos independientes estaban articulando y justificando su fe, enfatizaron cómo la iglesia anglicana está moldeada por la tradición antigua y universal, así como por las prácticas y las costumbres locales.

A medida que los colonos ingleses se extendieron por todo el mundo, también lo hicieron la Iglesia de Inglaterra y la cultura y tradiciones inglesas. Al mismo tiempo, los anglicanos también valoraban la cultura local. Lo que esto significa hoy es que la liturgia es similar en toda la familia mundial de iglesias anglicanas, pero también refleja las tradiciones locales integradas en la práctica y el culto de la iglesia. Reconocemos que la iglesia ha sido corrompida por el pecado del colonialismo en gran parte de su historia, pero cuando la iglesia ha actuado bien, los anglicanos han honrado la tradición local y la fe universal.

Entonces, ¿cuál es la situación de hoy? El arzobispo de Canterbury es visto por los obispos anglicanos de todo el mundo como el primero entre iguales. Aunque el arzobispo de Canterbury no tiene autoridad como el papa en la Iglesia Católica Romana, el arzobispo tiene una autoridad espiritual persuasiva en virtud de su oficio.

Nuestra propia Iglesia Episcopal ofrece una liturgia que sería familiar para los anglicanos de casi todas partes del mundo. Ciertamente hay diferencias, pero son mucho más pequeñas que nuestras similitudes. Sin embargo, nuestra herencia y nuestra historia han moldeado nuestra comprensión de la iglesia de maneras importantes.

¿Por qué ir a la iglesia?

Hace varios años, me pidieron que diera una serie de charlas sobre por qué deberíamos ir a la iglesia. "¡Fantástico!", me dije. Y luego comencé a pensar. Más allá de mis preferencias personales, ¿cuáles son las mejores razones para ir a la iglesia? Entonces, pregunté, en Facebook, si las personas podían encontrar garantías bíblicas que digan que los cristianos deben asistir a la iglesia.

Algunas personas citaron la promesa de Jesús en Mateo: "Porque donde están dos o tres congregados en mi nombre, allí estoy yo entre ellos" (18:20). Si bien este pasaje afirma la presencia de Cristo cuando sus seguidores están reunidos,

Jesús está hablando más bien de la resolución de conflictos que del culto comunitario.

Otros hablaron de Pentecostés, específicamente la historia acerca de cómo era la vida de los primeros cristianos después de recibir el don del Espíritu Santo.

> Todos los creyentes estaban muy unidos y compartían sus bienes entre sí; vendían sus propiedades y todo lo que tenían, y repartían el dinero según las necesidades de cada uno. Todos los días se reunían en el templo, y en las casas partían el pan y comían juntos con alegría y sencillez de corazón. Alababan a Dios y eran estimados por todos; y cada día el Señor hacía crecer la comunidad con el número de los que él iba llamando a la salvación. (Hechos 2:44-47)

Este pasaje ofrece un testimonio convincente del poder de Dios en acción en la comunidad cristiana, pero podría ser difícil para los cristianos modernos conectarse con esta experiencia deslumbrante y antigua.

Revisé las cartas de San Pablo para encontrar una respuesta a la pregunta: ¿Por qué la iglesia? Pablo supone que los seguidores de Jesús se reunirán en iglesias. Y reconoce que no siempre será fácil. Las iglesias estarán llenas de conflictos, porque están llenas de humanos defectuosos. Cada conflicto no es un fracaso sino una oportunidad para practicar el amor reconciliador de Cristo con los demás.

Mientras que las cartas de Pablo ofrecen consejos maravillosos a las iglesias, la Carta a los Hebreos toma un enfoque diferente. Hebreos ofrece esta exhortación:

> Mantengamos sin desviaciones la confesión de nuestra esperanza, porque aquel que ha hecho la promesa es fiel. Ayudémonos los unos a los otros para incitarnos al amor y a las buenas obras. No faltemos a las reuniones, como

hacen algunos, antes bien animémonos mutuamente tanto más cuanto que vemos acercarse el día del Señor (10:23-25; traducción de Luis Alonso Shökel).

No debemos descuidar reunirnos. No puede haber cristianos solitarios. ¿Y por qué nos juntamos? Para *incitarnos* el uno al otro a amar y hacer buenas obras.

Cuando di mi serie de charlas sobre por qué deberíamos ir a la iglesia, a la gente no le gustó mucho la palabra "incitar". No les pareció muy respetuosa. Sin embargo, incluso el griego original tiene el mismo significado. Nuestra tarea como cristianos es incitarnos unos a otros, no ser siempre amables unos con otros. Si bien parece contradictorio, esta noción de una iglesia provocativa tiene sentido. Esperamos que nuestros amigos cercanos nos digan la verdad, incluso cuando no estamos seguros de querer escucharla. De esto resulta que nosotros, que somos amados en Cristo, estamos destinados a estar cerca el uno del otro, a hablar palabras de amor y verdad el uno con el otro en todo momento.

A veces nuestra tarea es ser provocativos. "Realmente necesitas comunicarte con tu hermano y disculparte por lo que has hecho". "Dices que no tienes tiempo para orar, pero ¿no quiere decir realmente que no haces tiempo para orar?" Si somos "amables" el uno con el otro, nunca nos arriesgaremos a un conflicto ni a decir algo que pueda ser recibido con dificultad, pero esa no es la manera cristiana. Jesús no era amable; él decía la verdad. Ese también es nuestro papel como iglesia.

Cuando nos reunimos como cristianos, nuestra tarea es incitarnos mutuamente a ser mejores seguidores de Jesús, a ser más como Cristo. Las palabras de nuestra liturgia nos incitan. Buena predicación y buena enseñanza también lo harán. Y también debemos incitarnos el uno al otro. Este es el punto fundamental de nuestras reuniones.

Para decirlo de una manera más positiva: debemos inspirarnos unos a otros. La Carta a los Hebreos habla también de alentarnos unos a otros. Cuando me siento desanimado en mi seguimiento de Jesús, alguien en la iglesia puede ayudarme a encontrar la esperanza de nuevo. O tal vez seré yo el faro que guíe a otra persona. Solo podemos alentarnos unos a otros cuando estamos en comunidad.

¿Cuáles son las implicaciones de estas diferentes maneras de entender la iglesia? La iglesia no es como otras organizaciones seculares y voluntarias. Tiene una misión sagrada y es parte de la obra de salvación de Dios para todas las personas. La iglesia no es una actividad que elegimos entre otras, algo que podemos hacer cuando nos sentimos bien o es conveniente. Más bien, la iglesia es la forma central en que nos encontramos con Dios y con el pueblo de Dios, y su propósito es alentarnos y provocarnos a ser más como Cristo. La iglesia es un gran don para nosotros y para el mundo, y es nuestra tarea compartir ese regalo con quienes nos rodean.

Para la reflexión

✣ En el Catecismo en la página 749 de *El Libro de Oración Común* la iglesia se describe como "una, santa, católica y apostólica". ¿Cuál de esas tres características es la más importante para ti y por qué?

✣ ¿Por qué vas a la iglesia?

✣ ¿Te animó este capítulo a pensar en ir a la iglesia de otra manera? ¿Por qué o por qué no?

✣ ¿En qué se diferencia la iglesia de otras organizaciones sociales voluntarias?

✣ ¿Alguna vez has estado en una iglesia que es muy diferente de la iglesia a la que vas, ya sea una denominación diferente o una iglesia anglicana en otra parte del mundo? ¿Qué fue similar y qué fue diferente?

Capítulo 18

Defiende a tu iglesia
Estructura y gobierno

> Que tu constante misericordia purifique y defienda a tu Iglesia, oh Señor; y, puesto que no puede continuar en seguridad sin tu auxilio, protégela y dirígela siempre por tu bondad; por Jesucristo nuestro Señor, que vive y reina contigo y el Espíritu Santo, un solo Dios, por los siglos de los siglos. *Amén.*
>
> —*El Libro de Oración Común*, p. 148

La estructura y el gobierno de la Iglesia Episcopal equilibra dos polos opuestos en un hermoso diálogo. Por un lado, nuestra iglesia es jerárquica. La palabra episcopal significa que tiene que ver con obispos, por lo que tenemos obispos con gran autoridad en algunas áreas. Hay muchas iglesias en el mundo cuyo gobierno es puramente jerárquico. Pero la nuestra también tiene otro componente: nuestra iglesia es democrática. En todos los niveles, insistimos en que los laicos y otros clérigos, no solo los obispos, participen en la toma de decisiones. Hay muchas iglesias que se rigen exclusivamente por reuniones locales y regionales. Lo que diferencia al cristianismo anglicano de muchas otras tradiciones es que equilibramos la jerarquía y la democracia.

En el capítulo anterior, hablamos sobre la iglesia (la iglesia universal) y por qué es bueno para los cristianos ser parte de una comunidad eclesial. Hablamos sobre grandes ideas. La iglesia es una, santa, católica y apostólica. En este capítulo, hablaremos sobre cómo la Iglesia Episcopal está estructurada y se gobierna. Estamos hablando de la forma de gobierno de la iglesia.

Nuestra insistencia de que las laicas y los laicos estén incluidos en el gobierno de nuestra iglesia en todos los niveles refleja nuestra perspectiva de que Dios ha bendecido a las personas con los dones y la habilidad de la razón y que es importante dar voz a esos dones. Valoramos la democracia y la transparencia; queremos que nuestra iglesia refleje la verdad en nuestro propio funcionamiento interno para que podamos manifestarla al mundo con credibilidad.

Aquellos que son llamados a posiciones de liderazgo (líderes laicos, obispos, sacerdotes y, a veces, diáconos) reciben autoridad y poder sobre otras personas para cumplir con sus deberes dentro de los límites de la regulación de la iglesia. Las reglas de nuestra iglesia describen cómo las cosas temporales particulares (edificios de la iglesia, dinero, corporaciones) deben estar bajo la autoridad de grupos elegidos por la comunidad o, a veces, de algún miembro

> La Iglesia Episcopal se rige por una constitución y un conjunto de reglas llamadas cánones. Los cánones son, en esencia, regulaciones que la iglesia adopta para gobernarse a sí misma. Para cambiar la constitución o los cánones de la Iglesia Episcopal, los obispos y los diputados en la Convención General trienal de toda la iglesia deben votar juntos para aprobar el nuevo texto. Si tienes curiosidad sobre los cánones, puede descargar una copia en www.episcopalchurch.org.

del clero en específico. Cuando se otorga la autoridad, nunca es una autoridad ilimitada o incuestionable, sino una autoridad detallada cuidadosamente en nuestros cánones. También es de notar que las personas ordenadas prometen que obedecerán a aquellos en autoridad sobre ellos. Este es otro ejemplo de cómo nuestra iglesia lleva la marca de una iglesia jerárquica pero con transparencia y responsabilidad en todos los niveles. Juntos, la jerarquía y el gobierno democrático funcionan como una especie de sistema de control y equilibrio mutuo.

Ahora veremos la forma de gobierno de la iglesia en tres niveles: congregación, diócesis y toda la iglesia. Como en la mayor parte del resto de este libro, estamos simplificando temas complicados, así que consulta algunos de los recursos adicionales que figuran en el apéndice para profundizar tu conocimiento de los mismos.

Congregaciones

Las congregaciones generalmente son dirigidas por un presbítero o una presbítera y un grupo de líderes laicos elegidos. Estos líderes laicos funcionan como la junta directiva de la iglesia, como una institución sin fines de lucro y como líderes espirituales que, junto con el miembro del clero, dirigen la visión de la misión de la iglesia. Por lo general, los líderes están organizados en lo que se llama una junta parroquial. Sin embargo, si la iglesia está bajo la supervisión de un obispo o de una obispa, se les puede llamar comité del obispo, consejo de misión o junta misional.

El miembro del clero que dirige la iglesia sirve como presidente del grupo de líderes laicos y puede votar sobre asuntos que requieran una votación. Sin embargo, los líderes laicos pueden votar según su conciencia. Esto contrasta con algunas denominaciones en las que el clero tiene control exclusivo sobre asuntos financieros y de otro tipo. En general, estas reuniones de la junta parroquial y el liderazgo laico son abiertas, por lo que si tienes curiosidad por saber qué está pasando en tu iglesia, averigua cuándo se reúnen los líderes y asiste a una reunión. El grupo revisará los informes financieros, discutirá asuntos importantes relacionados con el bienestar material o espiritual de la iglesia y, a menudo, compartirá el tiempo juntos en el estudio de la Biblia o la formación cristiana.

Casi todas las congregaciones tienen una asamblea o reunión anual a la que todos los miembros votantes están invitados. La mayoría de las iglesias permiten que todos los comulgantes puedan votar. Los miembros comulgantes se definen en los cánones de la Iglesia Episcopal como aquellos "que durante el año anterior se hayan mantenido fieles en su culto corporativo, excepto en caso de causa justificada que se los haya impedido, y que hayan sido fieles en su trabajo, oraciones y donaciones para la expansión del Reino de Dios". Esto significa que la membresía en la iglesia es diferente a la de una sociedad voluntaria: se espera que los miembros, como práctica normal, trabajen, oren y apoyen la obra de Dios. Y el estándar o patrón para la asistencia al culto es bastante alto, lo que sugiere que uno debe estar en la iglesia todas las semanas, "excepto en caso de causa justificada que se los haya impedido". Los detalles sobre estas definiciones variarán, pero lo importante es que por un lado, la iglesia es bastante abierta, diciendo que muchas personas pueden votar en los asuntos de la congregación. Por otro lado, hay un estándar o patrón de discipulado en el trabajo; uno no puede simplemente ofrendar y ser considerado un miembro activo.

En la asamblea anual los miembros con derecho a voto generalmente eligen miembros para la junta parroquial o el comité del obispo y representantes para las reuniones

> El sacerdote que dirige una iglesia a menudo se llama rector. Los rectores y las rectoras tienen titularidad similar a la de algunos profesores universitarios. Cuando una iglesia necesita un nuevo rector, generalmente la junta parroquial crea un comité de búsqueda con la tarea de reclutar e identificar candidatos adecuados; uno o más candidatos se presentan a la junta parroquial, y la junta parroquial elige a la persona que ellos creen que Dios llama para que sea su próximo rector. Esta decisión luego es ratificada por un obispo o una obispa.
>
> En algunos casos, el sacerdote que dirige la congregación se llama vicario, lo que significa que la congregación está bajo el cuidado de un obispo que ha delegado el liderazgo a un vicario designado por el obispo. Los vicarios generalmente sirven según el deseo del obispo. Un sacerdote encargado generalmente recibe el encargo de dirigir la congregación por tiempo limitado, tal vez por un año, o dos, o tres. Los sacerdotes encargados son enviados por el obispo, pero la junta parroquial tiene el derecho de aprobar o rechazar su elección. Todo esto puede variar ampliamente en función de las reglas de la diócesis, la ley estatal o la costumbre local.

diocesanas; aprueban los informes financieros y quizás los presupuestos; y revisan los ministerios y eventos de la vida de la iglesia.

Las congregaciones episcopales tienen gran autonomía en algunos aspectos. Cada congregación toma sus propias decisiones financieras y gobierna muchos de sus asuntos. Pero la Iglesia Episcopal no es una iglesia congregacional, lo que significa que nuestra unidad organizativa principal no es la iglesia local. En cambio, estamos fundamentalmente organizados por diócesis. Cada congregación contribuye con parte de su presupuesto para apoyar el ministerio en la diócesis, como ministerios universitarios, campamentos y centros de conferencias, ministerios urbanos, el personal diocesano y el equipo de trabajo del obispo o de la obispa. Las congregaciones tienen cierta autonomía, pero el obispo o la obispa también ejerce autoridad sobre la iglesia, y muchos aspectos de la vida en común (especialmente la adoración) se rigen por *El Libro de Oración Común*, como vimos en capítulos anteriores.

Diócesis

Cuando era rector de una parroquia, las personas nuevas en la Iglesia Episcopal a veces preguntaban por nuestra diócesis. ¿Qué es? ¿Cuál es su función? Les daba todas las respuestas que están en los libros de texto, pero generalmente les sugería que si realmente querían aprender sobre la diócesis, deberían asistir a la convención diocesana anual. Allí se ve al clero y a los líderes laicos de todos los rincones de la diócesis reunidos para la adoración, el compañerismo y la deliberación legislativa. Todo esto ocurre bajo la dirección del obispo, y es lo más cerca que podemos llegar a ver de cómo una idea abstracta ("la diócesis") se ve en la vida real.

Cada diócesis está dirigida por un obispo, que sirve hasta su jubilación o la renuncia. Cuando el puesto de obispo está vacante, la diócesis recibe nominaciones y un comité forma una lista de nominados. La convención diocesana, compuesta por miembros laicos elegidos y clérigos, elige a su próximo obispo de la lista. Un principio importante de este proceso es que los laicos y el clero eligen juntos a su obispo u obispa.

Desde los primeros tiempos, la iglesia se organizó en torno a los obispos. Al principio, cada ciudad tenía su propio obispo, y ese obispo era asistido en la adoración por muchos diáconos o presbíteros. Por lo tanto, el obispo estaba en el centro de la vida sacramental y litúrgica de la diócesis. Los bautismos, confirmaciones y ordenaciones, entre otros sacramentos, debían ser realizados por el obispo. Cuando, por la expansión de la iglesia, ya el obispo no pudo estar presente, la adoración fue delegada a los presbíteros, para que actuaran en nombre del obispo. Los clérigos debían tener una relación pastoral con su obispo. Así es que nuestro patrón al principio era que, práctica y sacramentalmente, la vida diocesana fluía desde el obispo.

Hoy hemos agregado capas de complejidad, y nuestras diócesis son demasiado grandes geográficamente para que los obispos estén tan integrados en la vida práctica y sacramental de la diócesis como lo estuvieron alguna vez. Aun así, sigue siendo cierto que los presbíteros actúan en nombre del obispo y que toda la vida sacramental en una diócesis fluye desde este.

Nuestros obispos son asesorados por un grupo de líderes laicos y clérigos llamado Comité Permanente. Estas personas asesoran al obispo sobre el liderazgo de la diócesis y deben dar su consentimiento a ciertas acciones, como la disciplina del clero o la venta de propiedades.

Los obispos gobiernan con el consentimiento del clero y los laicos. Los obispos salvaguardan la doctrina de nuestra iglesia, y podrían, por ejemplo, deponer a un sacerdote que predicó enseñanzas falsas. Pero los obispos no son dictadores, y los derechos y prerrogativas de las congregaciones y el clero están protegidos, especialmente por nuestra tradición de transparencia y democracia. Un obispo no es un papa; los obispos no pueden obligar a los laicos a creer o decir ciertas cosas para acceder a los sacramentos.

Por supuesto, la diócesis es más que solo un obispo y un Comité Permanente. La mayoría de las diócesis también tienen un grupo de líderes elegidos y designados llamados consejo o junta, así como otros comités de líderes laicos y clérigos que normalmente supervisan la vida programática de una diócesis. Y además está la convención diocesana anual, en la que el clero y los líderes laicos electos se reúnen para la adoración, la formación y para tomar decisiones.

Toda la Iglesia

La Iglesia Episcopal está dirigida por un obispo o una obispa presidente, cuyo título también incluye los títulos de pastor principal y primado. El pastor principal se refiere al trabajo del obispo presidente como pastor de todos los demás obispos y de toda la iglesia, especialmente porque implica hablar con la iglesia y en nombre de ella sobre cuestiones sociales o morales. Primado es una palabra interesante que significa "obispo más antiguo" en un país o iglesia. El Obispo Presidente de la Iglesia Episcopal dirige un equipo de personas, muchas de las cuales trabajan en la oficina central de la iglesia en la ciudad de Nueva York. Este grupo proporciona recursos para toda la iglesia y administra los recursos de la misma.

La Convención General de la Iglesia Episcopal se reúne una vez cada tres años; es la principal autoridad dentro de nuestra iglesia. Esta reunión trienal es parte una asamblea legislativa, parte un avivamiento espiritual, parte un mercado y parte una reunión de viejos amigos. Aunque nuestra iglesia es grande, a medida que los líderes se reúnen regularmente, las viejas

---

> La Convención General es una reunión pública. Cualquiera puede venir y pasear por la sala de exposiciones o asistir a la adoración diaria. El foco de la Convención General es el proceso legislativo, y cada elemento pasa por un proceso de audiencia. Cualquiera puede venir y escuchar testimonios o inscribirse para hablar sobre el tema que se discute. Las reuniones legislativas están abiertas a los invitados. Puede que tengas que inscribirte en el sitio, pero eres bienvenido a ver cómo es la Iglesia Episcopal en toda su diversidad global.
>
> En los últimos años, gran parte de la convención ha sido transmitida en vivo en la web para personas que quieran seguirla pero que no pueden asistir en persona. Para más información sobre convenciones generales recientes y futuras, visita www.generalconvention.org.

amistades se renuevan y se forjan nuevas amistades. Mientras tanto, en la sala de exhibiciones hay vendedores de diferentes grupos, de artículos eclesiásticos, librerías, escuelas y organizaciones religiosas que venden sus productos y relatan sus historias.

Todos los días, miles de personas se reúnen para elevar sus voces en canciones y alabanza; los asistentes a la Convención General celebran juntos servicios masivos de adoración.

Oficialmente, la Convención General es un cuerpo legislativo bicameral que consiste en una Cámara de Obispos y una Cámara de Diputados. El obispo presidente es el presidente de la Cámara de Obispos, y la Cámara de Diputados está dirigida por un presidente, que puede ser un laico, un sacerdote o un diácono. Durante la convención, la legislación debe ser acordada por ambas cámaras para ser ratificada. Cada diócesis tiene ocho diputados, cuatro laicos y cuatro sacerdotes o diáconos. Con un poco más de 100 diócesis, el cuerpo legislativo es bastante grande, alcanzando más de 800 diputados. Con pocas excepciones, cada obispo es elegible para formar parte en la Cámara de Obispos, por lo que generalmente hay alrededor de 200 obispos. La Convención General vota sobre asuntos de liturgia y culto, política social, presupuesto y gobierno de la iglesia.

El debate libre y abierto es un sello distintivo de la Convención General, y cualquiera puede asistir a la convención y ver a las dos cámaras debatir asuntos o incluso hablar en las audiencias legislativas.

Cuando la convención no está en sesión, la iglesia está gobernada por un Consejo Ejecutivo que consta de unos cuarenta miembros elegidos y *ex officio* (o sea, por virtud de su cargo), incluidos laicos, obispos, sacerdotes y diáconos. El Consejo Ejecutivo, que también funciona como la junta directiva del cuerpo corporativo de la Iglesia Episcopal, se reúne varias veces al año.

Como puedes ver, en todos los niveles de la Iglesia Episcopal la participación democrática y la transparencia son valores centrales, junto con la participación de laicos, obispos, sacerdotes y diáconos. Y sin embargo, las mismas estructuras llaman y empoderan a los líderes que ejercen una autoridad específica a su contexto y su función.

Si bien la mayoría de nosotros pasará la mayor parte de nuestro tiempo en las congregaciones locales, vale la pena mencionar la iglesia toda que se encuentra más allá de nuestra comunidad. Esta iglesia toda nos conecta con otros cristianos en nuestro propio estado o región y con anglicanos de todo el mundo.

En todo lo que decimos sobre nuestra iglesia, no decimos que es perfecta, sino más bien que buscamos admitir y corregir errores cuando los encontramos. Una de nuestras oraciones cubre este tema:

> Padre bondadoso, te rogamos por tu santa Iglesia Católica. Llénala de toda verdad, en toda verdad, con toda paz. Donde esté corrompida, purifícala; donde esté en error, dirígela; donde se haya extraviada, refórmala. En lo que sea justa, fortalécela; de cuanto carezca, provéela; y donde esté dividida, reúnela; por amor de Jesucristo tu Hijo nuestro Salvador. Amén. (706)

Así como los anglicanos ven la vida humana como una peregrinación de santificación, en la cual estamos creciendo constantemente hacia la plena madurez de Cristo, vemos a la iglesia como una institución imperfecta que siempre está creciendo hacia ser un icono más perfecto del reino de Dios en la tierra.

Para la reflexión

* En el gobierno de nuestra iglesia equilibramos dos valores opuestos: jerarquía y democracia. ¿Cuáles son algunos de los beneficios de este equilibrio? ¿Cuáles son algunos de los desafíos?

* Como laica o laico, puedes tomar tu lugar en el gobierno de la iglesia a nivel local, diocesano y de toda la iglesia. ¿Qué importancia tiene esto para ti? ¿De qué manera puedes imaginar vivir este llamado?

* ¿Cómo sería nuestra iglesia sin la participación laica?

* ¿Cómo has vivido en tu iglesia el ministerio de tu obispo?

* Como miembro episcopal eres miembro de tres niveles de gobierno: tu congregación, tu diócesis y la Iglesia Episcopal en general. ¿De qué maneras podrías hacer conexiones en cada uno de estos niveles? ¿Qué efecto puede tener cada nivel en tu fe?

Capítulo 19

Una gran nube de testigos
La Comunión de los Santos

> Dios todopoderoso, que nos has rodeado de una nube grande de testigos: Concede que, fortalecidos por el buen ejemplo de tus siervos, perseveremos en la carrera que nos queda por delante, hasta que al fin, con él, alcancemos tu gozo eterno; por Jesucristo, el autor y consumador de nuestra fe, quien vive y reina contigo y el Espíritu Santo, un solo Dios, por los siglos de los siglos. *Amén.*
>
> —*El Libro de Oración Común*, p. 168

Ser cristiano es algo poderoso, en parte porque significa que nunca estamos solos. Dios está siempre con nosotros: Dios que se encarnó con el propósito explícito de estar completamente con nosotros como Emanuel; Dios el Espíritu Santo habita en nosotros y nos faculta para hacer la obra de Dios en el mundo. Como lo exploramos en el Capítulo 17, tenemos también la presencia de la iglesia, una comunidad de creyentes que nos rodea, nos desafía y nos apoya a través de todos los momentos y etapas de nuestras vidas. Además, como cristianos, somos parte de la comunión de los santos, una gran nube de testigos que han vivido vidas que proclaman a Jesús, a quien ellos conocen y aman.

> El 1º de noviembre o el domingo posterior, la iglesia celebra el Día de Todos los Santos, como una fiesta principal. Este es un día para celebrar a todos los héroes de la fe, las santas y los santos que hemos recordado a través del tiempo y la cultura. Piensa en todos los santos: San Pablo, Santa María, San Juan, etc. A ellos los celebramos en el Día de Todos los Santos. Luego, al día siguiente, conmemoramos el Día de Todos los Fieles Difuntos. En este día, recordamos a todos los cristianos queridos por nosotros que se han ido a la casa del Padre.
>
> El 1º de noviembre celebramos a San Andrés y Santa Marta, pero el 2 de noviembre, recordamos al tío Andrés y a la abuela Marta. Para ayudar a diferenciar, este capítulo usa Santos con S mayúscula para referirse a aquellos a quienes la iglesia celebra en el Día de Todos los Santos.

A menudo hay confusión sobre lo que significa ser un santo. Santo proviene de la palabra griega ἅγιος (*hagios*), derivada del verbo ἁγιάζω (*hagiazo*). Estas palabras literalmente significan apartar o hacer santo. Así, los santos son aquellos que son apartados o santificados.

En un sentido muy real, esto significa que los cristianos bautizados son santos. Los seguidores de Jesucristo están apartados del mundo. Creemos que somos santificados por Dios, y somos hechos santos por el poder del Espíritu Santo a través de Jesucristo. En la Biblia, la palabra santos a menudo se usa con referencia a los creyentes; Pablo escribe en su Carta a los Romanos: "Entre ellos están también ustedes, que viven en Roma. Dios los ama, y los ha llamado a ser de Jesucristo y a formar parte del pueblo santo. Que Dios nuestro Padre y el Señor Jesucristo derramen su gracia y su paz sobre ustedes" (Romanos 1:7). Y en su carta a los corintios,

Pablo los describe como "los que forman la iglesia de Dios que está en Corinto, que en Cristo Jesús fueron santificados y llamados a formar su pueblo santo, junto con todos los que en todas partes invocan el nombre de nuestro Señor Jesucristo, Señor nuestro y del pueblo santo" (Corintios 1:2).

En ambos pasajes, santo significa todos los creyentes en Jesús. Y, sin embargo, la iglesia a través de las edades ha reconocido a ciertas personas como Santos (con una S mayúscula).

Al escribir estas líneas, el santoral oficial (la lista de santas y santos reconocidos por la Iglesia Episcopal) se encuentra en el libro *Las Fiestas Menores y los Días de Ayuno;* la última versión española se publicó en el año 2003. *El Libro de Oración Común* incluye esta lista en *El Calendario del Año Eclesiástico*. Los cambios o agregados al santoral son hechos por la Convención General, porque es importante que la iglesia toda esté de acuerdo con el ejemplo extraordinario de fidelidad cristiana de la persona que se quiere agregar.

La Convención General más reciente aprobó un nuevo grupo de santas y santos que se conmemorarán en la versión de 2018 de *Las Fiestas Menores y los Días de Ayuno*. Aunque las santas y los santos de 2006 siguen constituyendo la lista oficial, los que se agregaron en 2018 son de uso experimental; es posible que, en el futuro, la Convención General los apruebe de manera permanente.

El Libro de Oración Común también brinda pautas para que las comunidades individuales observen a otros santos que son importantes para su contexto, utilizando el Común de los Santos, que se encuentra en las páginas 164-168. Entonces, por ejemplo, tu comunidad podría recordar a un diácono que ofreció un servicio extraordinario o una persona laica de tu comunidad cuya vida y testimonio proclamaron a Jesucristo a quienes la rodeaban. Al usar las oraciones y seleccionar cuidadosamente las lecturas de las opciones que ofrece en *Las Fiestas Menores y los Días de Ayuno*, los santos locales se pueden elevar y recordar donde sea que se los encuentre.

Una de las primeras acciones de la iglesia fue recordar santos y mártires específicos; las primeras generaciones de cristianos se reunían para orar y dar gracias por aquellos que proclamaron su fe, incluso frente a la muerte. Los primeros cristianos veían a esos santos como ejemplos a seguir y como compañeros en la vida. Los primeros mártires y otros cristianos, que han sido ejemplo de una fidelidad extraordinaria continúan siendo recordados a través de los siglos, y con los años, se han agregado más.

La Iglesia Episcopal sigue esta antigua tradición de recordar y honrar a los Santos. Los hombres y las mujeres que la iglesia reconoce oficialmente como Santas y Santos se encuentran en el Calendario del Año Eclesiástico, en las páginas 19-30 de *El Libro de Oración Común*. La iglesia no *hace* Santos; la iglesia simplemente *reconoce* a las personas a quienes Dios ha hecho Santos. Los Santos que figuran en *El Libro de Oración Común* son aquellos que la Iglesia Episcopal, como cuerpo, ha decidido reconocer y honrar. La lista de los Santos está llena de variedad: jóvenes y viejos, laicos y ordenados, recientes y antiguos, de todas las razas, etnias y nacionalidades. El libro suplementario, *Las Fiestas Menores y los Días de Ayuno* contiene una biografía y una colecta para cada santo, así como lecturas de la Biblia relacionadas con la Santa o el Santo. Estas colectas y lecturas pueden usarse en la oración personal o en los servicios públicos de adoración en una iglesia. Al aprender sobre estos Santos, observar sus días de fiesta y orar con y por ellos, podemos inspirarnos y alentarnos en nuestras propias vidas de fe.

Un día de fiesta es el día designado para observar a cierto santo; ¡se llama fiesta porque es un día de gran celebración! La mayoría de los santos se recuerdan, no en sus cumpleaños, sino en la fecha de su muerte. Por ejemplo, la Iglesia Episcopal reconoce a Martin Luther King Jr. no en la conmemoración estadounidense de enero (cerca de su cumpleaños), sino el 4 de abril, la fecha de su muerte. Este es un recordatorio de que celebramos a Martin Luther King Jr. no como un líder cívico, sino como un Santo cuya vida y palabras proclamaron sin miedo el testimonio de Jesucristo. Observamos a los Santos en la fecha de su muerte como un recordatorio de que, para los cristianos, la muerte no es el fin sino un nuevo comienzo en la vida eterna con Dios.

La lista de los Santos en la Iglesia Episcopal es rica y variada, llena de personas extraordinarias y a veces sorprendentes. Además de los santos modernos como Martin Luther King Jr., nuestro calendario incluye ejemplos antiguos de fidelidad como Perpetua y sus Compañeras: un grupo de mujeres jóvenes que se encuentran entre algunos de los primeros mártires de la Iglesia. Aunque Perpetua era rica y madre de un niño recién nacido, no estaba dispuesta a negar su fe para salvar la vida. Cuando la interrogaron, ella proclamó: "Soy cristiana" y fue sentenciada a muerte junto con sus acompañantes. Nuestro santoral incluye autores como C.S. Lewis, que escribió tanto teología profunda como libros de fantasía; acercó tanto a jóvenes como a mayores a una relación más profunda con Dios en Cristo. Hay personas con vocación monástica (monjes y monjas) como San Francisco de Asís y Santa Teresa de Ávila, que vivieron su fe en vidas profundamente comprometidas tanto con la oración como con el servicio a los pobres. Y hay músicos como J.S. Bach, que escribió música para la gloria de Dios y usó esa música para atraer a otros a la alabanza y la adoración de Dios.

> Si desea obtener más información sobre las historias de algunos de los santos en La Iglesia Episcopal, lee *Santas y santos: Una celebración,* un plan de estudios de un año de Forward Movement, disponible en www.VivirElDiscipulado.org.

La lista de los Santos observados por la Iglesia Episcopal es un recurso increíblemente importante y frecuentemente pasado por alto en nuestra vida de fe. Las vidas, escritos, acciones y experiencias de los santos nos revelan lo que es posible a través del Espíritu de Dios que mora en nosotros. Sus testimonios nos muestran cómo la historia de Jesús no termina con la tumba vacía o incluso con la generación de apóstoles y discípulos que inmediatamente siguieron a Jesús. Las vidas de los Santos continúan la historia cristiana, que se extiende desde el tiempo de Jesús hasta el día de hoy.

Pero los Santos no son simplemente figuras incrustadas en el pasado de las que leemos en los libros de historia; están concebidos como compañeros que, a través del tiempo y el espacio, viajan con nosotros y nos estimulan al amor y a las buenas obras. Cada vez que decimos el Credo de los Apóstoles, afirmamos la comunión de los Santos. Comunión significa "junto con", testificando el misterio de que los Santos están junto con nosotros, incluso ahora, recordándonos que no estamos solos y mostrándonos que las dificultades y preguntas que encontramos no son nuevas, sino que muchos que han vivido antes que nosotros han enfrentado estas mismas dificultades y preguntas.

Y eso es algo importante que debemos recordar sobre las Santas y los Santos: no son inmunes a cuestionamientos y vacilaciones. Los Santos no son personas perfectas; tienen debilidades y defectos al igual que el resto de nosotros. De hecho, entre los Santos encontrarás a Pedro, quien negó a Jesús no una vez, sino tres. San Agustín fue famoso por vivir una vida derrochadora en sus primeros años. Casi todos los Santos encuentran momentos de profunda duda; a muchos de ellos también les costó dominar el orgullo, el enojo o el prejuicio.

Las Santas y los Santos luchan y pecan, tal como nosotros lo hacemos. Sin embargo, permiten que la luz de Dios brille a través de su yo imperfecto. Permiten incluso que sus imperfecciones sean usadas para servir a Dios en el mundo, para glorificar a Dios. No son personas que ya son totalmente santas, sino personas que se han entregado para ser santificadas por Dios. Sus imperfecciones nos recuerdan que nosotros también podemos servir a Dios de maneras sorprendentes y radicales, a pesar de ser muy imperfectos.

Las Santas y los Santos tampoco son superhéroes; no tienen ningún poder especial adicional. No fueron mordidos por arañas radioactivas, y no provienen de un planeta lejano. Las cosas increíbles que hacen no se deben a ningún poder mágico que tienen ellos mismos, sino al poder de Dios que actúa a través de ellos, la vida de Dios que vive en ellos. Su humanidad nos recuerda que no necesitamos superpoderes para dar testimonio del poder y la promesa de Dios, sino que podemos hacerlo desde nuestra completa humanidad.

Y, sin embargo, una Santa o un Santo no es solo una "buena persona". Nuestra cultura nos da muchas listas de grandes seres humanos y personas influyentes. Los Santos no son otra de esas listas. Los Santos son especiales, no por el bien que hicieron sino por la forma en que proclamaron, no solo con sus labios sino también en sus vidas, al Dios que se da a conocer en Jesucristo. Son notables, no por ellos mismos, sino por el poder de Dios que obra en ellos. Los Santos son personas cuyas buenas acciones o hechos extraordinarios apuntan, clara y poderosamente, a Jesús. En otras palabras, los Santos no son conocidos por mantener el *statu quo* o por ser revolucionarios (aunque algunos lo fueron); no son reverenciados debido a una habilidad especial o excelencia en cierto ámbito de la experiencia. Los Santos son conocidos por ser excelentes discípulos, estudiantes y seguidores de Jesús.

Como testigos de Jesús, las Santas y los Santos tienen mucho que enseñarnos, tanto sobre la fe histórica como sobre la forma en que la fe impacta nuestras vidas diarias. Cuando estudiamos sus vidas, cuando leemos sus escritos, y cuando oramos con y por ellos al observar las fiestas de los Santos incluidas en el calendario del año eclesiástico, ellos nos están enseñando. Nos enseñan teología cuando descubren ideas sobre Dios y definen lo que está dentro de los límites de lo que llamamos cristianismo y lo que queda fuera. Nos enseñan la historia de la iglesia, ya que nos muestran cómo se viven la fe y la vida cristiana en diferentes épocas y lugares. Nos enseñan disciplinas espirituales porque se esfuerzan por encontrar a Dios en sus vidas diarias y vivir fielmente en y desde su cultura. Nos enseñan cómo vivir, y quizás con la misma importancia, cómo morir, ya que enfrentan pruebas y peligros sin temor, y no niegan ni desafían la muerte, sino que confían en Aquel que los creó y siempre los ama.

Una de las colectas "De un santo" en *El Libro de Oración Común* habla a la unión mística que tenemos con todos los santos:

> Dios todopoderoso, que por tu Santo Espíritu nos has hecho uno con tus santos en el cielo y en la tierra: Concede que en nuestro peregrinaje terrenal seamos continuamente sostenidos por esta comunión de amor y oración, sabiéndonos rodeados por su testimonio de tu poder y misericordia. Te lo pedimos por amor de Jesucristo, en quien todas nuestras intercesiones son aceptables por medio del Espíritu, y que vive y reina por los siglos de los siglos. *Amén.* (168)

Aquí se nos recuerda que somos uno con todas las Santas y Santos; estamos profundamente conectados con ellos como parte del Cuerpo de Cristo.

Esta es una unión que trasciende las diferencias de espacio y tiempo; aunque hayan muerto, los Santos nos apoyan y nos rodean mientras caminamos por el camino de nuestras vidas.

La idea de que estamos rodeados de Santos que han muerto puede sonar algo extraño, o incluso atemorizante, similar a una frase famosa de la película *El sexto sentido*: "Veo gente muerta". Sin embargo, la comunión de los Santos no está destinada a ser atemorizante sino sagrada (y, esperamos, consoladora). Como cristianos, creemos que el bautismo es para siempre, indeleble, y nos une a Dios y a los demás de una manera que trasciende el tiempo y el espacio. Así como estamos atados a nuestra familia terrenal a través de la sangre y el nacimiento, igualmente estamos atados a nuestra familia cristiana a través del bautismo y el nuevo nacimiento. Como el Catecismo nos dice:

> Los episcopales no rezan a los Santos en lugar de orar a Dios o a Jesús, como si necesitáramos un santo para hablar con Dios en nuestro lugar. En cambio, oramos en compañía de los Santos. Podríamos pedirle a los Santos (o a un Santo específico) que oren por nosotros o con nosotros, de la misma manera en que le pediríamos a un amigo que ore por nosotros o con nosotros. De esta manera, los Santos se unen a nosotros como parte de nuestra comunidad de fe, apoyándonos con sus oraciones.

P. ¿Qué es la comunión de los santos?

R. La comunión de los santos es toda la familia de Dios, vivos y muertos, los que amamos y los que ofendemos, unidos en Cristo por los sacramentos, la oración y la alabanza" (755).

La comunión de los Santos es toda la familia de Dios, nuestra familia. Y nuestras vidas como pueblo fiel son más ricas por su presencia y testimonio. Los santos nos recuerdan:

❖ **Que no estamos solos.** Tenemos compañeros en nuestro camino de fe para consolarnos, apoyarnos y desafiarnos.

Tenemos personas que están de nuestro lado en la lucha por seguir a Jesús.

❖ **Que estamos rodeados y sostenidos por la oración.** En nuestra plegaria eucarística cada semana, nos unimos en nuestras oraciones junto con la Bienaventurada Virgen María y todos los santos. La gran nube de testigos ora con y por nosotros, no solo los domingos sino a lo largo de nuestras vidas.

❖ **Que nuestra fe no es en vano.** Cuando tenemos dificultades y nos preguntamos si aún hay esperanza para nuestro mundo o la posibilidad de que hagamos lo correcto, otros que nos han precedido nos inspiran y nos muestran cómo seguir a Jesús en nuestro propio tiempo. A través de los siglos, las Santas y los Santos han traído luz a algunos de los lugares y periodos más oscuros de la historia. Nos recuerdan que nosotros también somos la luz del mundo, y nuestra fe puede transformarnos.

Para la reflexión

✷ ¿Hay algún Santo o Santa que haya sido importante para ti en tu vida de fe? ¿Quién era esa persona y por qué es importante?

✷ ¿Alguna vez le ha pedido a una Santa o un Santo que ore por ti? ¿Por qué o por qué no?

✷ Las Santas y los Santos generalmente se celebran en las fechas de su muerte en lugar de en sus cumpleaños. ¿Qué nos podría decir esto sobre la vida de fe y sobre cómo interpretamos la muerte?

✷ Las Santas y los Santos incluyen personas que han cometido casi todos los pecados, y sin embargo, Dios ha obrado a través de ellos para que fueran portadores del amor de Cristo en el mundo. ¿Te empodera o te desalienta pensar en los santos como seres humanos con defectos? ¿Por qué?

Capítulo 20

El trabajo que nos has encomendado
Vocación

Omnipotente Dios, nuestro Padre celestial, tú proclamas tu gloria y manifiestas la obra de tus manos en los cielos y en la tierra: Líbranos en nuestras diversas ocupaciones de servirnos a nosotros mismos, para que realicemos en verdad, con belleza y para el bien común, el trabajo que nos has encomendado; por amor de aquél que vino a nosotros como el que sirve, tu Hijo Jesucristo nuestro Señor, que vive y reina contigo y el Espíritu Santo, un solo Dios, por los siglos de los siglos. *Amén.*

—*El Libro de Oración Común*, p. 180

La vocación no es una palabra que escuchamos mucho en nuestro mundo. Estamos mucho más interesados en la ocupación. Le preguntamos a los niños: "¿Qué quieres ser cuando seas grande?". Le preguntamos a los adolescentes que van a la universidad: "¿Qué es lo que quieres estudiar?". Le preguntamos a los jóvenes que se están graduando: "¿Qué quieres hacer con tu título?". Y una vez que los individuos se hacen de una profesión, dejamos de preguntar sobre sus sueños y aspiraciones; suponemos que han encontrado lo que quieren hacer y simplemente lo están haciendo.

Estamos preocupados con las ocupaciones y no preguntamos a personas de todas las edades: "¿Quién eres tú? ¿Quién esperas ser? ¿Quién te está llamando Dios a ser?". Estas son preguntas no de ocupación, sino de vocación.

La palabra vocación proviene de la palabra latina *vocare*, que significa llamar, y también está relacionada con la palabra que significa voz. Esta etimología nos da una idea de lo que entendemos por vocación: Es tu llamado, quién te llama Dios a ser y qué te llama a hacer. Y la vocación es la forma de hablar de tu vida; es tu voz individual, que solo tú puedes ofrecer al mundo.

En el sur de los Estados Unidos, a menudo oía a la gente hablar cuando alguien "recibía un llamado", por ejemplo cuando decían: "Estaba trabajando en la firma de abogados de su padre hasta que recibió un llamado y fue al seminario para ser pastor". Esta expresión suponía que la vocación estaba reservada para los ministros, aquellos que trabajan en la iglesia. Y a menudo todavía usamos la palabra de esa manera. Pero nuestro Catecismo nos llama a pensar mucho más ampliamente sobre la vocación. En la Iglesia Episcopal, ¡todos los cristianos son ministros! De hecho, *El Libro de Oración Común* presenta una hermosa colecta por todo cristiano en su vocación:

> Dios todopoderoso y eterno, cuyo Espíritu gobierna y santifica a todo el cuerpo de tu pueblo fiel: Recibe las súplicas y oraciones que te ofrecemos por todos los miembros de tu santa Iglesia, para que en su vocación y ministerio te sirvan verdadera y devotamente; por nuestro Señor y Salvador Jesucristo, que vive y reina contigo, en la unidad del Espíritu Santo, un solo Dios, ahora y por siempre. *Amén*. (178)

La vocación no es solo para sacerdotes, obispos o monjes, es para todos los cristianos. Cada uno de nosotros es llamado por Dios para servir a Dios en el ministerio.

Descubriendo nuestra vocación

¿Entonces, qué significa vocación exactamente? ¿Cómo nos damos cuenta de lo que Dios nos llama a ser y hacer? Si la vocación es más que solo servir a Dios en la iglesia, ¿cómo servimos a Dios en el mundo y en nuestra vida diaria?

Cuando comencé a confrontar mi propia vocación, tratando de entender lo que significa ser llamado y comprender a qué me llamaba exactamente Dios, una cita del célebre teólogo Frederick Buechner me ayudó a discernir. Hasta el día de hoy, estas palabras de su libro *Wishful Thinking: A Seeker's ABC [Pensando con ilusión: El ABC de un buscador]* son la cosa más poderosa y más profunda que he escuchado para explicar el llamado: "El lugar al que Dios te llama es el lugar donde tu alegría profunda y la gran hambre del mundo se cruzan".

Esta definición logra un equilibrio importante. Por un lado, tu vocación es un lugar de alegría profunda. Eres llamada o llamado por y a través de las cosas que amas, las cosas que te dan alegría, las cosas que te definen de manera única. Dios nos creó a cada uno de nosotros con dones, habilidades, pasiones y talentos únicos. El llamado de Dios es a que seamos más verdaderamente nosotros mismos, no que tratemos de ser otra persona. Aquí es donde Dios está en conflicto directo con la cultura. La televisión, Facebook, los periódicos y los equipos deportivos promueven a ciertas personas como modelos a seguir. Vemos a estas estrellas, políticos o atletas, y queremos ser como ellos. Está bien admirar a otras personas y sus habilidades. Por supuesto, podemos inspirarnos y motivarnos con ejemplos de otros; ¡la comunión de los Santos es un poderoso recordatorio de eso!

Pero querer *ser* ellos o incluso ser *como* ellos con la exclusión de ser nosotros mismos no es lo que Dios quiere de nosotros. Una historia en el *midrash* judío, o comentario sobre las Escrituras hebreas, habla sobre un hombre conocido como el Rabino Zusya. Reflexionando sobre su propia vida, particularmente en relación con los patriarcas judíos y los profetas del Antiguo Testamento, se dice que dijo: "En el mundo venidero, no me preguntarán: ¿por qué no eras Moisés? Me preguntarán: ¿por qué no eras Zusya?". Creo que esa es la pregunta que Dios nos hace a cada uno de nosotros. Nunca voy a escribir como C.S. Lewis o pintar como Rembrandt, independientemente de cómo quisiera hacerlo. Pero la cuestión de mi vocación no es por qué no soy más como un escritor o artista famoso, más completo o articulado, más artístico o literario. La pregunta que Dios me hace, no solo al final de mi vida, sino cada día es: "¿Por qué no eres tú mismo?". Acepta quién eres en lugar de desear ser otra persona.

Encontrar tu vocación significa vivir como quien Dios te creó para ser. Debes hacerte preguntas importantes para descubrir y explorar tu alegría profunda: ¿Qué estás haciendo cuando te sientes más vivo? ¿Qué acciones o actividades te brindan una alegría profunda? ¿Cuándo sientes más plenamente que eres tú mismo? Estas son preguntas de vocación, de llamado.

Sería fácil pensar, basado en esta descripción, que la vocación es algo egoísta; uno descubre lo que más le gusta y lo hace, independientemente de cualquier persona o cualquier otra cosa. Pero ahí es donde entra en juego la segunda parte de la manera en que Buechner entiende la vocación: "El lugar al que Dios te llama es el lugar donde tu alegría profunda *y la gran hambre del mundo se cruzan*".

Dios no solo te llama a ser tú mismo en un sentido impreciso de la frase, como si vivieras totalmente solo, independiente, centrado únicamente en tu profunda alegría. Tal vida no es fructífera ni satisfactoria. Tu pasión, lo que te da alegría, es solo la mitad de la vocación. La otra mitad es encontrar dónde esas pasiones encajan en el hambre (las necesidades) del mundo. Escuchamos esta intención claramente en la colecta de *El Libro de Oración Común*:

> Omnipotente Dios, nuestro Padre celestial, tú proclamas tu gloria y manifiestas la obra de tus manos en los cielos y en la tierra: Líbranos en nuestras diversas ocupaciones de servirnos a nosotros mismos, para que realicemos en verdad, con belleza y para el bien común, el trabajo que nos has encomendado; por amor de aquél que vino a nosotros como el que sirve, tu Hijo Jesucristo nuestro Señor, que vive y reina contigo y el Espíritu Santo, un solo Dios, por los siglos de los siglos. *Amén.* (180)

No estamos llamados a servirnos solamente a nosotros mismos, sino a hacer nuestro trabajo "en verdad, con belleza y para el bien común". Debemos buscar el lugar donde las cosas que nos brindan alegría respondan a una necesidad en el mundo y sirvan a los demás. Al mismo tiempo, no estamos llamados a servir al mundo a expensas de nosotros mismos. Nuestras vocaciones pueden y deben ser difíciles y, a veces costosas, si seguimos el ejemplo de Jesús, pero no deberían ser tristes. Si estamos sirviendo al mundo pero no estamos encontrando la verdad, la belleza y la alegría en ese trabajo, entonces todavía no hemos encontrado nuestra verdadera vocación.

La vocación es por tanto lo que sucede en la intersección de nuestra alegría y la necesidad del mundo; es eso que hacemos tanto porque encontramos satisfacción en nosotros mismos como porque estamos llenando un vacío en el tejido del mundo. La maravilla de Dios es que Dios nos hizo sentir una gran alegría e hizo en el mundo lugares de hambre profunda para que, si escuchamos a nuestras vidas, encontremos nuestros sitios únicos en el mundo. Estamos más plenamente vivos no cuando nos centramos en las cosas que nos brindan alegría individual, sino cuando podemos encontrar una alegría profunda en satisfacer el hambre del mundo.

Este trabajo de vocación puede tomar formas sorprendentes. Una vez estaba en una reunión con una persona recién llegada a mi iglesia, una mujer llamada Caitlin. Me dijo que quería servir a Dios en la iglesia, pero no estaba muy segura de cómo. Había sido contactada para ayudar con la Escuela Dominical, pero en realidad no le gustaba enseñar. Había observado el ministerio de los lectores y portadores del cáliz, pero tenía un miedo paralizante a hablar o servir en público. Ella había leído cuidadosamente los avisos pidiendo varios voluntarios para actividades de la iglesia, pero ninguno de ellos parecía ser el adecuado. Le pregunté a Caitlin: "¿Qué cosas te gusta hacer? ¿Dónde te sientes cerca de Dios?". Con una risa avergonzada, dijo: "Bueno, realmente me encanta planchar. Cuando me siento abrumada o confundida, saco la tabla de planchar y plancho mis camisas o incluso mis sábanas. Es un momento en que puedo enfocarme, concentrarme y reflexionar sobre la vida y tal vez incluso hablar con Dios. Pero eso no es realmente un ministerio de la iglesia".

No pude evitar sonreír ante el sentido del humor de Dios. Lo que Caitlin no sabía es que, la noche anterior, había estado en una reunión muy tensa de la cofradía de altar. Los miembros de la cofradía del altar eran personas fieles y dedicadas a las que les encantaba cuidar el santuario, mantener la lámpara del santuario brillante, preparar las vestiduras y preparar silenciosamente la iglesia para el culto. Pero todos odiaban limpiar y planchar la ropa y los lienzos. Se había convertido en un conflicto en el que los miembros estaban enojados y resentidos el uno con el otro sobre quién tenía que lavar la ropa de la semana. En ese vacío encajaba perfectamente una persona que encontraría una alegría profunda y una oportunidad para profundizar su relación con Dios en el acto de planchar. Cuando le conté a Caitlin sobre el dilema, su rostro se iluminó. Escuchó que el lugar de su profunda alegría era el lugar mismo de la profunda necesidad de la iglesia. Había encontrado su vocación dentro de la iglesia.

Como cristianos, estamos llamados a participar en la vida de la iglesia y a compartir nuestro tiempo y talentos así como nuestro tesoro. Al igual que Caitlin, podría llevar un tiempo encontrar el lugar adecuado para descubrir nuestra vocación en el trabajo de la iglesia. Lo bueno es que hay una variedad de vocaciones diferentes dentro de la iglesia, ¡así que hay algo para todos!

❖ Los ministerios litúrgicos ofrecen diferentes maneras en las que las personas pueden participar en la dirección y organización de la adoración de la iglesia. Los acólitos llevan los cirios y la cruz, encienden velas y conducen procesiones. Las cofradías del altar ayudan con el cuidado del santuario y preparan las cosas para los servicios de la iglesia; además cuidan los vasos sagrados del templo. Los ministros de la eucaristía ayudan a administrar la comunión. Los lectores leen las lecciones. Los ujieres ayudan a dirigir y acomodar a las personas. Estos y muchos otros ministerios litúrgicos les permiten a las personas encontrar su vocación dentro de la adoración de la iglesia.

❖ Los ministerios de educación o formación ofrecen formas para que las personas participen en la enseñanza y la formación de discípulos. La mayoría de las congregaciones tienen maestros de escuela dominical, líderes juveniles, y facilitadores de estudios bíblicos y clubes de lectura;

todos trabajan para ayudar a las personas a amar a Dios con sus mentes y sus corazones.

❖ Los ministerios de servicio a la comunidad son formas en que la iglesia se enfoca hacia afuera en lugar de hacia adentro y sirve a las necesidades de la comunidad. Muchas iglesias tienen ministerios de alimentación, programas de tutoría, asociaciones comunitarias y otras formas de buscar y servir a Cristo en todas las personas.

Y hay cientos de otras maneras de poner tus dones, habilidades y pasiones a trabajar por el bien común. Aquellos que se entusiasman con las hojas de cálculo y los libros de contabilidad pueden ofrecerse como tesoreros o ayudar con la campaña de mayordomía. Las personas con una pasión por el arte o la música pueden servir en los ministerios de arte y música de la iglesia. Aquellos que encuentran gran alegría en labrar la tierra pueden ofrecerse a ayudar a cuidar los terrenos alrededor de la iglesia o comenzar un jardín comunitario. Si estás buscando tu vocación en el ministerio de la iglesia, no dudes en hablar con tu sacerdote o los líderes de tu iglesia. ¡Podría sorprenderte que lo que más te alegra sea exactamente lo que la iglesia más necesita!

Sin embargo, es importante resistir la idea de que la vocación solo se trata de un ministerio dentro o para la iglesia. La realidad es que pasamos mucho más tiempo fuera de la iglesia que dentro. Nuestras colectas son claras: nuestras vocaciones se encuentran en nuestras "diversas ocupaciones", en el trabajo que hacemos a diario y en las vidas que vivimos en relación con nuestras familias y con el mundo. Nuestro sentido de la vocación debería extenderse a nuestras ocupaciones seculares. Necesitamos encontrar el lugar donde nuestra profunda alegría y el hambre profunda del mundo se cruzan en nuestras vidas diarias.

Esto puede ser algo difícil, y a menudo lleva mucho tiempo. Algunas personas tienen suerte y encuentran su vocación temprano en la vida; otras pueden pasar por varias carreras en busca de su vocación. A veces puede ser difícil equilibrar las diferentes demandas: ¿cómo podemos ser fieles a nuestra alegría profunda y también apoyar financieramente a nuestras familias?

Una de las primeras cosas que tenemos que hacer es cambiar nuestra comprensión de la vocación. Debemos darnos cuenta de que cualquier ocupación puede ser una vocación. La vocación no se limita a la iglesia, ni se limita a las "profesiones de ayuda" (personas como doctores, maestros y consejeros). Estas son profesiones maravillosas en las que algunas personas encuentran su vocación. Pero la vocación no es igual para todos. Hay tantas maneras de servir a Dios como personas en el mundo, y cualquier profesión puede ser una vocación cuando combina nuestra profunda alegría y satisface el hambre profunda del mundo.

Hace varios años, yo estaba buscando un lugar para hacerle unas reparaciones a mi auto. Un amigo me recomendó un taller local dirigido por un hombre llamado Gary. Me encantó ir allí, y no solo porque Gary hizo un gran trabajo a un precio justo: estar cerca de él era una delicia. A Gary le encantaba averiguar qué les pasaba a los automóviles, arreglarlos y ayudar a los propietarios a entender lo que estaba sucediendo. A veces me llamaba al garaje para abrir el capó y mostrarme lo que estaba mal. Él prácticamente brillaba de entusiasmo. También era muy bueno resolviendo problemas difíciles. Pienso en Gary cada vez que pienso en la vocación. De todas las personas que he conocido (obispos, sacerdotes, médicos, profesores, abogados), este hombre vivía su vocación de la manera más auténtica que he visto. Encontró una profunda alegría en lo que estaba haciendo, y usó sus habilidades para

Proceso de discernimiento

Ya sea que estés tratando de decidir qué tipo de carrera seguir, si casarte o tener hijos, o de qué ministerio estás llamado a ser parte en tu iglesia, discernir tu vocación puede ser algo confuso. No hay una solución mágica, ni un solo proceso infalible para tomar la decisión correcta. Pero hay varios pasos básicos que podemos seguir para escuchar lo que Dios nos llama a hacer y quién Dios nos llama a ser.

1. **Ora.** Este primer paso en el discernimiento es obvio y fácil de pasar por alto. Pero si estamos tratando de descubrir qué es lo que se supone que debemos hacer, es importante comenzar una conversación con el Dios que nos creó, nos ama y nos llama a cada uno por su nombre. Puedes usar alguna de las colectas para la vocación de *El Libro de Oración Común* o puedes usar tus propias oraciones espontáneas. Elijas lo que elijas, asegúrate de presentar tus preguntas y decisiones a Dios. Y no olvides que la oración es una conversación bidireccional. Tómate tiempo para dejar de hablar y comenzar a escuchar a Dios también. Escucha cómo la voz de Dios podría estarte hablando: en el silencio de tu corazón, en la atracción de tus afectos, en las voces y palabras de aquellos a quienes amas. Si te cuesta discernir en tu vida, comprométete a orar al respecto diariamente durante un período de tiempo. Fíjate si ese tiempo dedicado a la oración brinda una mayor claridad.

2. **Reflexiona.** El segundo paso del discernimiento es la reflexión intencional, mirando hacia atrás en el curso de tu vida y poniéndote en contacto con tus sentimientos, deseos y pensamientos actuales. Explora preguntas como: ¿Dónde está mi profunda alegría? ¿Dónde veo el hambre profunda del mundo? ¿Qué estoy haciendo cuando me siento más auténtico? ¿Cómo son mis tiempos de profunda alegría espiritual – qué estoy haciendo y con quién estoy? ¿A qué le estaría diciendo que sí con esta decisión? ¿A qué le voy a decir que no con esta decisión? ¿Quién imagino que seré en cinco años si sigo esta nueva oportunidad? ¿Quién me imagino que seré en cinco años si digo no a esta

decisión? Estas preguntas son solo un punto de partida; otras preguntas serán más específicas para tu propio discernimiento. Algunas personas pueden simplemente reflexionar sobre estas cuestiones en su mente; a otros les resulta útil llevar un diario o hacer listas para aportar claridad de pensamiento.

3. **Convérsalo.** Nuestras vidas no existen en el vacío, y Dios a menudo nos habla a través de otras personas. Aunque cualquier discernimiento debe comenzar entre tú y Dios, es importante involucrar a otras personas en el acto de discernimiento. Puedes hablar con un cónyuge, un amigo o familiar de confianza, o tu sacerdote o director espiritual. Ten cuidado de enmarcar la conversación no como una solicitud de consejo, sino como una oportunidad para el discernimiento. Comienza pidiéndoles que simplemente te escuchen, dándote tiempo para expresar tus propias reflexiones en voz alta. Pregúntales acerca de las cosas que ven en ti y que quizás no puedas (o no quieras) ver. Este momento de discusión no se trata de que otra persona tome una decisión por ti; se trata de buscar personas que te brindarán comunicación y apoyo a medida que avanzas en tu propia decisión.

4. **Ora.** Regresa, una vez más, a la oración (¡de hecho, orar durante todo el proceso es una buena idea!). Es posible que tengas cosas nuevas que ofrecerle a Dios en oración, o puedes escuchar lo que Dios te está diciendo de una nueva manera.

satisfacer una necesidad en el mundo. ¡Realmente Dios llamó a este hombre al ministerio de reparar automóviles!

La verdad es que no tenemos una sola vocación en la vida. Tenemos muchas. Tenemos nuestras vocaciones para vivir en relación: ser cónyuges, padres, amigos y vecinos. Tenemos nuestras vocaciones en nuestra vida diaria y trabajo en llamados profesionales donde ejercitamos nuestros dones y satisfacemos las necesidades de la sociedad. Tenemos nuestras vocaciones como miembros de la iglesia: ser fieles en la adoración y el servicio y compartir nuestros dones para extender el reino de Dios.

En todas las ocupaciones de nuestras vidas, tanto dentro como fuera de las paredes de la iglesia, tenemos que hacer un trabajo esforzado de discernimiento para descubrir nuestras vocaciones. El discernimiento es el proceso de evaluar cuidadosamente las decisiones y situaciones para determinar lo que Dios desea para nuestras vidas. El discernimiento requiere hacer preguntas difíciles, pasar tiempo escuchando el testimonio de nuestras propias vidas y las sabias palabras de consejeros de confianza, y evaluar cuidadosamente las elecciones que enfrentamos. En el trabajo de discernimiento, siempre debemos recordar que decir "sí" a algo significa decir "no" a otras cosas. Cuando decimos sí a una promoción, podemos estar diciendo que no a pasar más tiempo con la familia o comenzar de nuevo en un nuevo campo. O al decir que sí a un cambio de trabajo, podríamos estar diciendo que no a ganar más dinero o pasar más tiempo en la iglesia. Pero cuando hacemos este arduo trabajo (de decir sí y decir no, de discernir a qué cosas aferrarnos y qué cosas debemos dejar, de descubrir quién estamos llamados a ser y qué estamos llamados a hacer) entonces comenzamos a descubrir nuestra vocación, a encontrar el lugar donde se encuentran nuestra profunda alegría y el hambre profunda del mundo.

Para la reflexión

- Este capítulo se basa en la idea de que Dios nos llama a todos a un trabajo o propósito particular. Algunas veces hemos limitado la idea del llamado solo a aquellos ordenados. ¿Es útil para ti esta forma más amplia de pensar acerca de la vocación? ¿Por qué o por qué no?

- ¿Puedes ver la diferencia entre hacer las cosas que pueden ser inmediatamente gratificantes y hacer las cosas que Dios te llama a hacer? ¿Cuándo podrían ser iguales y cuándo podrían ser diferentes?

- ¿Quiénes son las personas que conoces que están viviendo su vocación de manera más clara o abundante? ¿Cómo puedes decir que están haciendo lo que Dios los llamó a hacer?

- ¿Crees que estás haciendo lo que Dios te ha llamado a hacer con tu vida? Si es así, ¿cómo lo sabes? ¿Si no, por qué no?

Una vida trinitaria

Capítulo 21

El uso agradecido de tu abundante creación

Dios Padre y el cuidado de la creación

Padre de bondad, te damos gracias por la belleza del cielo, de la tierra y el mar; por la riqueza de las montañas, las llanuras y los ríos; por el canto de los pájaros y la hermosura de las flores. Te alabamos por estas buenas dádivas, y te pedimos que las conservemos para nuestra posteridad. Concede que continuemos creciendo en el uso agradecido de tu abundante creación, para honra y gloria de tu Nombre, ahora y por siempre. *Amén.*

—*El Libro de Oración Común*, p. 732

Un domingo (y un domingo solamente) todos los años, la Iglesia celebra una doctrina. El domingo después del Día de Pentecostés nos enfocamos en la doctrina de la Santísima Trinidad. Cantamos himnos y oímos predicar acerca de Dios como Padre, Hijo y Espíritu Santo: la Santísima Trinidad. Si quisieras elegir un buen domingo para escuchar un sermón lleno de herejías, este sería el ideal. Es bastante común que los predicadores cometan el error de tratar de simplificar la Santísima Trinidad. Y en nuestros esfuerzos por reducir el tamaño de lo inefable a algo que podamos captar, casi siempre nos quedamos cortos.

Es mucho mejor dejar a la Santísima Trinidad como un misterio divino, algo en lo que entramos con alegría y un poco de incertidumbre. Sin tratar de reducir todo a una calcomanía para el parachoques, tenemos diferentes datos de cómo podemos explicar la Santísima Trinidad. En esencia,

> Durante gran parte de su historia, la iglesia ha preferido hablar de Dios Padre, Dios Hijo y Dios Espíritu Santo. En las últimas décadas, los teólogos feministas han señalado, con razón, que esto pone límites a nuestra comprensión de Dios. Si solo hablamos de Dios como Padre, corremos el riesgo de comenzar a pensar que Dios es literalmente masculino. Los teólogos están de acuerdo en que Dios no es un hombre o una mujer, sino que más bien trasciende el género humano; la tendencia actual es tratar de enriquecer nuestro discurso acerca de Dios, incluyendo el dirigirse a Dios como Madre.
>
> Esto no es completamente nuevo: Juliana de Norwich (hacia 1342-1416) habló de Dios como Madre. Esta perspectiva puede ayudarnos a extender nuestra comprensión de Dios.
>
> Algunas personas hoy prefieren evitar todos los pronombres con Dios, usando descripciones funcionales como Creador, Redentor y Santificador, que en inglés son neutras. Esto despersonaliza a Dios de una manera que no resuena con las Escrituras, y también limita nuestra comprensión de Dios a funciones particulares de las personas de Dios. Las Escrituras dicen que Dios Hijo, por ejemplo, participa en nuestra creación, redención y santificación, por lo que no querríamos limitar a Jesús solo como Redentor.
>
> Todo esto es confuso. La Santísima Trinidad no está destinada a ser fácil de entender, y si la encasillamos, entonces estamos confinando a Dios a los límites de nuestro entendimiento. Hacemos bien en saborear lo mejor sobre el lenguaje tradicional de Dios, incluso cuando buscamos nuevas formas de hablar de Dios.

la Santísima Trinidad revela que nuestro Dios es un Dios de relación: Padre, Hijo y Espíritu Santo participan en una danza hermosa, esmerada y atemporal. La Santísima Trinidad nos revela que Dios es unidad, diversidad y majestad. La Santísima Trinidad nos impide cometer el error de reducir a Dios a algo comprensible, a un Dios que nuestro cerebro pueda contener.

Con este capítulo comenzamos una exploración en tres partes de la vida cristiana. Estas son realmente construcciones artificiales, pero pueden ser una guía útil para explorar la Santísima Trinidad y nuestra vida en la fe. Este capítulo examinará las conexiones entre Dios como Creador y nuestro gozo y cuidado de su creación. Después veremos a Dios en Cristo, el Hijo encarnado, y cómo esto afecta la manera en que comprendemos lo que es ser humano y cómo tratamos a los demás. Finalmente veremos a Dios como Espíritu, pensando en cómo esta relación podría informar nuestro discernimiento y el ejercicio de los dones espirituales.

Dios como Creador

Volvamos al principio. Nuestra comprensión de la creación se basa en la idea de que Dios es el Creador. Profesamos en nuestros credos que Dios Padre ha creado todo lo que existe, y afirmamos que el Cristo eterno también estuvo presente y activo en la Creación. De hecho, la iglesia también enseña que el Espíritu Santo flotaba en el momento de la Creación. Toda la Trinidad creó amorosamente el universo y trajo vida al mundo.

Si abres una Biblia y comienzas a leer, inmediatamente te encontrarás con la historia de Dios creando el universo (comienza a leer en Génesis 1:1, ¡la primera página de cualquier Biblia!). En la historia, leemos una y otra vez que Dios vio la Creación como buena. Dios vio la luz, la tierra y el mar, las plantas, las estrellas y los animales. Y todo estaba bien. Cuando Dios creó a los seres humanos, fueron creados, hombre y mujer, a imagen y semejanza de Dios. Y Dios vio que todo estaba muy bien.

Cuando Dios creó a las personas, Dios les dijo que deberían multiplicarse. Dios también les dio dominio sobre los animales. Algunos cristianos han entendido que esto significa que las personas tienen un poder desenfrenado para usar o destruir animales solo por placer, pero si analizamos este fragmento, esta idea no tiene fundamento: Toda esta historia tiene lugar antes de la Caída, el momento en que el pecado se infiltró en la existencia humana. En este punto de la historia, las personas no han pecado contra Dios ni contra su creación. Ningún acto egoísta sería posible. Además, es importante leer la palabra dominio en un contexto bíblico. Si bien es cierto que dominio significa reinar sobre algo, también es cierto que la Biblia casi siempre establece un ideal: los gobernantes deben ser justos y compasivos. Dios eleva la misericordia como el poder ideal, no el poder absoluto.

Contar la historia de la visión bíblica de la creación es, en cierto modo, contar toda la historia de la Biblia. Dios le da a los seres humanos la tierra, junto con sus frutos y animales, para que la usen y la cuiden. Más adelante en la historia, Dios elimina a casi todas las personas y animales de la tierra debido a su pecado flagrante y endémico. En las diversas leyes, Dios limita el uso de la tierra, especialmente en formas que aseguran el cuidado de los pobres. Los campos deben dejarse reposar cada siete años para que la tierra pueda descansar, pero a los pobres se les debe dar acceso a las espigas (las sobras) de estos campos.

El Salmo 19 comienza, "Los cielos proclaman la gloria de Dios". En el Salmo 8, versículos 4-5, el escritor alaba a Dios, diciendo: "Cuando contemplo tus cielos, obra de tus dedos, la luna y las estrellas que tú formaste, digo: '¿Qué es el hombre, para que tengas de él memoria, el hijo del hombre, que lo ampares?'". El Salmo 148 es un estridente himno de alabanza en el que todo el orden de la creación se une al himno:

> ¡Aleluya!
> Alaben al Señor desde los cielos;
> > alábenle en las alturas.
> Alábenle, todos sus ángeles;
> > alábenle, toda su hueste.
> Alábenle, sol y luna;
> > alábenle, todas las estrellas lucientes.
> Alábenle, cielos de los cielos;
> > alábenle, aguas que están sobre los cielos.
> Alaben el Nombre del Señor,
> porque él mandó, y fueron creados.
> Los afirmó eternamente y para siempre;
> > les dio una ley que no pasará.
> Alaben al Señor desde la tierra,
> > monstruos marinos y todos los abismos;
> > Fuego y granizo, nieve y bruma,
> > viento tempestuoso que ejecuta su voluntad;
> Montes y todas las colinas,
> > árboles frutales y todos los cedros;
> Bestias silvestres y todo ganado,
> > reptiles y aves aladas;
> Reyes de la tierra y todos los pueblos,
> > príncipes y jefes del mundo;
> Mozos y doncellas,
> > viejos y jóvenes juntos.
> Alaben el Nombre del Señor,
> > porque solo su Nombre es excelso,
> > su gloria sobre la tierra y los cielos.
> Ha alzado el cuerno de su pueblo,
> > y alabanza para todos sus fieles,
> > los hijos de Israel, el pueblo cercano a él.
> ¡Aleluya!

Observa cómo las bestias, los reyes, los monstruos marinos, las doncellas, los árboles, la nieve, la bruma, los mozos y las estrellas lucientes se unen en alabanza. La estructura de la creación los une a todos.

Jesús a menudo usó lenguaje vinculado con la agricultura. Habló de la fe del tamaño de una semilla de mostaza, sabiendo que sus oyentes entenderían que se trata de una cantidad de fe pequeña, como una semilla pequeña. Habló de regar semillas en suelos rocosos, espinosos o fértiles, sabiendo que sus oyentes sabrían algo sobre cómo las semillas echan raíces y crecen. De hecho, para entender a Jesús y sus enseñanzas, tenemos que saber algo sobre la tierra, y las plantas y los animales que viven a nuestro alrededor. Asimismo, la importancia que Jesús pone en la tierra nos enseña algo sobre las prioridades de Dios: la creación es importante.

Por supuesto, no son solo las Escrituras las que le dan forma a nuestra comprensión de la creación y nuestra relación con ella. *El Libro de Oración Común* está lleno de enseñanzas sobre la creación. Dado que nos reunimos a menudo como comunidad para participar de la Santa Eucaristía, veamos las oraciones eucarísticas:

El Rito I, Plegaria II, comienza con un recordatorio sobre la creación: "Gloria a ti, oh Señor nuestro Dios, porque has creado el cielo y la tierra, y nos has hecho a tu propia imagen" (263). La creación es tan importante que la invocamos para iniciar las oraciones. De manera similar, en el Rito II, la Plegaria B comienza: "Te damos gracias, oh Dios, por la bondad y el amor que tú nos has manifestado en la creación" (290).

La Plegaria C ofrece una enseñanza más sólida sobre la creación. La oración comienza:

Dios de todo poder, Soberano del universo, tú eres digno de gloria y alabanza.

Gloria a ti, ahora y por siempre.

A tu mandato, todas las cosas llegaron a ser: la vasta extensión del espacio interestelar, las galaxias, los soles, los planetas en su trayectoria, y esta frágil tierra, nuestro hogar insular.

Por tu voluntad fueron creadas y tienen su ser.

De los elementos primarios formaste la raza humana y

El Libro de Oración Común ofrece muchas oraciones hermosas sobre la naturaleza y la creación.

Por el uso justo de los dones de Dios

Omnipotente Dios, cuya mano amorosa nos ha dado todo lo que poseemos: Concédenos gracia para honrarte con nuestros bienes y, recordando la cuenta que algún día tendremos que rendir, serte fieles mayordomos de tu generosidad; por Jesucristo nuestro Señor. *Amén.* (717)

Por la conservación de los recursos naturales

Dios todopoderoso, al darnos potestad sobre las cosas de la tierra, nos hiciste colaboradores en tu creación: Danos sabiduría y reverencia en el uso de los recursos naturales, para que nadie sufra de los abusos que de ellos hagamos, y que las generaciones venideras continúen alabándote por tu generosidad; mediante Jesucristo nuestro Señor. *Amén.* (718)

Por los frutos de la tierra y de las aguas

Oh Padre bondadoso, que abres tu mano y colmas de bendición a todo ser viviente: Bendice la tierra y las aguas, y multiplica las cosechas del mundo; envía tu Espíritu para que renueve la faz de la tierra; manifiesta tu benignidad en la fertilidad de nuestros campos; líbranos del empleo egoísta de tus dones, a fin de que los hombres y mujeres de todas partes te rindan gracias; por Jesucristo nuestro Señor. *Amén.* (718)

nos bendijiste con la memoria, la razón y la destreza. Nos hiciste soberanos de la creación. Mas nos volvimos contra ti, traicionando tu confianza, y también nos volvimos unos contra otros.

Ten misericordia, Señor, porque somos pecadores delante de ti. (293)

Aquí vemos la idea muy importante de que Dios nos confió gobernar la creación pero desperdiciamos este regalo, volviéndonos contra Dios, contra la creación y contra los demás. La Plegaria D retoma este mismo tema: "Te aclamamos, santo Señor, glorioso en poder. Tus grandes obras revelan tu sabiduría y amor. Nos formaste a tu propia imagen, encomendándonos el mundo entero, para que, en obediencia a ti, nuestro Creador, pudiéramos regir y servir a todas tus criaturas. Cuando por desobediencia nos alejamos de ti, no nos abandonaste al poder de la muerte" (296).

Si debemos vivir fielmente de acuerdo con la visión establecida en las Escrituras y reflejada en nuestra liturgia, debemos ver a Dios obrando en la creación. Debemos honrar el don de la Creación, y debemos usarlo para el bien de los demás.

Nuestra cultura nos empuja hacia dos pecados peligrosos que aquí son relevantes. Primero, nuestra cultura valora el individualismo y la idea de que cada uno de nosotros es responsable de sí mismo: que los demás resuelvan sus propios problemas. Llevando el individualismo a un extremo, podemos comenzar a creer que somos nuestros propios salvadores, que no necesitamos a nadie más, mucho menos a Dios. El otro pecado peligroso de nuestro tiempo es el consumo. Nuestra cultura promueve una noción de consumismo ilimitado en la que debemos tener lo que queramos cuando lo queramos y satisfacer nuestros deseos sin ningún límite. Cuando pensamos en la creación como un regalo, desafiamos estos dos grandes pecados. Cada uno de nosotros es cómplice en el cambio climático y las fuerzas globales de destrucción ambiental. Así como es cierto que nadie puede vivir la plenitud de una vida cristiana separado de la comunidad cristiana, también es cierto que cuando pecamos, nuestros pecados van más allá de nuestra propia vida individual. Las elecciones que hacemos impactan el clima en otros lugares. Usar más electricidad de la que necesitamos podría significar que una planta de carbón en algún lugar está arrojando gases peligrosos a la atmósfera. Comprar nuevos productos electrónicos con más frecuencia de lo que los necesitamos da como resultado la doble destrucción de la tierra: las minerías excavan con más intensidad para buscar los minerales con los que se construyen los chips electrónicos y se vierten más productos químicos tóxicos cuando echamos a la basura nuestros dispositivos viejos. Nada de esto ocurre a nuestra vista, pero igualmente somos responsables.

El mandamiento de amar a nuestro prójimo debería ser suficiente para evitar que los envenenemos con nuestro estilo de vida. Sin embargo, al igual que con muchas otras cuestiones éticas, existe una gran complejidad en nuestras acciones y sus consecuencias.

Todo cristiano debería hacer un balance de lo que consume. ¿Consumimos más de lo que necesitamos? Las cosas que arrojamos a la basura, ¿se desechan de manera responsable? ¿Podemos usar materiales alternativos (por ejemplo, plásticos reciclables) en lugar de materiales que durarán siglos después de que muramos? ¿Y qué hay de nuestros templos? ¿Podemos asegurarnos de que se calientan y enfrían de manera eficiente? ¿Podemos asegurarnos de no llenar los basurales de botellas o vasos de plástico cuando haya alternativas duraderas? Piensa en cómo vivir el cuidado de la creación en tu vida y en la vida de la comunidad de tu iglesia.

La consideración más importante es tratar la creación como un don—un regalo que todas las personas deben disfrutar por igual por incontables generaciones venideras. Como con todos los regalos, comenzamos con gratitud, agradeciendo a Dios por la creación. Entonces, como con todos los regalos, buscamos usarlos bien. Y si hay un regalo de la creación que no podemos usar por completo (comida, por ejemplo), entonces tratamos de encontrar a alguien más que pueda disfrutar de ese regalo, tal vez compartiendo lo que nos sobra con otra persona. El cuidado de la creación de Dios impacta nuestra vida entera y todo lo que compramos, usamos o desechamos, y es tan importante como la forma en que tratamos a otras personas.

Para la reflexión

* La Biblia dice que Dios nos han hecho gobernantes de la Creación. Sin embargo, también reconocemos que la creación es un regalo de Dios que se nos pide que cuidemos, que seamos responsables para que los que vengan después de nosotros también puedan disfrutarlo. ¿Cómo entiendes las diferencias entre la propiedad (el dominio) y la mayordomía?

* ¿Cambia la forma en que piensas acerca de tus acciones si ves el cuidado de la creación como una práctica espiritual en lugar del ambientalismo, que está exclusivamente orientado a objetivos prácticos? ¿Por qué si o por qué no?

* Lee el Salmo 148. ¿Cómo cambia tu actitud hacia el mundo que te rodea cuando piensas que la creación misma alaba a Dios?

* ¿Cuáles son algunas acciones específicas que puedes tomar para ser un mejor mayordomo de la creación de Dios? ¿Cuáles son algunas de las cosas que tu iglesia puede hacer?

Capítulo 22
Maravillosamente restaurados
Dios Hijo y la encarnación

Oh Dios, que maravillosamente creaste y aún más, maravillosamente restauraste la dignidad de la naturaleza humana: Concede que compartamos la vida divina de quien se humilló para compartir nuestra humanidad, tu Hijo Jesucristo; que vive y reina contigo, en la unidad del Espíritu Santo, un solo Dios, por los siglos de los siglos. *Amén.*

—*El Libro de Oración Común*, p. 128

A veces los cristianos piensan en Jesús como una simple figura histórica, aunque con poderes especiales. Pero ver a Jesús solo como alguien que entró en nuestra historia por un tiempo es ver solo una pequeña parte de Dios Hijo, Jesucristo. Por eso es importante que pensemos sobre la teología de la encarnación.

Cuando hablamos de la encarnación de Jesús, nos referimos a la idea radical de que el Dios eterno asumió la naturaleza humana en la forma de una persona en particular en un momento particular de la historia. Como discutimos en el Capítulo 13, la palabra encarnación viene de la misma raíz que carne. Cuando hablamos sobre la encarnación de Jesús, estamos hablando literalmente de un Dios que se hace carne. En Jesucristo, Dios se hizo carne, tomando así la misma carne que compone tu cuerpo y el mío.

Sin embargo, a diferencia de los seres humanos comunes, Jesucristo no comenzó su existencia con su nacimiento, sino al principio de los tiempos. El Evangelio de Juan comienza con un hermoso poema sobre la majestad y el esplendor de Cristo. "En el principio ya existía la Palabra; y aquel que es la Palabra estaba con Dios y era Dios" (Juan 1:1). Juan habla elocuentemente sobre el papel de Jesús en la creación, en traer vida bella y radiante a la existencia:

> Él estaba en el principio con Dios. Por medio de él, Dios hizo todas las cosas; nada de lo que existe fue hecho sin él. En él estaba la vida, y la vida era la luz de la humanidad. Esta luz brilla en las tinieblas, y las tinieblas no han podido apagarla. (Juan 1:2-5)

Incluso antes de que el amor de Jesús se nos revelara en Belén, él era Dios. Pero en la encarnación, Dios hizo algo extraordinario. Como explica una versión parafraseada de la Biblia en leguaje moderno, "El Verbo se hizo carne y sangre, y se mudó al barrio" (Juan 1:14). Dios vivió entre nosotros, como uno de nosotros.

Al afirmar la encarnación de Jesús, el Dios que se hace carne, estamos afirmando a Jesucristo como plenamente divino (la Palabra presente al principio) y plenamente humano (un bebé indefenso nacido en una remota aldea de la antigua Palestina). Dios asumió voluntariamente la fragilidad humana, conociendo nuestras debilidades, nuestras alegrías, nuestras penas y nuestras tentaciones. Dios incluso conoció el aguijón de la muerte. Este acto pone fin a cualquier idea de que nuestro Dios esté alejado de nosotros.

En la vida de Jesucristo se revela todo lo que necesitamos saber sobre Dios. Como escribió San Pablo a los Colosenses, Jesús "es la imagen visible de Dios, que es invisible; es su Hijo primogénito, anterior a todo lo creado" (Colosenses 1:15). Filipenses contiene un hermoso himno sobre el poder de esta humildad.

> Tengan unos con otros la manera de pensar propia de quien está unido a Cristo Jesús,
>> el cual: Aunque existía con el mismo ser de Dios, no se aferró a su igualdad con él,
> sino que renunció a lo que era suyo
>> y tomó naturaleza de siervo.
> Haciéndose como todos los hombres
>> y presentándose como un hombre cualquiera,
>> se humilló a sí mismo,
>> haciéndose obediente hasta la muerte,
>> hasta la muerte en la cruz. (Filipenses 2:5-8)

En otras palabras, dado que Dios nos ama tanto, que está dispuesto a compartir todas nuestras penas y dolores, también debemos esforzarnos por amar a los demás de la misma manera sacrificial. Para Dios, todo se trata de humildad y auto-ofrecimiento, no de poder y dominio.

Aunque Jesús tuvo acceso a un poder ilimitado como Dios, no forzó a nadie a que lo siguiera. Las enseñanzas y la vida de Jesús se enfocaron en la invitación. Jesús invitó a la gente a renunciar a todo para seguirlo. Jesús invitó a sus seguidores a amar a todos, especialmente a aquellos marginados: las personas a quienes la sabiduría convencional decía que no se podían amar. Pero Jesús también desafió a todos los que conoció a experimentar una vida abundante y transformada.

Dios ama a todos, pero también quiere que las personas se arrepientan, se vuelvan de la dirección en la que se dirigen, cambien y vivan vidas moldeadas por la encarnación.

Entonces, ¿cómo se ve esta teología de la encarnación cuando se vive en la iglesia? Hace unos 1.600 años, Juan Crisóstomo era arzobispo de Constantinopla. Era conocido como un brillante predicador que no dudó en predicar el evangelio. Famosamente dijo una vez: "Si no encuentras a Cristo en el mendigo a la puerta de la iglesia, tampoco lo encontrarás en el cáliz". Esto es una consecuencia de la encarnación.

Lo que pasa es que si no podemos ver a Cristo, contemplar a Cristo, en los pobres y los marginados, no lo contemplaremos en nuestra liturgia o en los sacramentos. Una de nuestras promesas bautismales nos compromete a "buscar y servir a Cristo en todas las personas". Hacemos eso porque todos nosotros y nuestro prójimo somos portadores de la imagen de Dios y beneficiarios de su gracia al asumir nuestra naturaleza humana.

No se trata tan solo de ver a Jesús en los sacramentos, y que esto nos ayude a verlo en el mundo. El sentido contrario también es cierto: cuando podemos ver a Jesús en el mundo, podemos verlo en los sacramentos.

El obispo Frank Weston, difunto obispo de Zanzíbar, lo expresó con elocuencia:

> Si eres cristiano, entonces tu Jesús es uno y el mismo: el Jesús en el trono de su gloria, Jesús en el Santísimo Sacramento, Jesús que habita en tu corazón en la Comunión, Jesús místicamente contigo mientras oras, y Jesús entronizado en los corazones y cuerpos de tus hermanos y hermanas en todo este país. Y es una tontería, es una locura, suponer que puedes adorar a Jesús en los sacramentos y a Jesús en el trono de gloria, cuando lo estás explotando en las almas

y los cuerpos de sus hijos. Eso es ridículo. (Discurso final, Congreso Anglo-Católico, 1923)

Una vida de encarnación demanda mucho de nosotros. Debemos buscar a Jesús en los pobres y en los sacramentos. Estamos llamados, en todo momento, a vernos a nosotros mismos y a quienes nos rodean como personas cuyo mismo ser ha sido santificado por el Dios que se hizo carne y que asumió nuestra naturaleza humana.

Un aspecto de la encarnación es que Dios se hace presente. Cuando ofrecemos nuestra presencia a seres queridos, a extraños, a cualquiera que nos necesite, estamos tomando en serio la tarea de encarnarnos. Dios se hace presente y la encarnación nos enseña dónde buscarlo. La encarnación de Dios ocurrió en un lugar y un tiempo de vulnerabilidad. Jesús nació como un bebé indefenso, como todos los demás bebés. Nació de padres que viajaban bajo lo que debe haber sido considerado circunstancias sospechosas. Nació en una aldea remota, en una nación ocupada por el Imperio Romano. Sería difícil, si no imposible, encontrar poder o fuerza en la historia. Y, sin embargo, así es como Dios eligió entrar en nuestro mundo, en nuestra historia. Es un poderoso recordatorio de que debemos buscar a Dios especialmente entre los vulnerables, los cansados, los viajeros, lo inesperado. Dios puede acercarse en una persona que puede parecer de circunstancias dudosas.

Otro aspecto de la encarnación es que es desordenada. La mayoría de nosotros tenemos experiencias de Dios que son bastante ordenadas. Nuestros servicios de la Iglesia Episcopal son bien organizados. Almidonamos y planchamos las vestiduras. Leemos de una manera particular. Evitamos el desorden y la confusión en nuestra adoración. De modo que no sería demasiado difícil para nosotros pensar que Dios también vino en una forma muy organizada. Pero la encarnación nos muestra que Dios irrumpe en nuestra realidad y en medio del desorden. Jesús nació de una manera completamente común y corriente. Por supuesto, el nacimiento es un evento muy hermoso. Pero en cualquier circunstancia, es también desordenado, ¡especialmente en un establo sucio junto a ovejas y vacas! Y tenemos buenas razones para pensar que Jesús fue tan desordenado y caótico como cualquier niño que crece. Si alguien sugiere que la iglesia no debe hacer algo porque es indecoroso o desordenado, deberíamos recordar la realidad de que Dios no entró al mundo de una manera limpia y ordenada.

La encarnación insiste en que Dios en Jesucristo es completamente divino y completamente humano. La enseñanza de la iglesia sostiene que la vida de Jesús fue como la nuestra en todos los sentidos, excepto que él no pecó. Entendemos que el pecado es la separación de Dios. Y Jesucristo, que era Dios encarnado, no podía separarse de sí mismo. Y, sin embargo, Jesucristo también era completamente humano. Eso significa que, en su humanidad, experimentó dolor, alegría, traición, amistad, tristeza, aprendizaje, crecimiento, amor, tentación e incluso la muerte. Por supuesto, después de su muerte, Dios lo resucitó a una nueva vida, pero antes de la muerte, su experiencia de vida fue muy parecida a la nuestra. Dios no se contuvo ni se mantuvo alejado. Cuando Jesús lloró en la tumba de Lázaro, derramó verdaderas lágrimas de dolor. Cuando festejó en una boda o pasó tiempo con amigos o habló con extraños, estaba participando de emociones y experiencias reales, como nosotros. Y entonces nuestras emociones y toda la vida son santificadas por Jesús. Dios nos bendice en la experiencia de entrar en nuestro mundo y nuestras vidas. No debemos avergonzarnos cuando experimentamos dolor, alegría, traición, amistad, pena, tristeza, crecimiento, amor o tentación. La muerte ya no tiene dominio sobre nosotros, porque sabemos que el amor de Dios es más fuerte que la muerte. La encarnación nos libera para saborear esta vida terrenal y todo lo que eso conlleva.

La Biblia nos enseña que Dios es amoroso y que está lleno de sorpresas que desafían nuestro pensamiento convencional y nuestras formas de ver las cosas. Deberíamos estar acostumbrados a esperar sorpresas. Y, por encima de todo, deberíamos ver en la encarnación que el amor de Dios por nosotros es tan grande que Dios está dispuesto a habitar en nuestro barrio, incluso entre todas nuestras flaquezas y defectos. Demos gracias a Dios.

Para la reflexión

* ¿Cómo experimentas la presencia de Cristo en los sacramentos? ¿Cómo experimentas la presencia de Cristo en las personas con las que te encuentras? ¿Cómo están relacionadas esas dos cosas?

* Lee el Credo Niceno, de "Creemos en un Señor, Jesucristo" hasta "descendió del cielo" (*El Libro de Oración Común*, 280-281). ¿Cómo es que enfocarse en la existencia de Jesús antes de su nacimiento agranda tu comprensión de él y su obra?

* La encarnación es sucia y desordenada. Jesús encarnado lloró y sangró, se llenó de polvo y se cansó, al igual que todos nosotros. ¿Cómo te desafía esto a "ensuciarte las manos" en el ministerio?

* Nuestra cultura tiende a tratar a los pobres y marginados como personas que debemos evitar y menospreciar. Sin embargo, la enseñanza de la iglesia dice todo lo contrario. ¿De qué manera la perspectiva de la iglesia sobre los pobres forma tu vida como cristiano y como ciudadano?

Capítulo 23
Fortalecidos para tu servicio
Dios Espíritu Santo y los dones espirituales

Dios omnipotente y de toda misericordia, concede que, morando en nosotros tu Espíritu Santo, seamos iluminados y fortalecidos para servirte; por Jesucristo nuestro Señor, que vive y reina contigo, en la unidad del Espíritu Santo, un solo Dios, ahora y por siempre. *Amén.*

—*El Libro de Oración Común,* p. 169

Después que Jesús murió, sus discípulos se sintieron perdidos. Jesús, la Palabra hecha carne, los había acercado a Dios nuevamente. Los discípulos, que habían caminado y hablado, comido y servido con Jesús, habían experimentado la presencia de Dios de una manera nueva y poderosa. Sin la persona de Jesús, estaban abandonados y a la deriva. Tenían miedo y se escondieron en habitaciones cerradas (Juan 20:19). Y regresaron a sus ocupaciones normales de la vida, volviendo a las redes de pesca que habían abandonado cuando siguieron a Jesús (Juan 21).

Entonces, sucedió lo increíble. El Jesús resucitado se les apareció. Ellos se llenaron de asombro y sorpresa.

Solo podemos imaginar qué alegres debieron haber estado, creyendo, tal vez, que Jesús había regresado para quedarse con ellos para siempre. Pero por supuesto, eso no fue lo que ocurrió. Jesús se les apareció a los discípulos en forma resucitada, pero no había venido para quedarse para siempre. Él pronto subiría al cielo para sentarse a la diestra del Padre. Deben haber sido altibajos emocionales para los discípulos tener a Jesús, luego perderlo a la muerte, recibirlo de nuevo, resucitado, y luego verlo irse de nuevo en la Ascensión.

Sin embargo, Jesús les hizo a los discípulos, y a todos nosotros, una promesa. Jesús les dijo a sus discípulos que cuando regresara al Padre, no los dejaría sin consuelo (Juan 14:18). De hecho, Jesús prometió enviar el Espíritu Santo, la presencia de Dios, para estar con ellos, y con nosotros, siempre. En Hechos, escuchamos lo que sucede cuando Dios cumple esa promesa, enviando el Espíritu Santo a los discípulos y a la iglesia a través de los siglos:

> Cuando llegó la fiesta de Pentecostés, todos los creyentes se encontraban reunidos en un mismo lugar. De repente, un gran ruido que venía del cielo, como de un viento fuerte, resonó en toda la casa donde ellos estaban. Y se les aparecieron lenguas como de fuego que se repartieron, y sobre cada uno de ellos se asentó una. Y todos quedaron llenos del Espíritu Santo, y comenzaron a hablar en otras lenguas, según el Espíritu hacía que hablaran.
>
> Vivían en Jerusalén judíos cumplidores de sus deberes religiosos, que habían venido de todas partes del mundo. La gente se reunió al oír aquel ruido, y no sabía qué pensar, porque cada uno oía a los creyentes hablar en su propia lengua. Eran tales su sorpresa y su asombro, que decían:

«¿Acaso no son galileos todos estos que están hablando? ¿Cómo es que los oímos hablar en nuestras propias lenguas? Aquí hay gente de Partia, de Media, de Elam, de Mesopotamia, de Judea, de Capadocia, del Ponto y de la provincia de Asia, de Frigia y de Panfilia, de Egipto y de las regiones de Libia cercanas a Cirene. Hay también gente de Roma que vive aquí; unos son judíos de nacimiento y otros se han convertido al judaísmo. También los hay venidos de Creta y de Arabia. ¡Y los oímos hablar en nuestras propias lenguas de las maravillas de Dios!»

Todos estaban asombrados y sin saber qué pensar; y se preguntaban: «¿Qué significa todo esto?» Pero algunos, burlándose, decían: «¡Es que están borrachos!» Entonces Pedro se puso de pie junto con los otros once apóstoles, y con voz fuerte dijo: «Judíos y todos los que viven en Jerusalén, sepan ustedes esto y oigan bien lo que les voy a decir. Éstos no están borrachos como ustedes creen, ya que apenas son las nueve de la mañana.» (Hechos 2:1-15)

Dios se unió a los discípulos, pero de una manera sorprendente. El Espíritu Santo no apareció, como lo hizo Jesús, en carne humana como un bebé acostado en un pesebre o una persona que caminaba, hablaba y enseñaba. La presencia de Dios Espíritu Santo fue "como de un viento fuerte" y apareció como "lenguas como de fuego". Y en lugar de la presencia de una persona, el Espíritu Santo vino como un poder dentro de las personas. Los discípulos estaban "llenos del Espíritu Santo" y "comenzaron a hablar en otras lenguas, según el Espíritu hacía que hablaran". No hay duda de que, en la persona del Espíritu Santo, Dios está poderosamente presente en medio de la humanidad, pero de una manera nueva y diferente a la en que Dios estuvo presente en la persona de Jesucristo.

Esto no quiere decir que el Espíritu Santo aparece por primera vez. Como iglesia, proclamamos que el Espíritu Santo estuvo presente desde el comienzo de la creación, moviéndose como el aliento de Dios sobre las aguas en Génesis 1:2. El Espíritu Santo habló a través de los profetas de la Biblia hebrea, proclamando el amor y la salvación de Dios antes de la venida de Cristo. El Espíritu Santo descendió sobre Jesús en su bautismo, proclamándolo el Hijo amado de Dios. Pero en Pentecostés, como se describe en Hechos 2, los discípulos y la iglesia experimentan la presencia del Espíritu Santo de una manera nueva, y el Espíritu les da poder para hacer cosas nuevas y sorprendentes.

Los episcopales a menudo desconfían del Espíritu Santo. Mencionamos al Espíritu Santo en nuestras oraciones, pero no pasamos mucho tiempo hablando de él. Esto puede ser porque el Espíritu Santo no se representa típicamente como una persona. Podemos imaginar a Jesús, e incluso a veces a Dios Padre, como una persona. Pero el Espíritu Santo se representa más a menudo como una paloma, como un fuego, o como imágenes abstractas de viento que no son explícitamente personales. Esto hace que el Espíritu Santo sea más difícil de entender y menos accesible que las otras personas de la Trinidad.

Quizás también tomamos distancia del Espíritu Santo porque nos da un poco (o mucho) miedo. El Espíritu Santo es impredecible, peligroso y exigente. Cuando el Espíritu Santo se presentó en Pentecostés, fue como un viento impetuoso y un fuego poderoso, o sea: cosas poderosas e incontrolables. El Espíritu Santo hizo que la gente hablara y dijera cosas que normalmente no dirían (en otros idiomas), y el Espíritu permitió que las personas entendieran cosas que normalmente no podrían entender. ¡Toda la experiencia fue tan extraña que los espectadores creyeron que los discípulos estaban borrachos! Para aquellos en la Iglesia Episcopal que a menudo valoran el orden y la formalidad, esta idea de un Espíritu Santo indecoroso puede parecer molesta e indeseable.

Pero si seguimos leyendo en Hechos, vemos que la presencia del Espíritu Santo, aunque poco convencional y muy inusual, también era poderosa y sorprendente: Fortalecido por el Espíritu Santo, Pedro predicó a los que estaban reunidos, y 3.000 personas pidieron ser bautizadas (Hechos 2:41). (¡Esos números en el informe parroquial no se verían nada mal!). Los seguidores de Jesús comenzaron a actuar de maneras increíbles e inspiradoras:

> Y eran fieles en conservar la enseñanza de los apóstoles, en compartir lo que tenían, en reunirse para partir el pan y en la oración. Todos estaban asombrados a causa de los muchos milagros y señales que Dios hacía por medio de los apóstoles. Todos los creyentes estaban muy unidos y compartían sus bienes entre sí; vendían sus propiedades y todo lo que tenían, y repartían el dinero según las necesidades de cada uno. Todos los días se reunían en el templo, y en las casas partían el pan y comían juntos con alegría y sencillez de corazón. Alababan a Dios y eran

---

Cuando vemos la presencia del Espíritu Santo en la Biblia y en la iglesia primitiva, vemos que el Espíritu Santo aparece más poderosamente en comunidad. El Espíritu Santo aparece en Pentecostés cuando los seguidores de Jesús estaban "todos juntos en un solo lugar" (Hechos 2:1). Y la acción del Espíritu Santo en la iglesia primitiva hace que las personas crean y mantengan la comunidad: "todos los que creían estaban juntos y tenían todas las cosas en común…" (Hechos 2:44).

El Espíritu Santo es personal, nos da poder a cada uno de nosotros con dones espirituales, pero la presencia y el poder del Espíritu no son principalmente individuales. Nuestros dones espirituales se nos dan para la comunidad y, a menudo, se relacionan con la comunidad cristiana. Es cuando estamos juntos como el Cuerpo de Cristo que experimentamos más plenamente el poder del Espíritu, con cada uno de nosotros tomando nuestro lugar como parte del todo.

estimados por todos; y cada día el Señor hacía crecer la comunidad con el número de los que él iba llamando a la salvación. (Hechos 2:42-47)

A través del poder del Espíritu Santo, las personas se dedicaban a la oración y la vivencia comunitaria, se entregaban de modo sacrificial a los necesitados, tenían corazones generosos y alababan a Dios. Sí, el Espíritu Santo es peligroso y exigente, porque inspira a la conversión y al cambio, ¡y el cambio siempre es duro y atemorizante! Y, sin embargo, los resultados de una vida vivida a través de la inspiración del Espíritu Santo son impresionantes: las personas adoran a Dios plenamente, sirven a los demás con sacrificio, comparten lo que tienen generosamente y proclaman las buenas nuevas de Jesucristo en abundancia.

De hecho, las Escrituras nos dicen que podemos ver, visible y poderosamente, cuando las vidas de las personas están llenas del Espíritu Santo. Gálatas 5:22-23 enumera los frutos del Espíritu Santo, rasgos visibles y descriptivos, que se encuentran en las personas en las que habita: "lo que el Espíritu produce es amor, alegría, paz, paciencia, amabilidad, bondad, fidelidad, humildad y dominio propio". Los discípulos de Jesús, que reciben el Espíritu Santo que Dios prometió, deben destacarse entre la multitud. A través de la presencia del Espíritu Santo, tenemos el poder de vivir vidas que le muestren al mundo estos frutos, este amor, dicha y generosidad.

Esto puede parecer una tarea imposible: ¿Cómo podemos hacer todas esas cosas? Pero nuestra fe nos enseña que no hacemos estas cosas por nuestro propio poder, sino que el Espíritu de Dios, que actúa en nosotros, nos empodera para vivir de esta manera. Los frutos del Espíritu no son un modelo imposible que nos esforzamos por alcanzar. Los frutos del Espíritu son los signos visibles de una vida vivida a través del poder de Dios.

O sea: una vida empoderada por el Espíritu Santo es un don, no un objetivo. Los discípulos no trabajaron arduamente para ganarse el Espíritu Santo; descendió sobre ellos como un don de Dios. Mediante el poder del Espíritu Santo, los discípulos pudieron hacer cosas que no se imaginaron que fuese posible sin el poder de Dios: predicar proféticamente, compartir generosamente, orar constantemente y servir con alegría. Así también, se nos dice, Dios envía el Espíritu Santo a cada uno de nosotros, empoderándonos con dones espirituales.

> "Lenguas" es uno de los dones enumerados en la Biblia, y a menudo llama mucho la atención. Esto se debe a la descripción del relato de Pentecostés y a las iglesias pentecostales, que colocan mucho énfasis en este don en particular. Es importante notar que las "lenguas" son solo un don enumerado entre muchos y de ninguna manera se lo considera más importante (o más universal) que otros dones del Espíritu.

¿Te sorprenderá saber que, como discípula o discípulo de Jesús, ya estás lleno del Espíritu Santo que te ha dado poderosos dones espirituales? La Biblia enumera algunos dones particulares del espíritu en Romanos 12:6-8, 1 Corintios 12:4-11, 1 Corintios 12:27-31 y Efesios 4:11-12. Las listas varían pero incluyen dones de: profecía, ministerio, enseñanza, exhortación, generosidad, liderazgo, alegría, conocimiento, fe, discernimiento, lenguas, interpretación, servicio, sabiduría, curación, apostolado, evangelismo y caridad pastoral.

Es imposible entrar en detalles sobre todos estos dones o interpretar y definir exactamente cómo se podrían expresar. ¿En qué se diferencia el don de la sabiduría del don del conocimiento? ¿Qué implica el apostolado exactamente? Pero hay algunas cosas importantes de señalar sobre los dones espirituales:

❖ ¡Todos los reciben! Los dones espirituales no son algo reservado para los líderes de la iglesia ni se otorgan a ciertas personas especiales. "Dios da a cada uno alguna prueba de la presencia del Espíritu, para provecho de todos." (1 Corintios 12:7). Eso significa que todos, incluido tú, tenemos dones espirituales. De hecho, es posible que tengas varios dones espirituales, porque algunos naturalmente funcionan juntos.

❖ Hay una variedad de dones, y ninguno es mejor que otros.

> Porque así como en un solo cuerpo tenemos muchos miembros, y no todos los miembros sirven para lo mismo, así también nosotros, aunque somos muchos, formamos un solo cuerpo en Cristo y estamos unidos unos a otros como miembros de un mismo cuerpo. Dios nos ha dado diferentes dones, según lo que él quiso dar a cada uno. Por lo tanto, si Dios nos ha dado el don de profecía, hablemos según la fe que tenemos; si nos ha dado el don de servir a otros, sirvámoslos bien. El que haya recibido el don de enseñar, que se dedique a la enseñanza; el que haya recibido el don de animar a otros, que se dedique a animarlos. El que da, hágalo con sencillez; el que ocupa un puesto de responsabilidad, desempeñe su cargo con todo cuidado; el que ayuda a los necesitados, hágalo con alegría. (Romanos 12:4-8).

❖ Todos los diferentes dones espirituales son necesarios en la edificación del reino, y de hecho, estos dones operan juntos para compartir el amor de Dios con el mundo. Tu don es importante ... ¡y también lo es para todos los demás! Debes estar dispuesto a reconocer que los demás tienen dones que tú no tienes. Es por eso que nos necesitamos mutuamente.

❖ Tus dones espirituales son un regalo gratuito de Dios. Esos dones son tuyos, para usarlos o no. Los dones

Cómo discernir dones espirituales

Ahora que has aprendido que todos recibimos dones espirituales, ¿cómo descubres los tuyos? La Biblia no incluye un inventario práctico de dones espirituales o un cuestionario de los que aparecen en las redes sociales; tenemos que hacer el trabajo de discernimiento como individuos y como comunidad. Si quieres un libro o recurso para guiar tu reflexión, pídele sugerencias a tu sacerdote, que puede ayudarte a encontrar uno que examine a los dones espirituales desde una perspectiva episcopal.

También puedes hacer tu propio discernimiento:

1. Lee los pasajes de la Biblia que hablan sobre los dones espirituales, especialmente 1 Corintios 12, Romanos 12 y Efesios 4. Al leer estos pasajes, observa si alguno de los dones te llama la atención. ¿Encuentras ciertos dones más intrigantes o atractivos? ¿Cuáles suenan más como tú? ¿Cuáles son más desafiantes para ti?

2. Dedica un tiempo a reflexionar cuidadosamente sobre tu vida hasta el momento. ¿Cuáles son algunos de tus momentos de mayor realización espiritual y qué estabas haciendo en esos momentos? ¿Cuándo te has sentido más integrado en el Cuerpo de Cristo y qué hacías en esos tiempos? ¿Cuándo te has sentido más útil con tus hermanos y hermanas en Cristo? ¿Cuándo te has sentido más desconectado del Cuerpo de Cristo?

3. Pregúntale a amigos o consejeros confiables cuáles creen que son tus dones espirituales. ¡A veces los demás nos ven más claramente de lo que nos vemos a nosotros mismos!

4. Practica algunos dones y mira a ver qué descubres. Tal vez nunca has tenido la oportunidad de ejercer el liderazgo, o nunca has intentado la oración de curación. Date la oportunidad de explorar nuevos dones espirituales; es posible que descubras un don espiritual que nunca habías conocido.

Muchas veces esta tarea de descubrir nuestros dones espirituales está relacionado con nuestro trabajo de discernir la vocación. Cuando tenemos suerte, nuestros dones espirituales nos apoyan en nuestras diversas vocaciones. Conocer nuestros dones espirituales también puede ayudarnos a vivir más plenamente en las vocaciones de nuestra vida. Construimos sobre nuestras habilidades y crecemos más profundamente en nuestro discipulado cristiano.

del Espíritu Santo no son cosas por las que tienes que trabajar o intentar ganar; son atributos que ya tienes, y tienes que decidir explorar y usar. Aprender acerca de tus dones espirituales es similar a leer el manual de un regalo que has recibido; ¡es una manera de descubrir cómo funciona lo que ya tienes! Al aprender sobre nuestros dones, podemos cultivarlos y fortalecerlos. A veces el simple hecho de ser consciente de que algo es tu don puede ayudarte a concentrarte en ofrecerlo y ejercitarlo.

❖ Los dones del Espíritu Santo se dan "para el bien común" (1 Corintios 12:7). Es tu deber compartir los dones que has recibido con el resto de nosotros. No debes mostrar una falsa humildad, diciendo que no tienes ningún don. Y no debes ser egoísta, acumulando tus dones para ti o para tu familia inmediata. Tus dones están destinados a ser compartidos, y al usar tus dones para el bien común, tienes tu lugar en el Cuerpo de Cristo.

❖ ¡Nadie tiene todos los dones espirituales! El número de dones puede variar: algunos tendrán un solo don, mientras que otros tendrán varios. Lo importante es que atesoremos cualquier don o dones que Dios nos haya dado.

❖ Es importante encontrar maneras de usar nuestros dones y no tratar de enfocarnos en dones que quizás no hayamos recibido. Por ejemplo, si no tengo el don de enseñar, no seré un muy buen maestro de la Escuela Dominical. Cuando buscamos personas que llevan a cabo ministerios en nuestras iglesias, debemos estar buscando dones espirituales, no solo voluntarios dispuestos.

Dios promete estar con nosotros siempre. Dios vino al mundo en la persona de Jesucristo, viviendo y respirando, amando y muriendo como uno de nosotros. Y Dios sigue viniendo al mundo y a nuestras vidas en el Espíritu Santo, inspirándonos y dándonos poder para hacer la obra de Dios en el mundo. El Espíritu Santo de Dios es un don increíble y una responsabilidad increíble. Al igual que los primeros discípulos, nosotros también estamos "llenos del Espíritu Santo" y "el Espíritu Santo [nos] da la capacidad" de ser profetas y maestros, ser sabios y alegres, ser líderes y evangelistas, y mucho más.

Para la reflexión

* Estamos acostumbrados a orar a Dios Padre o a Dios Hijo. ¿Invocas a menudo al Espíritu Santo en tus oraciones? ¿Por qué o por qué no?

* ¿Qué es lo que más te da consuelo de la presencia y el poder del Espíritu Santo? ¿Qué te parece más desafiante?

* Algunos podrían decir "el Espíritu Santo estuvo aquí" cuando estamos complacidos con un resultado o situación. ¿Cómo podemos diferenciar nuestras propias emociones o sentimientos de la presencia del Espíritu de Dios? ¿Cuándo podrían ser iguales o diferentes?

* ¿Reconoces alguno de tus dones espirituales en el capítulo de hoy? ¿Hay alguno que desees tener?

Qué sigue ahora

Capítulo 24
Según tu voluntad
Cómo encontrar prácticas espirituales

> Otórganos, te suplicamos, oh Señor, el espíritu de pensar y hacer siempre lo justo; para que nosotros, que sin ti no podemos existir, seamos capaces, con tu ayuda, de vivir según tu voluntad; por Jesucristo nuestro Señor, que vive y reina contigo y el Espíritu Santo, un solo Dios, por los siglos de los siglos. Amén.
>
> —*El Libro de Oración Común*, p. 148

La mayoría de nosotros quisiera tener una vida de fe más completa y profunda. Pero a menudo no estamos seguros de por dónde empezar o qué hacer. Algo muy importante que un cristiano o una cristiana puede hacer para crecer en la fe es adoptar prácticas espirituales, especialmente prácticas espirituales diarias. Estas pueden incluir oraciones, acciones, meditación y movimiento. Hay casi tantas prácticas espirituales como hay personas. A pesar de la amplia variedad de opciones, es bastante común desanimarse o rendirse. Pero desanimarnos no nos ayudará a alcanzar nuestro deseo de una vida de fe más profunda.

Tal vez una comparación nos ayude a comprender. Me gusta pensar en el deseo de desarrollar prácticas espirituales como algo parecido al ejercicio. Creo que todos estamos de acuerdo en que hacer ejercicio es beneficioso para nuestra salud. Hacer aunque sea un poco de ejercicio es mejor que no hacer nada. Generalmente cuando hacemos más, es mejor. El ejercicio ayuda a que nuestro cuerpo esté sano. Las prácticas espirituales son similares. Tener algunas es mejor que no tener ninguna. Mientras más tengamos, es mejor. Igual que el ejercicio a nuestro cuerpo, ellas ayudan a que nuestras vidas espirituales sean saludables.

Si eres una persona que se pasa el día tirado en el sofá, caminar por la sala de la casa podría ser el primer paso en la dirección correcta. Si empiezas a caminar alrededor de tu casa, y luego caminas por la cuadra, estás mejorando. Una caminata rápida es mejor aún. No tienes que ir directamente de "adicto al sofá" a corredor de maratones. Hay muchos pasos entre un lugar y el otro. Y hay diferentes tipos de ejercicios: algunas personas son grandes corredores, otros prefieren andar en bicicleta o en kayak o hacer yoga. El objetivo es movernos y estirarnos un poco.

Cualquiera que sea nuestro régimen de ejercicio, en algún momento solemos quedarnos atascados. Tal vez vamos en bicicleta ida y vuelta al trabajo, que solía ser agotador al principio, pero ahora ya estoy acostumbrado, y mi cuerpo no se esfuerza demasiado. O tal vez he elegido un tipo de ejercicio que ejercita los mismos músculos una y otra vez. En algún punto, tenemos que cambiar nuestros hábitos. Tenemos que andar en bicicleta con mayor frecuencia o más rápido. O tenemos que agregar cosas o cambiar nuestro régimen de ejercicios para que se ejerciten diferentes músculos.

Lo mismo ocurre con las prácticas espirituales. Tal vez has estado yendo a la iglesia de vez en cuando durante años.

Quizás seas (y digo esto con amor) un adicto al sofá de la fe cristiana. Si así fuera, empieza a dar los primeros pasos de tu camino espiritual. Quizás debes empezar por participar en una clase de formación en la iglesia. Tal vez comiences a decir una oración de acción de gracias en la mesa familiar a la hora de la comida. Tal vez te lleves a casa el programa de la misa y le eches un rápido vistazo a las lecturas de las Escrituras después de la misa. Cualquier cosa es un paso en la dirección correcta.

En algún momento, después de incursionar un poco por aquí y por allá, es hora de pensar en el próximo paso. ¿Oración? ¿Estudio? ¿Movimiento? ¿Dónde empezar?

Hace varios años, trabajé para una compañía que me daba beneficios muy generosos: pagaban por mi suscripción a un gimnasio, y uno bueno. De niño nunca he sido muy atlético, y no soy un fanático del gimnasio. Lo que más me gustó del gimnasio es que la membresía vino con algunas sesiones con un entrenador. En mi primera visita, el entrenador me preguntó: "¿Estás buscando tonificar, desarrollar resistencia, o fuerza?" No supe qué contestar. "Bien, empecemos por el principio. ¿Qué esperas de estas sesiones de entrenamiento?" Le dije que no tenía idea, pero que pensaba que tal vez me haría bien levantar algunas pesas, etc.

El entrenador me llevó a una de las salas de pesas y me mostró cómo usar varias máquinas, cuánto peso configurar y cuántas repeticiones hacer. Me dio un buen orden de progresión con una máquina. Cuando llegué a la máquina de remo, el entrenador me llenó de esperanza. "¡Qué bien lo haces!", me dijo. "¡Parece que lo has hecho siempre! ¡Podrías unirte a un equipo y competir!". No estoy seguro de haberle creído completamente, pero sus palabras de ánimo fueron muy agradables. La moraleja es que él tomó mi deseo de ser más saludable y me ayudó a enfocarme. Me dio algunas sugerencias específicas y un itinerario. Durante las siguientes semanas, me encontré con el entrenador de vez en cuando, y él me ayudó a revisar el plan.

Si estás tratando de elegir y luego comenzar a incorporar en tu vida prácticas espirituales, es útil tener un entrenador. Puede ser cualquiera que tenga más experiencia que tú. Una opción es un director espiritual, alguien capacitado para ayudar a las personas a cuidar sus vidas espirituales. Los directores espirituales ayudan a las personas a ver cómo Dios actúa en sus vidas y en el mundo que los rodea, y en ciertos momentos fomentan prácticas espirituales particulares. Pero un sacerdote o amigo sabio también puede señalar la dirección correcta. Y, por supuesto, también puedes buscar en el Internet, comprar libros o leer blogs.

Tener un entrenador o coach de algún tipo te ayudará. Hace varios años escuché a alguien a quien respeto mucho hablar elocuentemente de la oración centrante, una práctica de oración arraigada en largos períodos de silencio interior. Intenté practicarla por un buen rato.

Estaba seguro de que no lo estaba haciendo bien o que se me estaba olvidando algo. No me dio resultado. Y luego tuve una conversación con alguien de más experiencia que me alivió de sentirme como un pésimo cristiano: me explicó que no todas las prácticas espirituales funcionan para todas las personas. Tal vez la oración centrante simplemente no es una buena opción para mí. Después de esa conversación me sentí muy aliviado. Probé orar con un rosario y entonces sí encontré una práctica espiritual que podía mantener. Me encanta el sentido táctil de las cuentas del rosario, y me ayuda a mantenerme enfocado. Si hubiera tenido un mentor, podría haberme evitado el mal rato inicial.

Si no tienes una práctica espiritual diaria o si crees que es hora de un cambio, te animo a considerar una nueva práctica. Si no tienes una guía, está perfectamente bien probar cosas por tu cuenta. Si te quedas atascado, intenta algo diferente o busca ayuda. ¡A diferencia de con el ejercicio, es poco probable que te lastimes con una práctica espiritual mal hecha!

Como dijimos antes, hay casi tantas prácticas espirituales como personas, y no hay forma de enumerarlas todas. Pero algunas prácticas y principios comunes pueden ayudarte a comenzar. Para otras ideas y más información, habla con un sacerdote, busca en el Internet o habla con un amigo con experiencia. Recuerda: si pruebas algo y no te da resultado, dedica un poco de tiempo a la práctica y luego prueba con otra. Piensa qué práctica o prácticas deseas realizar y cuánto tiempo puedes dedicarles. Establece metas alcanzables primero; siempre puedes incrementarlas más tarde.

Oración

La oración diaria es importante para cada cristiano. Lo bueno es que hay muchos tipos diferentes de oración diaria. Aquí enumeramos algunos tipos de oración, desde la más fácil hasta la más complicada.

La autora Anne LaMott, en su libro *Traveling Mercies [Misericordias viajeras]*, escribe sobre cómo comenzó el hábito de la oración diaria con dos simples oraciones. Por la mañana, le decía a Dios: "¡Ayúdame, ayúdame, ayúdame!". Ayúdame a pasar el día, Dios. Luego, por la noche, antes de dormir, oraba: "Gracias, gracias, gracias". Gracias, Dios, por todas las bendiciones de este día. Estas oraciones toman solo unos segundos, pero si se las ora con fervor, pueden cambiar nuestras vidas.

Las acciones de gracias por la comida son una manera fácil de desarrollar hábitos de oración. *El Libro de Oración Común* tiene algunas oraciones breves y fáciles de memorizar a la hora de comer en las páginas 726 y 727. O a lo mejor tu familia tiene su propia oración preferida. Este es un buen momento para recordar cómo Dios nos bendice y para recordar a aquellos que tienen menos que nosotros. Solo haz una oración rápida: memorízala o haz una de modo espontáneo cada vez que comas. Puedes orar en silencio o en voz alta; solo o con los que te acompañan a cenar.

Está perfectamente bien hablar con Dios. Muchas personas comienzan o terminan su día hablando con Dios, compartiendo sus preocupaciones, esperanzas, acciones de gracias y alabanzas. Puedes hacerlo solo o con otros.

El Libro de Oración Común ofrece las Devociones Diarias para Individuos y Familias (páginas 102-107). Estas oraciones para la mañana, el mediodía, el atardecer y la noche incluyen un fragmento de un salmo, una breve lectura de las Escrituras, un tiempo para la oración libre, el Padrenuestro y una colecta para esa hora del día. Solo toman un par de minutos y funcionan bien para personas solas o para familias de todo tipo.

El Oficio Diario es la forma más rica de oración diaria. Arraigada en la tradición antigua, la versión anglicana de estas oraciones se centra especialmente en la Oración Matutina y Vespertina, aunque también hay formas cortas para el mediodía y la noche. Estas oraciones incluyen múltiples lecturas de las Escrituras, salmos, colectas, responsorios y otras oraciones. Cada día, las lecturas y las oraciones cambian según el tiempo litúrgico, si se conmemora un santo o no, u otras razones. Si estás comenzando, la forma más fácil es usar una aplicación o sitio web, como la aplicación *Adelante día a día* o el sitio web de Oración Diaria (prayer. forwardmovement.org). Si eres más táctil y te gustan los libros, puedes usar *El Libro de Oración Común*, una Biblia y *Las fiestas menores y los días de ayuno* (para la información sobre las Santas y los Santos). Usarlos juntos requiere un poco de esfuerzo, pero puede ser muy satisfactorio. Algunas iglesias ofrecen la Oración Matutina o Vespertina a diario, y es especialmente agradable decir estas oraciones con otras personas. (Consulta el Capítulo 9 para obtener más detalles sobre El Oficio Diario).

Orar con cuentas funciona bien para algunas personas. Puedes adquirir un rosario tradicional en una tienda religiosa católica o anglicana o en línea. Para encontrar las oraciones, pregunta donde compres el rosario o simplemente busca en el Internet "rezar el rosario" u "orar con el rosario anglicano". Al usar un rosario, dices ciertas oraciones en determinadas cuentas, mientras vas moviendo los dedos alrededor del círculo de cuentas. Hay grupos de oraciones disponibles para conmemorar "misterios" tristes o alegres y para meditar sobre diversos temas mientras repites el Avemaría y otras oraciones. Los rosarios anglicanos tienen un número diferente de cuentas que el rosario católico romano, y las oraciones están basadas en las Escrituras, a menudo sin temas adicionales o énfasis en María. Las personas a las que les gustan las oraciones táctiles apreciarán esta forma de oración.

En nuestra era visual, rezar con **iconos** es otra buena opción. Existe una antigua costumbre cristiana de representar a Jesús y los santos en la iconografía usando ciertas técnicas tradicionales. Estas imágenes disminuyen la creatividad individual del pintor de iconos y centran nuestra mirada en la figura representada y lo que hay más allá de ella. Los iconos a veces se describen como ventanas al cielo. Por ejemplo, puedo mirar un icono de María, la madre de Jesús, y ver en su fuerza y generosidad un modelo para la vida cristiana. O podrías recordar, al ver una representación de San Miguel Arcángel, que los poderes celestiales están de tu lado cuando luchas contra las fuerzas del mal.

A muchas personas les gusta caminar por un **laberinto**. Aunque parezcan confusos, los laberintos son en realidad caminos concéntricos y de sentido único que te llevan en un viaje lleno de curvas hasta el centro del círculo. En el centro se pasa un tiempo en oración silenciosa antes de volver de regreso a la entrada. Las personas generalmente ofrecen un grupo de preocupaciones en oración en el camino hacia el centro y un conjunto diferente en el camino de salida. Muchas iglesias tienen laberintos permanentes (adentro o al aire libre) e incluso ahora algunos parques también los tienen. Esta forma de oración es buena para las personas a las que les gusta mantenerse en movimiento y orar con todo su cuerpo.

La oración centrante o la **oración contemplativa** son dos formas de orar en silencio; la atención se centra en escuchar la voz suave y tranquila de Dios. Las técnicas para este tipo de oración pueden incluir la repetición de una frase para enfocar la mente o, por el contrario, intentar despejar la mente de todos pensamientos. Las personas interesadas en la oración centrante o contemplativa deben buscar una persona con experiencia para recibir orientación y apoyo.

El **yoga** puede ser una buena práctica espiritual, y también es bueno para el cuerpo. En muchas comunidades es posible encontrar clases de yoga cristiano, donde el líder fomentará la oración o la meditación con versículos de las Escrituras o temas cristianos durante la sesión.

Las Escrituras

Además de la oración, el estudio de las Escrituras es una excelente práctica espiritual. Puedes intentar leer la Biblia de principio a fin. Asegúrate de conseguir una traducción de la Biblia de tu agrado. Hay versiones con lenguaje moderno y tradicional; cubiertas de cuero de colores o de cartón; algunas con elegantes comentarios académicos y otras con comentarios más simples. Puedes conseguir la Biblia en una aplicación, en un libro, o como audiolibro.

Es bastante común que los aspirantes a lectores se den por vencidos después de los primeros capítulos. A muchas personas les cuesta leer la Biblia como un libro regular, porque, como hemos discutido, se parece más a una biblioteca de sesenta y seis libros con diferentes estilos de escritura y propósitos. Algunos géneros son más fáciles de leer que otros. Ve el Capítulo 14 para obtener más información sobre la Biblia.

> Hay varias herramientas disponibles para ayudarte a leer las Escrituras. *La senda: Un recorrido por la Biblia* ofrece la gran narrativa de la Biblia en un formato accesible y novedoso. A algunas personas les gusta "El Desafío de la Biblia", creado por el sacerdote episcopal Marek Zabriskie. En esta forma de leer la Biblia lees tres capítulos del Antiguo Testamento, un salmo y un capítulo del Nuevo Testamento todos los días (excepto los domingos) durante un año. Al final del año, has leído todo el Antiguo Testamento, el Salterio dos veces y el Nuevo Testamento en su totalidad, más un poco del comienzo dos veces. Visita www.VenAdelante.org/desafio para obtener más información.
>
> Tal vez quieras probar la *Lectio Divina*, que nos invita a las Escrituras por medio de cuatro pasos: leer; meditar; orar; contemplar.

Ofrendas y dinero

Uno de los mayores desafíos espirituales de nuestro tiempo es el consumismo. Somos constantemente presionados a querer cosas nuevas y más cosas. ¡Cosas, cosas, cosas!

Comparados con otros países, los estadounidenses tienen muchas deudas de tarjetas de crédito y casi no ahorran. Nuestras donaciones caritativas no son impresionantes. ¿Estamos atrapados en esta manera de ser? ¿Hay alguna otra manera de vivir?

Si aprendemos a ver cómo gastamos nuestro dinero, podemos aprender a gastarlo de manera diferente. Jesús dice: "Donde esté tu tesoro, allí estará también tu corazón" (Mateo 6:21). Donde gastamos nuestro dinero es donde va nuestro corazón. Si gastamos nuestro dinero en ropa, eso es lo importante. Si queremos que nuestra preocupación por los pobres y necesitados sea el centro de nuestros corazones, entonces debemos invertir dinero en ellos. Esta práctica espiritual consiste en evaluar nuestros ingresos y nuestros gastos y decidir si queremos o necesitamos hacer un cambio.

> La iglesia enseña que debemos devolverle a Dios el diez por ciento de lo que recibimos, para la obra de Dios. El diez por ciento parece mucho, hasta que lo entendemos. Supongamos que alguien se te acerca a y te dice: "Te daré un millón de dólares, pero necesito que me devuelvas $100,000". Haces los cálculos y te das cuenta de que acabas de recibir $900,000 gratis y claro, le dices: "¡Sí, por favor, dame ese millón!". Así más o menos pasa con todas nuestras cosas. Todo lo que tenemos es un regalo de Dios. Entonces Dios nos dice: toma esto y esto y esto, y quiero un diez por ciento como ofrenda.

Un principio financiero común es dar algo de dinero, ahorrar algo de dinero y gastar un poco de dinero. Damos algo de dinero para el trabajo de Dios. Ahorramos algo de dinero para nuestras necesidades futuras. Gastamos lo que queda en las cosas que necesitamos y las cosas que queremos (¡y debemos aprender la diferencia entre esas dos!).

Sigue practicando

Además de las prácticas que hemos discutido, hay muchas otras. Algunas prácticas espirituales incluyen actividades obviamente "eclesiales" como la oración o la adoración, mientras que otras pueden ser menos evidentes: cultivar alimentos, cuidar a los enfermos o cuidar del propio cuerpo. En este capítulo hemos analizado algunas ideas iniciales. Prueba una o dos. Evalúa de vez en cuando cómo te va.

Habla con un amigo con experiencia o un sacerdote o un director espiritual. Y recuerda: no estás haciendo estas prácticas espirituales para ganarte el amor de Dios o ponerte del lado bueno de Dios. Dios ya te ama más de lo que puedas imaginar, sin importar lo que hayas hecho o harás. Estas prácticas espirituales nos ayudan a ver cómo Dios opera en nuestras propias vidas y en el mundo que nos rodea. Las prácticas espirituales nos ayudan a practicar la gratitud por nuestras bendiciones y compartir esa gratitud con los demás. Las prácticas espirituales nos ayudan a mantener nuestra perspectiva para que siempre recordemos que somos, ante todo, seguidores de Jesucristo.

Una nota muy importante es que se llaman prácticas por una razón: Siempre estamos practicando. Y cuando nos equivocamos o nos quedamos cortos, no es más que es otra oportunidad para volver a intentarlo. Demos gracias a Dios.

Para la reflexión

* ¿Qué prácticas espirituales han sido importantes en tu vida de fe hasta el momento?

* ¿Hay alguna práctica espiritual que te gustaría probar pero no has practicado? ¿Por qué no? ¿Qué necesitarías para probarla?

* Las prácticas espirituales toman tiempo. ¿Haces tiempo en tu vida para las prácticas espirituales? ¿Cómo? ¿Por qué o por qué no?

* La generosidad es una práctica espiritual. ¿Cómo ha cambiado tu vida la experiencia de ser generosa o generoso? ¿Alguna vez has tratado el diezmo como una práctica espiritual? Si es así, ¿cómo lo hiciste? ¿Por qué o por qué no?

Capítulo 25

El testimonio que de él damos
Conozcamos nuestra historia

Dios eterno, cuya voluntad es que todos vengan a ti por medio de tu Hijo Jesucristo: Inspira el testimonio que de él damos, para que todos conozcan el poder de su perdón y la esperanza de su resurrección; quien vive y reina contigo y el Espíritu Santo, un solo Dios, ahora y por siempre. Amén.
—*El Libro de Oración Común*, pp. 706-707

Todos los que somos cristianos disfrutamos nuestra fe porque alguien, en alguna parte, compartió la historia de su fe con otra persona. Hace aproximadamente 2,000 años Jesús mismo les proclamó a sus seguidores una nueva forma de vivir la fe. Ellos compartieron su fe con otros, y así sucesivamente durante generaciones, a través de culturas, siglos y naciones. Si queremos que los demás conozcan la alegría de nuestra fe, debemos compartir esa alegría con los demás.

La práctica de compartir nuestra fe se denomina evangelismo. La palabra proviene del griego *evangelion* y significa traer buenas noticias. Hay gente que piensa que no debemos usar la palabra evangelismo o incluso practicarlo, porque algunos cristianos han usado tácticas coercitivas, amenazando o intimidando a las personas para que se convirtieran. Pero el evangelismo no significa ni debe significar eso, y es hora de que rescatemos esa palabra y vivamos su significado de traer buenas noticias.

Jesús instó a las personas a su alrededor a practicar el evangelismo. En Lucas, Jesús sanó a un hombre y luego le dijo: "Vuelve a tu casa y cuenta todo lo que Dios ha hecho por ti". El evangelio continúa: "El hombre se fue y contó por todo el pueblo lo que Jesús había hecho por él" (Lucas 8:39). Este es un buen modelo para nosotros; compartir las buenas noticias puede ser tan simple como decirle a los demás lo que Dios ha hecho por nosotros. Al comienzo del Libro de los Hechos, leemos sobre el mandato de Jesús a la iglesia. Jesús les dijo a sus discípulos: "Pero cuando el Espíritu Santo venga sobre ustedes, recibirán poder y saldrán a dar testimonio de mí, en Jerusalén, en toda la región de Judea y de Samaria, y hasta en las partes más lejanas de la tierra" (Hechos 1:8). Los primeros seguidores fueron testigos no solo en la ciudad de Jerusalén, que era bien conocida por ellos, sino en todo el territorio de Israel y, de hecho, en todo el mundo. Entonces nosotros también debemos dar testimonio del poder de Dios en nuestras vidas, no solo en los lugares que conocemos y nos resultan familiares, sino en toda la tierra y, de hecho, en el mundo.

El evangelismo es compartir las buenas noticias, ni más ni menos. Pero claro, eso plantea una pregunta importante: ¿Cuál es la buena noticia? Cuando hablamos de las buenas noticias de Dios en Jesucristo, podemos hablar de nuestra redención, de ser liberados de la muerte, de nuestra liberación del pecado o de muchos otros aspectos de la vida y el ministerio de Jesús. Otra forma de hablar sobre las buenas nuevas es compartir lo que Jesús está haciendo en nuestras propias vidas. De cualquier manera, si vamos a practicar el evangelismo, a decirles a los demás las buenas noticias, entonces tenemos que conocerlas nosotros mismos primero: tenemos que conocer nuestra historia.

Comencemos con la gran historia cósmica de Dios en Jesucristo y luego hablaremos sobre la historia local y personal de Dios actuando en nuestras propias vidas.

Una muy buena manera de aprender o recordar la gran historia del amor de Dios por nosotros en Jesús es leer las Escrituras. Como discutimos en el último capítulo, hay muchas maneras diferentes de leer las Escrituras y encontrar la historia del amor ilimitado de Dios por nosotros y por la creación.

Cada domingo escuchamos un resumen de la gran historia del amor de Dios por nosotros en nuestra celebración de la Santa Comunión. Hay seis plegarias eucarísticas diferentes en nuestro libro de oración y cada una cuenta la historia de forma un poco diferente. Aquí está una parte de la Plegaria B, que comienza en la página 289 de *El Libro de Oración Común*:

> Te damos gracias, oh Dios, por la bondad y el amor que tú nos has manifestado en la creación; en el llamado a Israel para ser tu pueblo; en tu Verbo revelado a través de los profetas; y, sobre todo, en el Verbo hecho carne, Jesús, tu Hijo. Pues en la plenitud de los tiempos le has enviado para que se encarnara de María la Virgen a fin de ser el Salvador y Redentor del mundo. En él, nos has librado del mal, y nos has hecho dignos de estar en tu presencia. En él, nos has sacado del error a la verdad, del pecado a la rectitud, y de la muerte a la vida.

Luego recordamos las palabras que Jesús dijo cuando bendijo el pan y el vino y los compartió con sus discípulos. Hablamos sobre la obra del Espíritu en nosotros y en los dones que ofrecemos, y luego la historia nos transporta al final de los tiempos:

> En la plenitud de los tiempos, sujeta todas las cosas a tu Cristo y llévanos a la patria celestial donde, con todos tus santos, entremos en la herencia eterna de tus hijos; por Jesucristo nuestro Señor, el primogénito de toda la creación, la cabeza de la Iglesia, y el autor de nuestra salvación.

Recordamos que Dios nos ha amado desde la creación, a través de los profetas, a través del amor y sacrificio de Jesús, y nos amará hasta la consumación de la historia, cuando Jesucristo gobierne sobre toda la creación.

Creo que es útil para los cristianos poder contar esta gran historia en sus propias palabras. Esto nos ayuda a empoderarnos en la historia, es decir, a asumirla como propia. Así es como yo contaría la historia:

> Incluso antes de la creación, Dios nos amaba más de lo que podemos imaginar. La Santísima Trinidad creó todas las cosas, creando un mundo perfectamente bueno. Entonces Dios nos creó a los seres humanos a su imagen. Dios confió en nosotros y nos dio nuestra libertad, pero desperdiciamos ese regalo. Nos alejamos de él, eligiendo el egoísmo en vez de Dios. Dios envió profetas y mensajeros a nuestro mundo, recordándonos una y otra vez quiénes somos y llamándonos a regresar a Dios. Algunas veces los escuchamos por un tiempo, y gozamos la bendición de vivir como Dios espera que vivamos. Pero al final siempre nos volvimos contra los profetas y contra Dios.

Finalmente, Dios entró en nuestro mundo como Jesucristo, para mostrarnos el Amor Perfecto. En Jesús pudimos ver todo lo que necesitamos saber acerca de Dios. Pudimos ver a un Dios cuyos valores son la vulnerabilidad, la humildad y la generosidad. Pudimos ver a un Dios que se acerca a aquellos que es difícil amar para ofrecerles un amor costoso y hermoso. Pudimos ver a un Dios que estuvo junto a los desamparados y que desafió a las autoridades a actuar de modo correcto, justo y misericordioso. Pudimos ver a un Dios que amaba a todos, pero que los amaba de una manera que los desafiaba constantemente a arrepentirse, a regresar a Dios y al amor de Dios.

Los poderes de este mundo temían el amor perfecto (tal como lo hacen hoy en día), por lo que las autoridades hicieron todo lo posible por extinguir ese amor. Arrestaron a Jesús, lo torturaron y finalmente lo mataron. Dios nos ama tanto, que el Dios todopoderoso que hizo el cielo y la tierra estuvo dispuesto a soportar una muerte cruel. Las autoridades podrían haber pensado que habían derrotado al amor de Dios, pero no podrían haber estado más equivocadas.

Al tercer día, Dios resucitó a Jesús de entre los muertos. Aunque había estado muerto de verdad, Jesús fue levantado a una nueva vida. Se les apareció a muchas personas, literalmente mostrándoles el poder del amor de Dios, que es tan fuerte que ni siquiera la muerte puede vencerlo. Con el tiempo, Jesús volvió a vivir con Dios Padre en el cielo, pero no sin antes enviar a sus seguidores a continuar su trabajo y mandar al Espíritu Santo a que morara con ellos y les diera fuerzas para el trabajo.

Y aquí es donde entramos en la historia. Nosotros también somos seguidores de Jesús. Él nos ha dado todo lo que necesitamos para llevar a cabo su obra de proclamar el reino de justicia y misericordia. Jesús nos ha mostrado cómo es el amor de Dios, y él ha enviado al Espíritu Santo para que nos ayude.

Sabemos cómo termina la historia: Al final, Jesús viene como Señor y juez. Él ofrecerá consuelo y bendición a aquellos que han sufrido mucho en esta vida. Él hará justicia con aquellos que no han honrado la imagen de Dios en los demás. Y al final, el amor generoso, maravilloso y esplendoroso de Dios llenará el universo con su vida y su luz.

Nuestras órdenes nos vienen del mismo Jesús: amar a Dios con todo nuestro ser y amar a nuestro prójimo como a nosotros mismos. En otras palabras, Jesús dice que debemos amar a todos como él nos ha amado. Eso es casi imposible para nosotros que somos humanos comunes y corrientes, pero tenemos el poder del Espíritu Santo para ayudarnos.

¿No son estas noticias increíbles? Dios nos amó desde el principio de todos los tiempos. Dios ha enviado mensajero tras mensajero para enseñarnos. Dios nos ha mostrado exactamente cómo es el amor perfecto.

Sabemos que el amor de Dios no puede ser derrotado por nada ni por nadie. El Espíritu Santo es nuestro resguardo. Y al final, el pueblo de Dios vive, literalmente, feliz para siempre. Eso es asombroso. ¡Eso es algo que vale la pena compartir!

La forma en la que yo cuento la historia de nuestra fe puede parecer demasiado abstracta para algunos. Tal vez tu historia sea hablar, en cambio, de cómo el amor de Dios actúa en tu vida o en la de las personas que te rodean. ¡No tienes que ser un experto en teología o un estudioso de la Biblia para hablar sobre el amor de Dios!

Pienso en amigos cuyas vidas parecían no tener esperanza debido a la adicción, y luego el gran poder de Dios los ayudó a recuperar sus vidas. Pienso en las relaciones que parecían completamente rotas hasta que el amor apacible de Dios sanó sus heridas y las restauró. Pienso en personas que rechazan el poder y los bienes mundanos a favor de la humildad y la generosidad.

En mi propia vida puedo recordar momentos en los que no estaba prestando atención, y el Espíritu Santo me impulsó a prestarle atención a las personas que me rodeaban para poder responder a sus necesidades. Pienso en cómo Dios me alejó de una carrera bastante feliz, ganando un salario bastante bueno, y me trajo al ministerio ordenado, una vocación tremendamente desafiante, pero que me ofrece más alegría de la que podría haber soñado. Muy a menudo en la misa, es como si el velo delgado que separa el cielo y la tierra se hubiera levantado y la gloria de Dios se hiciera presente.

¿No es cierto que es una gran noticia que Dios puede actuar en nuestras vidas? Eso definitivamente vale la pena compartirlo.

Te animo a que aprendas y te sumerjas en la gran narrativa del inmenso amor de Dios por ti y por la creación. Aquí hay algunas sugerencias para hacer ese trabajo:

❖ Lee las Escrituras. Intenta estudiar pasajes particulares con profundidad y lee toda la Biblia para tener una idea de la historia completa. Si te parece demasiado leer toda la Biblia, prueba *La senda: Un recorrido por la Biblia* u otra versión modificada de la Biblia.

❖ Obtén un *Libro de Oración Común* para tu hogar y lee las plegarias eucarísticas. Consulta los capítulos 4-5 de este libro para obtener orientación sobre estas oraciones que relatan la historia de la salvación.

- En tu *Libro de Oración Común* busca las lecturas de la Vigilia Pascual (a partir de la página 208). Estas lecturas ofrecen una recopilación maravillosa de cómo nosotros y la creación entera fuimos salvados.

- Piensa en los momentos en que has sentido la presencia de Dios en tu vida. Escríbelos en tu diario y vuelve a leer estas anotaciones varias veces.

- Comienza cada día dando gracias a Dios. Tengo un amigo que le agradece a Dios por 100 cosas durante el paseo matutino con su perro. Esta es una excelente manera de moldear nuestras mentes hacia la gratitud por todo lo que Dios ha hecho por nosotros.

- Habla con amigos espirituales sobre la importancia de tu vida de fe. Escucha atentamente la historia de la otra persona y sé vulnerable y generoso cuando compartas tu historia.

Ahora que conoces tu historia, es hora de contársela a los demás y compartir las buenas noticias para que todos puedan conocer el amor de Dios.

Para la reflexión

* ¿Quién fue la primera persona en compartir las buenas noticias de Dios en Jesucristo contigo? ¿Cómo lo hizo? ¿Qué significó eso para ti?

* ¿Cómo se relaciona la historia de Dios en tu vida con la historia más amplia de la obra salvadora de Dios desde el principio de los tiempos de la creación?

* Muchos de nosotros aprendimos algunas de las historias de salvación cuando éramos niños pequeños, pero eso pudo haber sido hace mucho tiempo. ¿Qué partes de la historia de Dios te gustaría conocer mejor? ¿Qué pasos puedes seguir para aprender más sobre ellas?

* Esta sesión termina con algunos ejemplos de formas para sumergirnos en la historia de Dios. ¿Qué formas has probado tú? ¿Cuáles podrías probar?

Capítulo 26

Proclamar a todos los pueblos
Contemos nuestra historia

Danos gracia, Señor, para responder prestamente al llamamiento de nuestro Salvador Jesucristo y proclamar las Buenas Nuevas de su salvación a todos los pueblos; para que nosotros, y todo el mundo, percibamos la gloria de sus obras maravillosas; quien vive y reina contigo y el Espíritu Santo, un solo Dios, por los siglos de los siglos. Amén.

—*El Libro de Oración Común*, p. 129

Hemos hablado de la asombrosa historia del amor de Dios por nosotros, especialmente cuando vemos el amor de Dios revelado en Jesucristo. Dios está actuando en cada uno de nosotros, haciendo cosas increíbles, y esto nos da nuestra propia historia del amor de Dios. Ahora que tenemos un sentido de lo que las Buenas Noticias de Dios en Cristo son para nosotros y para el mundo, es hora de comenzar a compartirlas. Por supuesto, esto es más fácil decirlo que hacerlo.

Cuando encontramos un restaurante nuevo, a menudo le decimos a la gente lo bueno que es. Le contamos a la gente sobre ofertas o parques bonitos o películas que disfrutamos. Nos resulta fácil compartir buenas noticias sobre cosas triviales, pero nos resulta difícil compartir las Buenas Noticias de Dios en Cristo.

Sin embargo, compartir las buenas noticias, contar nuestra historia del amor de Dios, es tan importante que es una de nuestras promesas bautismales. Prometemos "proclamar por medio de la palabra y el ejemplo las Buenas Nuevas de Dios en Cristo". No es suficiente que vivamos una vida inspiradora que manifieste visiblemente las buenas noticias, sino que también debemos hablar de ello y compartir la esperanza que está dentro de nosotros. Al igual que con todas las promesas bautismales que parecen imposibles, nunca lograremos cumplirlas por nuestra cuenta. Es por eso que vale la pena recordar que haremos esto con el auxilio de Dios. ¿Recuerdas, en un capítulo anterior, cuando dijimos que el Espíritu Santo era nuestro resguardo? ¡Es de esto de lo que estamos hablando!

No contamos la historia del amor de Dios en nuestras vidas simplemente para llenar los bancos de la iglesia o apoyar a las iglesias que necesitan crecer. Compartimos las buenas nuevas porque prometimos que lo haríamos. Y porque Dios nos pide que lo hagamos. En Mateo 28, Jesús les da algunas de sus últimas instrucciones a los discípulos, diciéndoles que vayan y hagan discípulos de todas las naciones y que les enseñen a obedecer sus mandamientos. Tal vez la mejor razón para compartir nuestra fe es que, a través del proceso de hacerlo, nos llenamos tanto del gozo del amor de Dios en nuestros corazones que no podemos evitar seguir compartiéndola. Practicamos el evangelismo porque queremos compartir nuestra alegría, compartir el amor de Dios.

No es nuestra la tarea de convertir personas; ciertamente no es nuestro objetivo forzar a las personas a alejarse de otra fe o convencerlas de que tenemos razón y que ellos están equivocados. Nuestro único trabajo es proclamar las Buenas Noticias de Dios en Cristo; lo que suceda después depende del Espíritu Santo.

Ahora bien, los episcopales no son muy buenos en hacer esto. He visto estadísticas que dicen que compartimos nuestra fe unas pocas veces cada diez años. Esto es algo que necesitamos y debemos cambiar. La gente está ansiosa por escuchar una palabra de esperanza. Están hambrientos de la gracia y el amor de Dios. Y, sin embargo, seguimos sin compartir nuestra fe. ¿Por qué? Tal vez tenemos miedo, miedo de hacerlo mal o de ofender a alguien.

Hace varios años tuve un compañero de trabajo musulmán. Un día mientras estaba sentado en su oficina me comí unos dulces de su escritorio. De repente recordé que era Ramadán, el mes en que los musulmanes están de ayuno. Aquí estaba yo, sentado en su oficina, comiéndome alegremente sus dulces, mientras él miraba incapaz de beber ni un vaso de agua, y mucho menos comer durante el día. Me disculpé profusamente, y él me dijo: "No hay necesidad de disculparse". "Ayunamos para recordar nuestra necesidad de Dios, así que, si me da hambre, eso ayuda. Y si no hubiera querido que alguien se comiera los dulces, habría escondido el plato". Qué respuesta tan generosa. Esto propició una serie de conversaciones sobre nuestras creencias mutuas. Él me dio una copia de sus escrituras y me contó sobre su vida como musulmán viviendo en Estados Unidos. Ninguno de nosotros trató de convertir al otro, pero nuestra amistad se fortaleció con esta conversación profunda y real sobre nuestra fe.

Cuando pienso en esa experiencia o recuerdo otras veces que he hablado con alguien sobre mi fe o la de ellos, reconozco que cada una de esas conversaciones ha sido una bendición. Si la conversación ha sido con un extraño, agradezco por haber logrado un breve momento de conexión profunda. Si ha sido con amigos, nuestra relación ha crecido y se ha profundizado. Quizás deberíamos dejar de preocuparnos por ofender a las personas, y simplemente compartir nuestra fe. Tal vez estas son oportunidades para construir conexiones profundas. Y si nos equivocamos y decimos algo equivocado, siempre podemos disculparnos.

Compartir nuestra fe no tiene que ser difícil. Aquí presentamos ideas sobre cómo contar la historia del amor de Dios. Anímate a descubrir las formas de practicar el evangelismo que funcionen mejor para ti. Y recuerda que la práctica ayuda: cuanto más lo hacemos, más fácil se vuelve.

Invita a alguien a tu iglesia. Esta es una de las formas más fáciles de practicar el evangelismo. No tienes que decir mucho más, aunque si dijeras las razones por las que tú vas a la iglesia, eso podría ayudar. Escoge cualquier domingo para llevar a un amigo, pero es más fácil invitar a alguien para ocasiones especiales en la vida de una iglesia. Aquí hay algunos ejemplos de invitaciones que puedes usar:

- ❖ «Me encantan los villancicos que cantamos en nuestro servicio de Nochebuena. Es el punto culminante de Navidad. ¿Te gustaría ir conmigo a escucharlos?»

- ❖ «Este fin de semana será la bendición de los animales en mi iglesia. Supongo que a tu perro le encantaría venir y recibir una bendición. Me encanta la alegría de ver a todos los animales y adorar junto a todas las criaturas de Dios.»

- ❖ «Vamos a tener un programa musical especial este domingo en mi iglesia. Sé que te gusta la música, así que tal vez disfrutes oírla conmigo.»

❖ «¡Bienvenido a este vecindario! Si buscas un hogar espiritual, espero que visites la iglesia a la que asisto. Me encantaría llevarte.»

Ofrécete a orar con alguien. Si las personas que conoces (vecinos, amigos, compañeros de trabajo) están enfrentando algo difícil en sus vidas, ofrécete a orar por ellos. Casi todos verán esta oferta como un regalo valioso. Y hacer estas oraciones será una bendición para ti. No tienes que decir mucho. "Lamento escuchar lo que te ocurrió. ¿Puedo orar por ti?" Puedes orar en ese mismo momento (¡sé valiente!), o puedes decir que orarás más tarde. ¡Solo asegúrate de cumplir lo prometido! Si decides orar con alguien en el lugar, sin duda puedes usar una oración de *El Libro de Oración Común*, pero siempre puedes usar tus propias palabras. No hay formas incorrectas o correctas de hablar con Dios, y con quien sea que compartas este regalo, la persona te lo agradecerá. Tu oración puede ser breve e ir directo al grano. "Dios Todopoderoso, acompaña a María en su lucha contra el cáncer. Amén." "Querido Jesús, conoces nuestro dolor y tristeza, ayuda a Juan mientras llora la pérdida de su amigo. Amén."

Practica tu fe cristiana y di por qué lo haces. Hay una canción popular con el estribillo: "Sabrán que somos cristianos por nuestro amor". ¿Nuestras vidas muestran nuestra fe? Lo más probable es que tu vida sea a veces un faro del amor de Cristo y, otras veces, no tanto. Eso es normal: no todo el mundo hace todas las cosas bien todo el tiempo. Pero cuando lo hacemos bien, logramos seguir a Jesús de maneras extraordinarias en nuestras vidas ordinarias. Hay muchas maneras de demostrar que somos cristianos. Por ejemplo, en un momento de división, en lugar de pelearte con aquellos con quienes no estás de acuerdo, ofréceles palabras de compasión. Luego dile a alguien que actúas de esta manera porque tu fe exige compasión. Puedes rechazar un comentario racista o sexista y explicar que crees que todos estamos hechos a imagen de Dios, y que no debemos denigrar a nadie, nunca, por ningún motivo.

Sirve a los pobres y di por qué lo haces. Cuéntale a alguien por qué trabajas en el refugio para personas sin hogar, o en el comedor de beneficencia, o construyendo casas para aquellos que no tienen. Explica que, en Mateo 25, Jesús prometió que cuando servimos a los pobres y a los demás, nos encontramos y servimos a Jesús mismo. Incluso podrías invitar a otros a unirse a ti en tus actividades de servicio. Habla de la alegría de servir a los demás y de buscar a Cristo en quienes te rodean. Habla sobre lo bien que se siente ser generoso con los demás. Habla sobre cómo sientes gratitud en tu propia vida cuando te encuentras con los pobres y los marginados.

Cuando tengas una buena experiencia espiritual, ¡compártela! A veces pensamos que no deberíamos hablar sobre nuestras buenas experiencias espirituales porque sería alardear. Pero nada podría estar más lejos de la verdad. Jesús nos dijo que no escondamos la lámpara de la fe debajo de una canasta, sino que la coloquemos donde pueda brillar para los demás. Hablamos de cómo nuestras familias nos hacen felices; entonces, ¿por qué no hacemos lo mismo con lo más importante en nuestras vidas? Quizás podrías decir: "Últimamente he tenido una sensación de paz y consuelo. Estoy muy agradecido por mi fe". O tal vez, "Hay tanto miedo y violencia en el mundo; estoy tan agradecida por el amor de Dios en mi vida; eso me da esperanza y me permite trabajar por un mundo mejor".

Recuérdale a la gente que Dios los ama. Tal vez tengas un amigo que esté desalentado, que tiene problemas de relación o tal vez esté tratando de encontrarle sentido a su vida. La persona puede sentir que él o ella ha hecho algo horrible y no puede ser perdonada. Cada vez que alguien esté pasando por una situación difícil, es útil recordarles el gran amor de Dios: que hay esperanza de un futuro mejor, y que hagamos lo que hagamos, Dios todavía sigue amándonos. No tienes que predicar un sermón; solo ofrécele tranquilidad.

Como la mayoría de las cosas en la vida, el evangelismo se hace más fácil con la práctica. Y si las palabras no te salen bien algún día, discúlpate y vuelve a intentarlo. La próxima vez te irá mejor. Jesús ha prometido que el Espíritu Santo estará con nosotros, y eso nunca es más cierto que cuando compartimos nuestra fe, una fe que les ofrece dones incalculables a quienes nos rodean.

Para la reflexión

* ¿Por qué es importante que compartamos las Buenas Noticias de Dios en Cristo?

* ¿Alguna vez haz compartido las buenas noticias de Dios en Cristo con alguien? ¿Cómo lo hiciste? ¿Cómo fue?

* ¿Cuáles son algunas de las barreras para compartir las buenas noticias? ¿Cómo podemos superar esas barreras?

* Cuenta brevemente la historia de cómo Dios ha actuado y formado parte de tu vida. ¿Puedes hacerlo? ¿Cómo la describirías?

Epílogo

¡Felicitaciones! Haz completado este curso general de las creencias y prácticas de la Iglesia Episcopal. Si eres nueva o nuevo en la Iglesia Episcopal, esperamos que te haya ayudado a sentirte en casa. Si eres miembro desde hace mucho tiempo, esperamos que te anime a renovar tu camino como discípulo de Jesús.

En un libro de este tamaño que cubre tantos temas tuvimos que dejar de lado temas importantes y proporcionar solo una mirada superficial a otros aspectos vitales de nuestra fe. Si tienes curiosidad por saber más, explora algunos de los materiales que enumeramos en la sección de Recursos al final del libro. También sería bueno que hablaras con tu sacerdote o un amigo episcopal mientras buscas conocer más amplia y profundamente la forma anglicana de seguir a Jesús.

Aunque estás al final de un libro, nosotros los cristianos estamos siempre al comienzo de un viaje. Cada día, debemos morir a nuestro viejo yo y descubrir cómo Dios nos está ofreciendo una vida abundante en la nueva creación de

Cristo. En nuestro viaje encontramos que una apreciación más profunda de las prácticas cristianas conduce a una fe enriquecida, y que una fe enriquecida conduce a prácticas cristianas más profundas.

Comenzamos este libro con un versículo de las Escrituras, y ahora este mismo versículo se convierte en nuestro deseo y nuestra bendición para ti: *Anden en amor, como también Cristo nos amó, y se entregó a sí mismo por nosotros, ofrenda y sacrificio a Dios.*

Recursos

Libros

- *Jesús era episcopal (¡Y también tú puedes serlo!): Una guía para los recién llegados a la Iglesia Episcopal,* por Chris Yaw (LeaderResources, 2013).
- *Orgullosamente episcopal: Proclamando la buena nueva de la Iglesia Episcopal,* por C. Andrew Doyle (Morehouse Publishing, 2015).
- *La senda: Un recorrido por la Biblia* (Forward Movement, 2018).

Folletos

- *Bienvenidos a la Iglesia Episcopal,* folleto escrito por Scott Gunn (Forward Movement).
- *Costumbres y prácticas de adoración episcopal / Customs and Practices in Episcopal Worship,* folleto bilingüe (Forward Movement).
- *Doce preguntas sobre la Iglesia Episcopal / Twelve Questions about The Episcopal Church,* folleto bilingüe escrito por Hugo Olaiz (Forward Movement).

- *La mayordomía: Una responsabilidad compartida,* folleto escrito por Alejandro S. Montes y Hugo Olaiz (Forward Movement).
- *El Movimiento de Jesús en la Iglesia Episcopal,* tomado de un sermón pronunciado por Michael B. Curry (Forward Movement).

Disponibles gratuitamente en formato PDF

Plan de estudio de tres años "Vivir el discipulado," que incluye tres cursos:
- Santas y santos: Una celebración
- Exploremos la Biblia
- Practiquemos nuestra fe

Disponibles para descargar gratuitamente en www.VivirElDiscipulado.org

Agradecimientos

Ningún autor escribe un libro solo, y eso también es cierto en nuestro caso. Los dos autores han trabajado juntos, pero hay otras personas a las que también tenemos que agradecer les. Nuestras familias han tolerado mucho tiempo de ausencia mientras investigábamos y escribíamos. Agradecemos a los primeros lectores del manuscrito, especialmente a varios colegas del *Acts 8 Movement*: Brendan O'Sullivan-Hale, Derek Olsen, Steve Pankey, David Simmons y Adam Trambley. Manoj Zacharia también nos dio valiosos comentarios. Jason Sierra amablemente nos ayudó diseñando varias opciones de portada. Lexi Caoli hizo el hermoso diseño interior del libro. Len Freeman pacientemente editó el libro desde el principio. Estamos especialmente agradecidos a Richelle Thompson, que nos persuadió a cumplir con los plazos (o ponernos al día rápidamente cuando nos quedábamos atrás), editó magistralmente el manuscrito, y logró que se unieran todas las piezas de un proyecto tan complicado como este. Sobre todo, damos gracias a Dios, quien es la fuente de todos los buenos dones y el origen del amor que ambos tenemos por la iglesia y sus ministerios.

Los autores

Scott Gunn es director ejecutivo de Forward Movement, un ministerio de la Iglesia Episcopal que inspira discípulos y empodera evangelistas. Scott viaja extensamente como orador, líder de retiro espirituales y predicador. Antes de trabajar para Forward Movement, era párroco en Rhode Island. Ha trabajado en el área de tecnología en organizaciones sin fines de lucro, en una compañía de medios y en una universidad. Sus pasatiempos incluyen la fotografía y viajar. Puedes leer su blog en www.sevenwholedays.org.

Melody Wilson Shobe es una presbítera episcopal que ha servido a iglesias en Rhode Island y Texas. Es una amante apasionada de la Biblia que escucha a Dios hablar de una manera nueva cada vez que la lee. Graduada de la Universidad de Tufts y del Seminario Teológico de Virginia, Melody se desempeña como sacerdote asociada para niños y familias en la Iglesia Episcopal del Buen Pastor en Dallas, Texas. Melody, su esposo y sus dos hijas viven en Dallas, donde pasa su tiempo libre leyendo historias, jugando con sus hijas, horneando galletas y explorando la naturaleza.

Scott Gunn y Melody Shobe también han escrito *Faithful Questions: Exploring the Way with Jesus [Preguntas fieles: Explorando el camino con Jesús]* (Forward Movement, 2015), una introducción a la fe cristiana para aquellos que están buscando y explorando este tema.

Forward Movement

Forward Movement inspira discípulos y empodera evangelistas. Nuestra misión es apoyarte en tu viaje espiritual para ayudarte a crecer como seguidor de Jesucristo. Vivimos nuestro ministerio publicando libros, reflexiones diarias, estudios para grupos pequeños y recursos en línea. *Adelante día a día* es leído diariamente por cristianos de todo el mundo y también está disponible en inglés (*Forward Day by Day*) y Braille, en línea, como podcast y como una aplicación para teléfonos inteligentes o tabletas. Donamos casi 30,000 copias cada trimestre a prisiones, hospitales y hogares de ancianos. Buscamos activamente socios en toda la iglesia y maneras de proporcionar recursos que inspiren y desafíen.

Forward Movement ha sido un ministerio de la Iglesia Episcopal durante ochenta años. Somos una organización sin fines de lucro financiada por la venta de recursos y donaciones generosas.

Para obtener más información sobre Forward Movement y sus recursos, visita www.VenAdelante.org y www.ForwardMovement.org. Estamos encantados de hacer este trabajo y pedimos tus oraciones y apoyo.